AF379553

# पशुओं से सीखें सफलता के सबक़

टाइम मैनेजमेंट के बेस्टसेलिंग लेखक की ओर से

# पशुओं से सीखें सफलता के सबक़

## डॉ. सुधीर दीक्षित

मंजुल पब्लिशिंग हाउस

**मंजुल पब्लिशिंग हाउस**

कॉरपोरेट एवं संपादकीय कार्यालय

• द्वितीय तल, उषा प्रीत कॉम्प्लेक्स, 42 मालवीय नगर, भोपाल-462 003

विक्रय एवं विपणन कार्यालय

• सी-16, सेक्टर 3, नोएडा, उत्तर प्रदेश, 201301

वेबसाइट : www.manjulindia.com

वितरण केन्द्र

अहमदाबाद, बेंगलुरू, भोपाल, कोलकाता, चेन्नई,
हैदराबाद, मुम्बई, नई दिल्ली, पुणे

डॉ. सुधीर दीक्षित इस पुस्तक
के लेखक होने की नैतिक ज़िम्मेदारी वहन करते हैं

यह संस्करण 2020 में पहली बार प्रकाशित

कॉपीराइट © 2020 डॉ. सुधीर दीक्षित

**ISBN   978-93-90085-18-7**

मुद्रण व जिल्दसाज़ी : रेप्रो इंडिया लिमिटेड

यह पुस्तक इस शर्त पर विक्रय की जा रही है कि
प्रकाशक की लिखित पूर्वानुमति के बिना इसे या इसके किसी भी
हिस्से को न तो पुन: प्रकाशित किया जा सकता है और न ही किसी
भी अन्य तरीक़े से, किसी भी रूप में इसका व्यावसायिक उपयोग
किया जा सकता है। यदि कोई व्यक्ति ऐसा करता है
तो उसके विरुद्ध कानूनी कार्रवाई की जाएगी।

समर्पण


सभी जानवरों को
और
मनुष्य को,
जो भूल गया है कि वह भी एक जानवर है

# आदर्श-वाक्य

'हर प्राणी को एक ख़ास उद्देश्य पूरा करने के लिए बनाया गया है। पशुओं से सीखें, क्योंकि वे आपको जीवन जीने का तरीक़ा सिखा सकते हैं... अपने आस-पास के जंगली पशुओं को देखकर हम मानव व्यवहार के बारे में काफ़ी कुछ समझ सकते हैं। वे हमें हमारे बारे में और सृष्टि के तौर-तरीक़ों के बारे में लगातार सबक़ सिखाते हैं, लेकिन ज़्यादातर लोग इतने अंधे होते हैं कि देख नहीं पाते और इतने बहरे होते हैं कि सुन नहीं पाते।'

—सूज़ी कासेम

# अनुक्रम

# प्रस्तावना

'जानवर कितने चतुर होते हैं, क्या हम यह समझने लायक़ चतुर हैं?'

—फ़्रांस डी वाल

मेरी ज़्यादातर पुस्तकों का बुनियादी विचार यह रहता है कि सफलता सुराग़ छोड़ती है... और अगर हम सफल लोगों की राह पर चलें, तो अंततः हम भी सफल हो सकते हैं। *अमीरों के पाँच नियम* पुस्तक में मैंने उन नियमों को खोजने की कोशिश की है, जिनकी वजह से लोग अमीर बनते हैं। *सफलता 101* में सफल लोगों की संक्षिप्त जीवनी है, जिनसे हम सफलता के सबक़ सीख सकते हैं। *101 ब्रांड्स* में मैंने यह जानने की कोशिश की है कि कोई ब्रांड या कंपनी क्यों और कैसे सफल होती है।

इस पुस्तक में मैं थोड़ा और आगे जाना चाहूँगा। सफलता के रहस्य हम सिर्फ़ इंसानों से ही क्यों सीखें? हम जानवरों से क्यों नहीं सीखें, जो हर दिन ज़िंदा रहने, शिकार करने या हिंसक जानवरों और शिकारियों से बचने के लिए जूझते हैं और कई रणनीतियों का इस्तेमाल करके सफल होते हैं? सफलता के सबक़ कमोबेश सर्वव्यापी और सार्वभौमिक होते हैं, इसलिए जो रणनीतियाँ जंगल में जानवरों को सफलता दिलाती हैं, वे महानगरों में हमें भी सफलता दिला सकती हैं। मनुष्य भी मूलतः जानवर की श्रेणी में ही आता है, इसलिए हम अपने साथी जानवरों से काफ़ी कुछ सीख सकते हैं।

## हम जानवरों से क्या सीख सकते हैं?

* व्यक्ति या कंपनी के रूप में अपना अस्तित्व कैसे क़ायम रखें? जंगल में जानवरों को हर दिन हिंसक जानवरों से अपनी जान बचानी होती है, इसलिए वे हमें काफ़ी कुछ सिखा सकते हैं कि हम व्यवसाय या कार्यस्थल में अपने अस्तित्व को सफलतापूर्वक कैसे क़ायम रख सकते हैं?

* अवसर का लाभ कैसे लें या सफलता का अवसर कैसे खोजें? यह हमारे लिए बहुत महत्त्वपूर्ण सबक़ हो सकता है। देखिए, हिंसक जानवरों को हर दिन शिकार करके पेट भरना होता है, इसलिए उनके लिए शिकार खोजना अनिवार्य है। शिकार की उनकी रणनीतियों का अध्ययन करके हम भी अवसरों को ताड़ने में ज़्यादा निपुण हो सकते हैं।

* जीवन में कामयाब होने के लिए अपनी प्रबल शक्तियों का लाभ कैसे लें? हर जानवर में कोई न कोई ऐसी नायाब ख़ूबी या शक्ति होती है, जिसकी बदौलत वह कामयाब होता है। क्या हम अपनी सबसे नायाब ख़ूबी या शक्ति का लाभ ले रहे हैं?

* अपनी कमज़ोरियों या कमियों से कैसे उबरें? देखिए, सभी जानवरों में कमियाँ और कमज़ोरियाँ होती हैं, लेकिन वे उनके बावजूद सफल होने का तरीक़ा खोज लेते हैं। हर इंसान में भी कमियाँ और कमज़ोरियाँ होती हैं, इसलिए इस संदर्भ में हम जानवरों से सफलता के गुर सीख सकते हैं।

* व्यवसाय या ऑफ़िस का परिवेश आज तेज़ी से बदल रहा है, इसलिए हमारे लिए परिवर्तन के अनुरूप ढलना अनिवार्य हो गया है। सभी जानवर अपने आस-पास के माहौल के अनुरूप ढलने में माहिर होते हैं और हम उनसे इसकी तरकीबें सीख सकते हैं।

* नवाचार कैसे करें और सफलता की संभावनाओं को बढ़ाने के नए तरीक़े कैसे खोजें? देखिए, जानवर पुस्तकें तो नहीं पढ़ सकते, लेकिन वे अवलोकन करके, अपने परिवेश से या सहज बोध से नवाचार करना सीख लेते हैं। हम भी उनसे नवाचार करके सफलता की संभावनाएँ बढ़ाने का तरीक़ा सीख सकते हैं।

- हम अपने सर्वश्रेष्ठ स्वरूप में कैसे पहुँचें, जितने हम बन सकते हैं? हम सभी अनुपम लेकिन आधी-अधूरी कृतियाँ हैं, जिन्हें पूरा करने की ज़िम्मेदारी हमारी खुद की है। हमें खुद को बेहतर बनाने के लिए नई चीज़ें सीखते रहना चाहिए और नई नीतियाँ आज़माते रहना चाहिए। जानवर हमें कुछ संकेत दे सकते हैं कि हम अपने दिमाग़ और शरीर का अधिकतम उपयोग कैसे कर सकते हैं।

- जीवन में सफल कैसे हों? जंगल में कोई क़ानून या पुलिस नहीं होती, इसलिए जानवरों को अपने दम पर अपनी रक्षा करनी होती है और अपने मक़सद में सफल होना होता है। वे भारी मुश्किलों के बावजूद सफल होते हैं और अगर हम उनसे यह कला सीख लें, तो हमारी सफलता सुनिश्चित हो सकती है।

## सफलता की आपकी परिभाषा क्या है?

यदि आप सफल होना चाहते हैं, तो यह जानना अनिवार्य है कि सफलता का आपके लिए क्या मतलब है? आपको यह कैसे पता चलेगा कि आप कब सफल हो गए हैं? आपके दिमाग़ में कोई न कोई मंज़िल होनी चाहिए, ताकि वहाँ पहुँचने पर आपको यह पता चल जाए कि आप सफल हो गए हैं। इसलिए सफलता की अपनी परिभाषा तय कर लें। इसका सबसे आसान तरीक़ा लक्ष्य तय करना है। एक लक्ष्य तय कर लें! बस एक! एक साथ कई लक्ष्यों पर तीर नहीं चलाएँ; सिर्फ़ एक लक्ष्य चुनें और उसे हासिल करने पर ध्यान केंद्रित करें।

देखिए, जब आपके पास केवल एक लक्ष्य होता है, तो आपका अवचेतन मन उस पर ज़्यादा आसानी से और अच्छी तरह काम कर सकता है। हमारा अवचेतन मन सिर्फ़ प्रबल लक्ष्यों से ही सक्रिय होता है, इसलिए एक ही लक्ष्य होना चाहिए और वह भी प्रबल होना चाहिए। लक्ष्य ऐसा हो, जिसे आप पूरी शिद्दत से पाना चाहते हों। और अगर वह लक्ष्य आपके करियर या नौकरी या व्यवसाय या पैसों से संबंधित है, तो ज़्यादा अच्छा रहेगा। सामान्य सुधार या आम प्रगति के विचार तो नेक होते हैं, लेकिन उन्हें लक्ष्य नहीं कहा जा सकता, क्योंकि आपको यह कभी पता नहीं चल पाएगा

कि आपका काम कब पूरा हो गया है; दरअसल यह एक अनवरत यात्रा होती है। जैसा डेविड ली रॉथ ने कहा है, 'स्व-सुधार के साथ समस्या यह है कि इसमें यह पता ही नहीं चल पाता कि इसे कब छोड़ना है।'

हमेशा याद रखें, सफलता का मतलब अलग-अलग लोगों के लिए अलग-अलग होता है। किसी जानवर के लिए सफलता का मतलब यह होता है कि वह पेट भरकर खा-पी ले, हिंसक जानवरों से जान बचा ले, मैथुन कर ले और संतानों की परवरिश कर ले (हालाँकि आख़िरी वाली चीज़ कुछ जानवरों के मामले में वैकल्पिक होती है)। जैसा आपने देखा, जानवरों के संसार में सफलता की परिभाषा बहुत सरल होती है : शत्रुतापूर्ण परिवेश में सफल आत्म-रक्षा और समुचित आहार-विहार। उनकी सफलता की परिभाषा जितनी सरल है, हमारी उतनी ही जटिल है! मनुष्य की सफलता की तो कोई सर्वव्यापक परिभाषा ही नहीं है, जो सभी इंसानों के लिए समान हो। जैसन नवालो के शब्दों पर ग़ौर करें, 'सफलता व्यक्तिपरक शब्दावली है... हर व्यक्ति की इसकी अपनी अलग परिभाषा होती है, जो हमारी रुचियों, भावनाओं और जीवन के अनुभवों से तय होती है।'

सफलता की आपकी परिभाषा क्या है? यानी आपका सबसे बड़ा लक्ष्य क्या है? 20 शब्दों में अपनी सफलता का लक्ष्य लिखने की कोशिश करें। इसे इस तरह लिखें, 'मैं... बनना चाहता हूँ,' या 'मैं... हासिल करना चाहता हूँ।'

आपने सफलता का जो भी लक्ष्य तय किया हो, वह सही है। लेकिन एक बात याद रखें। अपने लक्ष्य के साथ स्पष्ट समय सीमा, राशि या संख्या लिखना नहीं भूलें, जैसे 6 महीने या 1 लाख रुपये आदि। लक्ष्य-निर्धारण में संख्याएँ मायने रखती हैं। उनसे लक्ष्य स्पष्ट बनता है। देखिए, स्पष्ट लक्ष्य लिखना बेहद उपयोगी आदत है और इससे आपको बहुत मदद मिल सकती है। स्पष्ट लक्ष्य तय करने और लिखने से आपके मस्तिष्क के न्यूरल मार्ग सक्रिय हो जाते हैं। लक्ष्य तय करने का सबसे बड़ा लाभ यह होता है कि आप अपनी मानसिक शक्तियों का पूरा लाभ ले सकते हैं, यानी अपने चेतन मन का भी और अवचेतन मन का भी। आपका चेतन मन स्थिति, पृष्ठभूमि और योग्यता का पूरा विश्लेषण करके एक स्पष्ट लक्ष्य तय करता है। इसके बाद आपका अवचेतन मन उस लक्ष्य तक पहुँचने के साधन और तरीक़े

खोजने में जुट जाता है। यानी आपका चेतन मन और आपका अवचेतन मन दोनों सक्रिय हो जाते हैं। और मज़े की बात यह है कि जब ये दोनों सक्रिय हो जाते हैं, तो आप भी सक्रिय हो जाते हैं। तो आपने देखा, लक्ष्य तय करने और लिखने की यह छोटी-सी आदत आपकी ज़िंदगी बदल सकती है! हो सकता है कि आपको भरोसा नहीं हो कि इस छोटी-सी चीज़ से इतना बड़ा फ़र्क़ पड़ता है! तब भी इसे आज़माने में क्या हर्ज है? एक लक्ष्य लिखने में एक मिनट से भी कम समय लगता है और हो सकता है कि यही एक मिनट आपकी ज़िंदगी बदल दे।

अगर आप सीखना चाहें, तो किसी भी व्यक्ति या वस्तु से सीख सकते हैं। ज़ाहिर है, सीखने की इच्छा सबसे अहम चीज़ है। पुरानी कहावत है, 'जब विद्यार्थी तैयार होता है, तो शिक्षक ख़ुदबख़ुद प्रकट हो जाता है।' और ज़रूरी नहीं है कि वह शिक्षक कोई इंसान ही हो; वह बेज़बान जानवर भी हो सकता है। मनुष्य की बुद्धि पर बहुत गर्व नहीं करें। रॉबर्ट ब्रॉल्ट के शक्तिशाली शब्द याद रखें, 'अगर कोई खरगोश बुद्धि को उसी तरह परिभाषित करता, जिस तरह मनुष्य करता है, तो सबसे बुद्धिमान जानवर खरगोश को माना जाता। और इसके बाद वह जानवर सबसे बुद्धिमान होता, जो खरगोश के आदेशों का पालन करने का सबसे ज़्यादा इच्छुक होता।' सफलता की तरह ही हमारी बुद्धि की परिभाषाएँ भी भिन्न हो सकती हैं। हम ख़ुद को समझदार मानें, इसमें तो कोई बुराई नहीं है, लेकिन हमें जानवरों को मूर्ख नहीं मानना चाहिए। वे अपने हिसाब से काफ़ी चतुर होते हैं और हमें कई चीज़ें सिखा सकते हैं, बशर्ते हम सीखना चाहें। इंग्रिड न्यूकर्क ने हमें बुद्धि का पूर्वाग्रह रखने से आगाह किया है, 'शायद जानवरों की बुद्धि को मानव बुद्धि के पैमाने पर तौलना सर्वश्रेष्ठ लिटमस टेस्ट नहीं है।'

## शिकारी और शिकार के संदर्भ में सोचें

यह पुस्तक पढ़ते समय मनुष्य को एक जानवर मानें। अब यह बताएँ कि आप किस प्रकार के जानवर हैं। क्या आप शिकारी (predator) हैं? यानी वह, जो दूसरों पर हमला करके उनका शिकार करता है। या फिर आप शिकार (prey) की श्रेणी में आते हैं, जिस पर दूसरे हमला करते हैं और खाने की कोशिश करते हैं। देखिए, शिकारी आक्रामक होते हैं, जबकि शिकार

सुरक्षात्मक होते हैं। शिकारी मांसाहारी होते हैं, जबकि शिकार प्रायः शाकाहारी होते हैं। वैसे आप दोनों का मिश्रण भी हो सकते हैं, जैसे कि जंगल के ज़्यादातर जानवर होते हैं। वे कुछ का शिकार करते हैं और कुछ के शिकार होते हैं। अगर आप सीईओ हैं, तो इसका मतलब है कि आप शिकारी हैं। दूसरी तरफ़, अगर आप अपनी कंपनी में सबसे कम वेतन पाने वाले कर्मचारी हैं, तो आप शिकार हैं। अगर आप मध्यम श्रेणी के मैनेजर हैं, तो आप शिकारी भी हैं और शिकार भी। आशा है आप अंतर समझ गए होंगे।

शुद्ध शिकारी जानवर (जैसे शार्क या शेर) स्वभाव से ज़्यादा साहसी होते हैं, जबकि शिकार जानवर (जैसे घोड़ा, गधा, खच्चर, ऊँट आदि) स्वभाव से डरपोक होते हैं। इसी तरह हमारे संसार में भी कुछ लोग स्वभाव से ज़्यादा आक्रामक होते हैं और कुछ ज़्यादा डरपोक। यह ज्ञान लोगों के साथ व्यवहार करते समय आपके बहुत काम आएगा। एक तरह से यह आपके लिए हीरों की खान साबित होगा। ख़ास तौर पर सेल्समैनों के लिए। वे तुरंत आकलन कर सकते हैं कि उनका प्रॉस्पेक्ट किस श्रेणी में आता है और इस आधार पर अपनी रणनीति तैयार कर सकते हैं। शिकारियों के लिए अलग रणनीति कारगर होगी और शिकारों के लिए अलग। जो रणनीति शिकारियों के संदर्भ में कामयाब होगी, वह शिकारों के संदर्भ में कामयाब नहीं होगी। इसलिए सबसे पहले तो यह निर्णय लें कि आपका प्रॉस्पेक्ट किस श्रेणी में आता है : वह शिकारी है या शिकार? इससे आपको उसके व्यवहार और मानसिकता के हॉट बटन समझ में आ जाएँगे। इसके अलावा, इस तरह से सोचना काफ़ी मज़ेदार भी होगा।

व्यापक दृष्टि से कहें, तो शिकारी जानवर कम सुरक्षात्मक होते हैं। इसका कारण यह है कि उन्हें अपनी आक्रामक योग्यता तथा शक्ति पर भरोसा होता है। यही शिकारी श्रेणी के इंसानों के बारे में सही है। वे भी ज़्यादा आक्रामक और कम सुरक्षात्मक होते हैं। ग़ौर करें, जब आप शिकारी प्रॉस्पेक्ट्स के क़रीब जाते हैं, तो वे जोखिम महसूस नहीं करते हैं, उलटे वे आपसे लाभ लेने के अवसर की ताक में रहते हैं। इस कारण आप ज़्यादा भूमिका बनाए बिना अपनी बात सीधे-सीधे रख सकते हैं। शिकारी प्रॉस्पेक्ट्स के पास ज़्यादा समय नहीं रहता है, इसलिए ज़्यादा लाग-लपेट नहीं करें या ज़्यादा गोल-मोल नहीं घुमाएँ और सीधे अपनी बात रख दें। उन्हें स्पष्ट बता दें कि आपके प्रस्ताव से उन्हें कैसे और कितना फ़ायदा हो सकता है।

याद रखें, वे आपसे लाभ लेने की ताक में हैं और अगर आपकी बातों में उन्हें उनके लाभ की संभावना दिख जाती है, तो वे आपके प्रस्ताव को तुरंत स्वीकार कर लेंगे।

शिकारी श्रेणी के मनुष्यों का मुख्य लक्ष्य होता है प्रगति। उनका ध्यान मुख्यतः शक्ति या जीत पर केंद्रित होता है, इसलिए वे जोखिम लेने से नहीं घबराते हैं। दूसरी तरफ़, सुरक्षा शिकारों (preys) की मुख्य चिंता होती है। जान बचाना उनका अहम लक्ष्य होता है, इसलिए वे हर तरह के जोखिम से बचने की पूरी कोशिश करते हैं। शिकार श्रेणी वाले लोग अनिश्चितता के समय में 'भागने' या पलायन करने की प्रवृत्ति रखते हैं, इसलिए आपको उनके पास जाते समय ज़्यादा सावधान रहना चाहिए। आपको पहले तो उन्हें यह विश्वास दिलाना होगा कि आप उनका नुक़सान नहीं करेंगे और आप उनके हितैषी हैं। आपको पहले उनका विश्वास जीतना होगा, तभी वे आपकी बात सुनेंगे। अगर आप किसी शेर से मिल रहे हैं, तो उसके साथ गधे जैसा बरताव नहीं करें और गधे से मिल रहे हैं, तो उसके साथ शेर जैसा बरताव नहीं करें।

और याद रखें, इंसान भी स्थिति के मुताबिक़ शिकारी (predator) या शिकार (prey) की तरह व्यवहार कर सकते हैं। जो बाहर शिकारी की तरह साहस दिखाते हैं, वे घर पर शिकार की तरह डरपोक बन सकते हैं और इसका विपरीत भी हो सकता है। आम तौर पर, शिकारी (predator) प्रोएक्टिव होते हैं। वे नए काम करते हैं, वे सक्रिय रहते हैं, वे सफलता के बारे में सोचते रहते हैं। शिकारी नया इलाक़ा चाहते हैं, नए ग्राहक चाहते हैं, ज़्यादा तेज़ मशीनें चाहते हैं, नवाचारी प्रॉडक्ट चाहते हैं या ऐसी कोई भी चीज़ चाहते हैं, जिससे वे अपने प्रतिस्पर्धियों से आगे निकल जाएँ और जीत जाएँ। जैसे कंपनियों के सीईओ या मैनेजर।

दूसरी तरफ़, शिकार (prey) निष्क्रिय और प्रतिक्रियाशील होते हैं। शिकार श्रेणी के लोग परिवर्तन से घबराते हैं, इसलिए वे यथास्थिति को नहीं बदलना चाहते। वे अपनी सुरक्षा को लेकर सबसे ज़्यादा चिंतित रहते हैं, इसलिए वे जल्दी निर्णय नहीं ले सकते और अकेले रहने से भी घबराते हैं। देखिए, मानव संसार में भी शिकार श्रेणी के लोग झुंड में रहना पसंद करते हैं; इसलिए आप देख सकते हैं कि निम्न आय वर्ग के लोगों का एक-दूसरे

के साथ ज़्यादा प्रबल बंधन होता है, जबकि उच्च आय वर्ग के लोगों का बंधन शिथिल होता है व प्रायः स्वार्थ से संचालित होता है। शिकार (prey) यूनियन बनाते हैं; कभी सीईओ की यूनियन के बारे में सुना है? शिकारी श्रेणी के लोग यूनियन नहीं बनाते हैं; उन्हें इसकी ज़रूरत ही नहीं है। वे ज़्यादातर एकाकी रहते हैं। जैसा जोआन कॉलिन्स लिखती हैं, 'अकेलापन अमीर लोगों की सर्वव्यापी समस्या है।'

आज प्रबंधन के हलकों में जानवर लोकप्रिय होने लगे हैं। हम अमीबा प्रबंधन, डॉल्फ़िन नेतृत्व, ईगल नेतृत्व और चीता ट्रेडर्स के बारे में सुनने लगे हैं। इस पुस्तक में आप 25 जानवरों से सफलता के सैकड़ों सबक़ सीखेंगे – चींटी और भालू से लेकर मकड़ी और कछुए तक (अंत में मनुष्य को भी शामिल किया गया है)। इसलिए जानवरों के बारे में अपना ज्ञान बढ़ाएँ और उनसे सफलता के सबक़ सीखें। आपको कुछ सकारात्मक परिणाम दिखने चाहिए! दिखने क्या चाहिए, दिखेंगे, बशर्ते आप उन पर अमल करें!

—सुधीर दीक्षित

# पाठकों से

इसे डॉक्टर की सलाह मानें। इसे सफलता का नुस्ख़ा या पर्चा मानें। यह पुस्तक इस तरह पढ़ें, मानो आप दवा खा रहे हों – नाप-तौलकर, न ज़्यादा न कम। हर दिन एक अध्याय, सुबह भी और रात को भी (ध्यान रहे, सुबह भी वही अध्याय और रात को भी वही अध्याय)। इस पुस्तक में 25 अध्याय हैं, जिनमें जानवरों की सफलता के गुर बताए गए हैं, इसलिए यह पुस्तक 25 दिनों में पूरी हो जाना चाहिए। एक दिन में एक अध्याय! कभी-कभार आप इतने व्यस्त रहेंगे कि आपको एक भी अध्याय पढ़ने की फ़ुरसत नहीं मिल पाएगी। इसलिए हम यह मानकर चल रहे हैं कि आप लगभग एक महीने में यह पुस्तक पूरी पढ़ लेंगे। इससे जल्दी ख़त्म करने से आपको फ़ायदा नहीं, बल्कि नुक़सान होगा, इसलिए जल्दबाज़ी नहीं करें। महीने भर की ख़ुराक एक दिन में खाने की कोशिश नहीं करें।

इस पुस्तक से सबसे ज़्यादा लाभ पाने का तरीक़ा यह है। सुबह इसका एक अध्याय पढ़ें। फिर दिन भर इसमें दिए सबक़ों पर और उस जानवर संबंधी अपने अनुभवों पर सोच-विचार करें। आप जितना ज़्यादा सोचेंगे, संदेश आपके लिए उतना ही ज़्यादा प्रासंगिक और व्यक्तिगत होगा। यह दिन भर का चिंतन या सोच-विचार आपके चेतन मन को सक्रिय कर देगा। रात को सोने से पहले एक बार फिर वही अध्याय पढ़ें, ताकि आपका अवचेतन मन सक्रिय हो जाए और उपयोगी विचारों व सफलता के सबक़ों पर काम कर सके।

एक दिन में एक अध्याय यानी एक जानवर! अपने सारे विचार उस ख़ास अध्याय में बताए जानवर और विचारों पर केंद्रित कर लें। इससे कोई फ़र्क़ नहीं पड़ता कि आप मेरे विचारों से सहमत होते हैं या नहीं; कम से

कम आपको कुछ नए विचार तो मिलेंगे, जो सफल होने में आपकी मदद कर सकते हैं। आपको किसी अध्याय में जो विचार सबसे उपयोगी लगे, उस पर ध्यान केंद्रित कर लें। देखिए, विचार बहुत शक्तिशाली होते हैं, लेकिन उनकी शक्ति से आपको तभी फ़ायदा होता है, जब आप उन पर अपना पूरा ध्यान केंद्रित करते हैं। जैसा ओरिसन स्वेट मार्डन ने कहा है, 'सफल जीवन का एक रहस्य अपनी सारी ऊर्जाओं को एक बिंदु पर केंद्रित करना है। यह मस्तिष्क की सभी बिखरी किरणों को एक स्थान या चीज़ पर केंद्रित करना है।'

इस पुस्तक का उद्देश्य जानवरों के बारे में विस्तृत जानकारी देना नहीं है। इसका उद्देश्य तो आपको जीवन में सफल बनाने वाले कुछ विचार बताना है। हालाँकि यह पुस्तक जानवरों के बारे में है, लेकिन यह आप पर और आपकी सफलता पर केंद्रित है।

कई जगहों पर आप मुझसे असहमत होंगे और इसमें कोई समस्या नहीं है। आपके सबक़ और निष्कर्ष मुझसे भिन्न हो सकते हैं, जो जायज़ है। हम सभी के भिन्न दृष्टिकोण होते हैं और अपनी स्थिति के बारे में आप मुझसे ज़्यादा जानते हैं। आपको अपने खुद के सबक़ निकालने की पूरी छूट है, क्योंकि इस पुस्तक का मुख्य उद्देश्य लेखक को सही साबित करना नहीं है; इसका एकमात्र उद्देश्य तो आपको कुछ सहायक विचार देना है, जो आपके काम आ सकते हैं। वास्तव में, आप अगर अपने खुद के सबक़ खोजते हैं, तो इससे आपको ज़्यादा फ़ायदा होगा, क्योंकि वे आपके सबक़ होंगे, इसलिए आप उनके प्रति ज़्यादा समर्पित होंगे। सफलता के लिए केवल ज्ञान ही काफ़ी नहीं है; कर्म अनिवार्य है। इसलिए भले ही आप इस पुस्तक के केवल एक ही विचार पर अमल करें, लेकिन करें ज़रूर। तभी मैं खुद को लेखक के रूप में सफल समझूँगा। तो दोस्त, अब आपकी ज़िम्मेदारी बढ़ गई है। अब मेरी सफलता भी आपकी सफलता पर निर्भर करती है। अगर आप सफल होते हैं, तभी मैं सफल हो सकता हूँ।

और अंत में, मैं आपसे आग्रह करता हूँ कि आप मुझे अपनी राय अवश्य दें। बताएँ कि आपको पुस्तक कैसी लगी और इसे कैसे बेहतर बनाया जा सकता है। इस पुस्तक की कुछ जानकारी इंटरनेट से ली गई है, इसलिए कृपया किसी भी तथ्य पर ज़्यादा भरोसा करने से पहले सावधानी से जाँच

करें। और हाँ, अगर आपका प्रिय जानवर इस पुस्तक में शामिल नहीं हुआ है या उसके बारे में कोई महत्त्वपूर्ण जानकारी छूट गई है, तो मैं क्षमाप्रार्थी हूँ। तो आइए अब जंगल में चलते हैं और देखते हैं कि जानवर हमें सफलता के बारे में कौन से सबक़ सिखा सकते हैं?

—सुधीर दीक्षित

(1)

# सफलता के सबक़ : चींटी

## कड़ी मेहनत करें!

- कड़ी मेहनत करें... थोड़ी और ज़्यादा
- भविष्य की योजना बनाएँ
- एक ही चीज़ पर ध्यान केंद्रित करें
- कर-सकता-हूँ नज़रिया रखें
- आत्म-अनुशासित रहें

चींटियाँ छोटी होती हैं। वे हमेशा जल्दी में रहती हैं। वे या तो कहीं जा रही होती हैं या कहीं से आ रही होती हैं। और वे अपने सिर पर भारी बोझ लादे रहती हैं। हम बस्तियों में रहने वाली इस छोटी और महत्त्वहीन दिखने वाली चींटी से क्या सीख सकते हैं? चींटी के मूल अँग्रेज़ी नाम का शाब्दिक अर्थ है 'काटने वाली।' हिंदी में चींटी के उद्गम को 'चिमटी' से जोड़ा जा सकता है। ज़रूरत पड़ने पर चींटी हमें काट सकती है और फ़ॉरमिक एसिड छोड़ सकती है, जिसकी जलन से कैलेमाइन लोशन राहत देता है। तो आइए चींटी से सबक़ सीखते हैं :

## कड़ी मेहनत करें... थोड़ी और ज़्यादा

चींटियाँ हर मैनेजर या मालिक की मनपसंद कर्मचारी होती हैं! अगर आप कर्मचारी हैं और अपने वार्षिक प्रदर्शन मूल्यांकन में उत्कृष्ट रेटिंग पाना चाहते हैं, तो इसका रास्ता आसान है : बस किसी चींटी की तरह काम करें... यानी काम करते जाएँ और करते जाएँ, हमेशा सिर पर बोझ लादे रखें, हमेशा फटाफट काम करें और हमेशा दौड़ते रहें। चींटियाँ कड़ी मेहनत करती हैं, मानो उन्हें ज़िंदगी में सबसे ज़्यादा मज़ा इसी बात में आता हो। जब वे सुबह जागती हैं, तो बिना बेड टी पिए या ब्रश किए सीधे काम में जुट जाती हैं। वे अँगड़ाई नहीं लेती हैं, दाढ़ी नहीं बनाती हैं, नहाती तक नहीं हैं (लेकिन आपको चींटी से ब्रश नहीं करने या नहाना छोड़ने का सबक़ नहीं सीखना चाहिए)। वे उठते ही काम शुरू कर देती हैं। फिर वे दिन भर लगातार काम करती रहती हैं; बीच में कभी-कभार झपकी ले लें, तो अलग बात है। चींटियाँ लगातार काम करती हैं, बिना शिकायत किए काम करती

हैं और ढेर सारा काम करती हैं। कोई हैरानी नहीं कि इस वजह से उनकी उत्पादकता आसमान छूने लगती है! जैसा मैं पहले ही बता चुका हूँ, चींटियाँ हर मैनेजर या मालिक की मनपसंद कर्मचारी होती हैं!

कड़ी मेहनत चींटी की सफलता की रणनीति है, जो संसार की सबसे मेहनती जीव है। कोई मौज-मस्ती नहीं, हर समय काम! (मैंने असली ज़िंदगी में कभी किसी चींटी को नाचते-गाते नहीं देखा, क्या आपने देखा है?) जब इतना सारा काम सिर पर हो, तो उन्हें मौज-मस्ती का विचार पसंद नहीं आता (भारतीय पत्नियों की तरह)। चींटियाँ अपने वज़न से 100 गुना वज़न उठा सकती हैं; आप ऐसा नहीं कर सकते, इसलिए कोशिश भी नहीं करें! इसके लिए आपको अपनी पीठ पर 7,000 किलो वज़न उठाना होगा यानी गेहूँ के 70 बोरे (हिसाब लगाना आसान है : आपका वज़न जितना भी हो, उसका 100 से गुना कर दें)।

मैं तो इस छोटी जीव को नमन करता हूँ। मुझे ज़्यादा मेहनत करने का सबक़ निश्चित रूप से सीखना चाहिए। हालाँकि मैं अपनी बेड टी और ब्रश छोड़ने को तैयार नहीं हूँ... कम से कम अब तक। हम सभी को यह सोचना चाहिए, क्या हम उतनी कड़ी मेहनत कर रहे हैं, जितनी हम कर सकते हैं? जितनी चींटियाँ करती हैं? या फिर हम टिड्डे की तरह मौज-मस्ती में दिन बरबाद कर रहे हैं? क्या हम मुश्किल कामों से डर रहे हैं? क्या हम अपने मूड के गुलाम हैं और काम शुरू करने के लिए सही मूड का इंतज़ार करते हैं? क्या हम टालमटोल करते रहते हैं और आज का काम कल पर टाल देते हैं? क्या हम अपने लक्ष्य के प्रति समर्पित हैं और इस तक पहुँचने की पूरी कोशिश कर रहे हैं? क्या हम चींटी की तरह जी-जान से मेहनत कर रहे हैं! अगर आप चींटी के नक़्शेक़दम पर चलते हैं, तो यह आपके बॉस को पसंद आएगा और वह जल्दी ही आपका वेतन बढ़ा सकता है।

सवाल : ‘चींटी जाड़ों की तैयारी के लिए गर्मियों में कितना इकट्ठा करती है?’ जवाब : ‘वह सब, जितना यह कर सकती है!’

हमें भी ऐसा ही करना चाहिए।

## भविष्य की योजना बनाएँ

भविष्य की योजना बनाना वैकल्पिक नहीं, अनिवार्य है। सिर्फ़ चींटियों के संसार में ही नहीं, बल्कि हमारे संसार में भी। लॉन टेनिस की शब्दावली में यहाँ भी चींटियाँ हमें सीधे सेटों में हरा देती हैं (उन्हें सर्विस में 'ऐस' मिलते हैं और हम डबल फ़ॉल्ट करते जाते हैं)। चींटी की अनुशासित कार्यशैली भविष्य पर केंद्रित होती है। गर्मियों में चींटियाँ भविष्य की यानी जाड़ों की तैयारी करती हैं। वे मुश्किल दिनों के लिए बचत करती हैं। और किफ़ायत तथा मेहनत के अचूक तालमेल से वे जीत जाती हैं। (हालाँकि आपको याद रखना चाहिए कि नर चींटे ज़रा भी मेहनत नहीं करते हैं, बल्कि संतति उत्पादन में रानी चींटी की मदद करते हैं। इन नर चींटों का जीवनकाल केवल चंद सप्ताह का ही होता है, इसलिए उनके लिए जाड़ों की तैयारी करने में कोई तुक नहीं है।)

शायद चींटियाँ भविष्य की इतनी बेहतरीन योजना इसलिए बनाती हैं, क्योंकि किसी समय उन्होंने रिचर्ड कुशिंग का यह कथन पढ़ लिया था, 'हमेशा आगे की योजना बनाएँ। जब नूह ने नाव बनाई थी, तब बारिश नहीं हो रही थी।' मज़ाक़ कर रहा था! देखिए, कुशिंग ने यह बात 20वीं सदी में लिखी थी, जबकि चींटियाँ सदियों या सहस्राब्दियों से भविष्य की योजना बनाती आ रही हैं।

खुद से कुछ सवाल पूछें। क्या हमारे पास भविष्य की योजना या ब्लूप्रिंट है? क्या हम किसी तरह के प्लानर का इस्तेमाल करते हैं? या कार्यसूची का? आर्थिक क्षेत्र में क्या हम अपने भविष्य की ख़ातिर बचत करते हैं? या फिर हम प्रलोभनों के सामने घुटने टेक देते हैं और ना सिर्फ़ अपना पूरा वेतन ख़र्च कर देते हैं, बल्कि क्रेडिट कार्ड पर उधार भी ले लेते हैं?

चींटियाँ गर्मियों में भोजन इसलिए इकट्ठा करती हैं, क्योंकि वे जानती हैं कि जाड़ों में भोजन नहीं मिलेगा। दूसरी तरफ़, हम प्रायः टिड्डे की तरह व्यवहार करते हैं। जब हमें पढ़ना चाहिए, तो हम टीवी देखते हैं और जब हमें अपने ऑफ़िस में कड़ी मेहनत करनी चाहिए, तो हम फ़ेसबुक पर चैटिंग करते हैं। सभी सेल्सपर्सन जानते हैं कि ज़्यादा कमाने के लिए हमें अपने ग्राहकों और प्रॉस्पेक्ट्स से ज़्यादा मिलना चाहिए, लेकिन हम कड़ी मेहनत से कतराते हैं, हम अस्वीकृति से घबराते हैं और टिड्डों के आसान मार्ग को

चुनते हैं। हर चींटी जानती है कि योजना और तैयारी ही सफलता की सीढ़ियाँ हैं। अगर चींटियाँ यह काम कर सकती हैं, तो इंसान क्यों नहीं कर सकते?

## एक ही चीज़ पर ध्यान केंद्रित करें

चींटियाँ मल्टी-टास्किंग नहीं करती हैं। वे हीदर हार्ट की सलाह पर चलती हैं, 'दस चीज़ों को ख़राब तरीक़े से करने से अच्छा यह है कि एक चीज़ को बहुत अच्छी तरह किया जाए।' चींटियाँ केवल एक चीज़ पर ध्यान केंद्रित करती हैं - अपने तय काम पर। चींटियों की बस्ती में आम तौर पर तीन तरह की चींटियाँ रहती हैं : रानी चींटी, नर चींटे और कर्मचारी चींटियाँ। उनके बीच श्रम का स्पष्ट विभाजन होता है। वे सभी अपनी भूमिकाएँ जानती हैं। रानी चींटी अंडे देती है। नर चींटे अंडे पैदा करने में रानी चींटी की मदद करते हैं। कर्मचारी चींटियाँ भोजन इकट्ठा करती हैं तथा मेहनत के बाक़ी काम करती हैं। उनका कार्य विभाजन पूरी तरह स्पष्ट होता है। अगर किसी चींटी का काम बस्ती के लिए भोजन इकट्ठा करना है, तो यह अपना सारा समय और शक्ति सिर्फ़ भोजन इकट्ठा करने में लगाती है। स्पष्ट लक्ष्य, एकाग्रता और 100 प्रतिशत समर्पण की बदौलत ही चींटियाँ अपने लक्ष्य हासिल करने में कामयाब होती हैं।

चींटियाँ हाथ के काम पर इतनी ज़्यादा केंद्रित होती हैं कि उन्हें वायुमंडल के छोटे से छोटे परिवर्तन का भी अहसास हो जाता है। उनके सिर पर लगे दो एंटीने उन्हें रसायनों, हवा के बहाव, कंपनों और तापमान के परिवर्तनों की जानकारी देते रहते हैं। ये एंटीने उन्हें यह चेतावनी भी देते हैं कि मौसम कब बदलने वाला है, ख़ास तौर पर यह कि बारिश कब होने वाली है। चींटियों की बस्ती में कोई मौसम विभाग नहीं होता, लेकिन इसके बावजूद वे पूर्वानुमान लगा लेती हैं कि बारिश होने वाली है और वे बारिश आने से पहले अपने संग्रहीत भोजन तथा अंडों को सुरक्षित जगह पर पहुँचाने लगती हैं। वैसे हमारे मौसम विभाग को भी कुछ चींटियाँ पाल लेनी चाहिए, ताकि यह मौसम की ज़्यादा सटीक भविष्यवाणी कर सके।

चींटी शत-प्रतिशत एकाग्र रहती हैं। क्या आप भी ऐसे ही हैं? शर्मिंदा नहीं हों! आप निश्चित रूप से अकेले नहीं हैं; मैं और अरबों इंसान आपके

साथ हैं। हम सभी को स्पष्ट लक्ष्य तय करने और उस पर ज़्यादा एकाग्र रहने की ज़रूरत है। यहाँ 80/20 का सिद्धांत हमारी मदद कर सकता है। या चींटी की भाषा में कहें, तो 99/01 का सिद्धांत? अपने सबसे महत्त्वपूर्ण एक काम पर ध्यान केंद्रित करें और बाक़ी के 99 कम महत्त्वपूर्ण या महत्त्वहीन कामों को नज़रअंदाज़ कर दें। अपनी सबसे उत्पादक गतिविधि पर ध्यान केंद्रित करें, जो आपका मुख्य काम है। यह आदर्श समय प्रबंधन ही नहीं है, बल्कि चींटी का प्रबंधन भी है। जैसा कैथरीन पल्सिफ़र ने कहा है, 'लक्ष्यों के बिना आप अंततः कहीं नहीं पहुँच पाएँगे, या फिर आप किसी दूसरे के नक़्शे पर चलने लगेंगे! इसलिए आज ही अपना खुद का नक़्शा बनाएँ – अपने लक्ष्य और एकाग्रता को तय करें!'

## कर-सकता-हूँ नज़रिया रखें

चींटियाँ कभी हार नहीं मानतीं। वे कभी कोई काम अधूरा नहीं छोड़तीं। वे बाधाएँ पार करके रास्ता बना लेती हैं। वे बेहद लगनशील होती हैं। अगर वे कहीं जा रही होती हैं, तो वे वहाँ पहुँचने की पूरी कोशिश करती हैं, चाहे रास्ते में कितनी ही बाधाएँ आ जाएँ। कोई भी बाधा इतनी बड़ी नहीं होती कि उसके सामने चींटी हिम्मत हार जाए। क्या हम अपने बारे में भी यही बात कह सकते हैं? कम से कम माइकल जॉर्डन यह बात कह सकते हैं और उन्हें यह कहने का पूरा हक़ भी है, क्योंकि उन्होंने खुद अपने जीवन में बहुत-सी बाधाओं को पार किया है, 'बाधाओं के सामने आने पर आपको रुकने की ज़रूरत नहीं है। अगर आपके सामने दीवार आ जाए, तो हार नहीं मानें। यह सोचें कि आप इस पर कैसे चढ़ सकते हैं, इसके बीच से कैसे निकल सकते हैं या इसके अगल-बग़ल से कैसे निकल सकते हैं।'

क्या आपने कभी इस बात पर ग़ौर किया है कि जब किसी चींटी के सामने पत्थर जैसी कोई बाधा रख दी जाती है, तब भी यह नहीं रुकती है? तब यह अपने लक्ष्य तक पहुँचने के लिए किसी दूसरे रास्ते की तलाश करने लगती है। यह बाधा के ऊपर से चढ़कर निकल जाएगी, नीचे से निकल जाएगी या अगल-बग़ल से निकल जाएगी। यह किसी न किसी तरह, कहीं न कहीं से रास्ता निकाल ही लेगी। चींटियाँ कभी कोशिश करना नहीं छोड़ती हैं! यह बात सीखने लायक़ है। जब चुनौतियाँ सामने आएँ, तो हार नहीं मानें,

कोशिश करना नहीं छोड़ें। जुटे रहें! अरबपति व्यवसायी पॉल जे. मेयर ने कहा था, 'जो लोग असफल होते हैं, उनमें से 90 प्रतिशत दरअसल हारते नहीं हैं। वे तो बस कोशिश करना छोड़ देते हैं।' आपके लक्ष्य की राह में जो भी बाधाएँ आपकी प्रगति को रोक रही हों, उन्हें पार करने का संकल्प लें! चींटियों का कर-सकता-हूँ नज़रिया हमारे नहीं-कर-सकता नज़रिये से निश्चित रूप से बेहतर होता है।

## आत्म-अनुशासित रहें

ज़िग ज़िग्लर चींटियों की बस्ती में कामयाब नहीं हो पाते। चींटियों को किसी प्रेरक वक्ता की ज़रूरत ही नहीं है, जो उनका उत्साह बढ़ाए या उन्हें प्रेरित करे। चींटियाँ स्व-प्रेरित होती हैं। ऐसा लगता है कि चींटियों के शरीर में हर सुबह एम हॉरमोन (मोटिवेशनल हॉरमोन) प्रवाहित होने लगता है, जो उन्हें प्रेरित करता है कि वे निगरानी या टालमटोल के बिना अपना काम अच्छी तरह करें और लगातार करती रहें। मैं जानता हूँ, मैं जानता हूँ, मेरे कुछ मैनेजर मित्र अपने कर्मचारियों को और ख़ास तौर पर अपनी सेल्स टीम को उस एम हॉरमोन का इंजेक्शन लगाना चाहेंगे। सही भी है, हममें से ज़्यादातर लोगों को सुबह-सुबह एम हॉरमोन के इंजेक्शन लगाने से लाभ हो सकता है, क्योंकि चींटियों को छोड़कर ऐसा कौन है, जिसे प्रेरणा की ज़रूरत नहीं है।

चींटियाँ बहाने नहीं बनाती हैं। किसी को भी उन्हें चलाने के लिए आर नहीं चुभाना होती या चाबुक नहीं फटकारना पड़ता। चींटियाँ स्व-अनुशासित होती हैं। चींटियों को यह बताने के लिए किसी सुपरवाइज़र की ज़रूरत नहीं होती कि वे काम शुरू कर दें या ज़्यादा और बेहतर काम करें। वे लाउ होल्ट्ज़ की अनुयायी हैं, जिन्होंने कहा है, 'स्व-अनुशासन के बिना सफलता असंभव है, बात ख़त्म।'

चींटियों का अनुशासन सचमुच कमाल का होता है। वे एक क़तार में एक के पीछे एक चलती रहती हैं। स्व-अनुशासन हमारे लिए भी महत्त्वपूर्ण है। अपनी बिक्री बढ़ाने के लिए हम सेल्स मैनेजर के प्रोत्साहन पर निर्भर क्यों रहें? हम जानते हैं कि बेचना हमारा काम है और ज़्यादा कमीशन कमाने के लिए हमें ज़्यादा बेचना चाहिए। जब हम जानते हैं कि

हमें ज़्यादा मेहनत से काम करना चाहिए, तब भी हम आलस्य की वजह से अपनी योग्यता का इस्तेमाल नहीं करते हैं। कोई हैरानी नहीं कि हममें से ज़्यादातर लोग अपनी संभावना तक और अपने लक्ष्य तक भी नहीं पहुँच पाते हैं! चींटी से सीखें! अपने क्षेत्र में उत्कृष्ट बनने के लिए स्व-अनुशासन का लाभ लें, चाहे आप किसी भी क्षेत्र में काम कर रहे हों। प्रोत्साहन, प्रेरणा या निगरानी के लिए दूसरों पर निर्भर नहीं रहें। चींटी जैसे बनें! प्रोएक्टिव बनें, स्व-प्रेरित बनें, स्व-अनुशासित बनें। वैसे सुबह-सुबह एम हॉरमोन लेने में कोई बुराई नहीं है; यह एम हॉरमोन आपको डेविड श्वाट्र्ज़ की पुस्तक *बड़ी सोच का बड़ा जादू* या किसी दूसरी प्रेरक पुस्तक में मिल सकता है!

## रोचक तथ्य

- चींटी के पेट में दो आमाशय होते हैं। एक में यह ख़ुद का भोजन रखती है और दूसरे में यह दूसरी चींटियों के लिए भोजन इकट्ठा करती है।

- चींटियों के काटने से इंसान मर भी सकता है! ऑस्ट्रेलिया में रहने वाली बुलडॉग चींटी संसार की सबसे ख़तरनाक चींटी है। इसके ज़हर से वयस्क लोग 15 मिनट में मर सकते हैं और 1930 से लेकर अब तक 3 लोग मर भी चुके हैं। ऑस्ट्रेलिया वालों, इस चींटी से सावधान रहना!

- चींटियों के कान या फेफड़े नहीं होते और कई की तो आँख भी नहीं होती है! इसके पूरे शरीर पर छोटे-छोटे छेद होते हैं, जिनमें से ऑक्सीजन अंदर जाती है और कार्बन डाइऑक्साइड बाहर निकलती है।

(2)

# सफलता के सबक़ : भालू

## उपाय कुशल बनें!

- अपनी बुद्धि का इस्तेमाल करें
- अपनी सबसे प्रमुख योग्यता का इस्तेमाल करें
- उपलब्ध संसाधनों का इस्तेमाल करें
- तनावमुक्त रहें, धीमे हों
- सबसे शक्तिशाली को ही पुरस्कार मिलता है

*'पृथ्वी पर कई बेहतरीन मस्तिष्क हैं और वे सभी मानव मस्तिष्क नहीं हैं।'*

—अज्ञात

हम यहाँ प्यारे-प्यारे टेडी बियर की बात नहीं कर रहे हैं, जो सभी लड़कियों का लाड़ला होता है... हम तो असली भालू की बात कर रहे हैं, जिससे दूर रहने में ही भलाई है... चाहे आप टेडी बियर को कितना ही पसंद करती हों। वैसे भालू काफ़ी अच्छे स्वभाव के होते हैं; वे आपके पड़ोसियों जितने ही खुशमिज़ाज और आशावादी होते हैं। फ़र्क़ बस इतना होता है कि आपके पड़ोसी आपको डिनर में कच्चा खाने के इरादे नहीं रखते हैं, जबकि भालुओं के इरादे का अंदाज़ा लगाना मुश्किल होता है।

भालू की सूँघने, देखने और सुनने की शक्ति ज़बरदस्त होती है। अगर आपका पाला किसी भालू से पड़ जाए, तो यह जान लें कि दौड़ने से कोई फ़ायदा नहीं होगा, जब तक कि आपके साथ कोई दोस्त नहीं हो। अगर आपके साथ कोई दोस्त है, तो आप उससे तेज़ दौड़कर भालू से बच सकते हैं, इसलिए जब भी जंगल में जाएँ, उस दोस्त के साथ जाएँ जो आपसे धीमा दौड़ता हो। जहाँ तक भालू का सवाल है, वह मनुष्य से काफ़ी तेज़ दौड़ सकता है। यह 60 कि.मी. प्रति घंटे की गति से दौड़ सकता है, जबकि मनुष्य 10-15 कि.मी. प्रति घंटे से ज़्यादा तेज़ नहीं दौड़ सकता। भालू तैर भी सकता है। लोकप्रिय मान्यता के विपरीत भालू पेड़ पर भी चढ़ सकता है, हालाँकि ग्रिज़ली भालुओं को यह करना ख़ास पसंद नहीं होता।

भालू इतने चतुर और बुद्धिमान होते हैं कि वे इंसान की उन्हें पकड़ने की योजनाओं पर पानी फेर देते हैं। बाघ ही एकमात्र हिंसक पशु है, जो भालुओं का नियमित शिकार करता है। जहाँ तक भालुओं की खान-पान की आदतों का सवाल है, वे सर्वभक्षी क़िस्म के होते हैं, हालाँकि पोलर बियर ज़्यादातर मांसाहारी होते हैं और जाएंट पांडा सिर्फ़ बाँस खाता है। आइए देखते हैं कि हम इस शक्तिशाली और बुद्धिमान जानवर से क्या सीख सकते हैं!

## अपनी बुद्धि का इस्तेमाल करें

भालुओं का दिशा का ज्ञान मनुष्य से बेहतर होता है। उनकी याददाश्त कमाल की होती है और उनका मस्तिष्क-शरीर अनुपात काफ़ी ज़्यादा होता है। भालू काफ़ी चतुर होते हैं। जब लोग उन्हें पकड़ने के लिए जाल बिछाते हैं, तो भालू यह बात समझ जाते हैं। वे उन जालों में पत्थर फँसा देते हैं और रखे गए चारे को आराम से खा जाते हैं। वे शहद के छत्ते खाने के लिए चतुराई से बिजली के तार भी लाँघ जाते हैं। भालू को शहद बड़ा प्रिय होता है और वह एक छत्ते को खाने के लिए पूरे पेड़ को भी गिरा सकता है। उसे मधुमक्खियों के डंक की ख़ास परवाह नहीं होती, क्योंकि उसके मोटे बाल उसकी रक्षा करते हैं। भालू खेलने से लेकर शिकार करने तक विभिन्न पृष्ठभूमियों में औज़ारों का इस्तेमाल करता है। भालू इतना बुद्धिमान होता है कि यह किसी छोटी नदी के दोनों किनारों पर लट्ठा रखकर उसे पार कर लेता है। औज़ारों का इस्तेमाल एक दुर्लभ योग्यता मानी जाती है, जो सिर्फ़ इंसानों और चिंपाज़ियों में देखी जाती है। हमने सर्कस में भालुओं को गेंद पर संतुलन बनाते हुए, साइकल चलाते हुए, रोलर स्केटिंग करते हुए और वाद्य यंत्र बजाते हुए देखा है। और इन सब बातों से एक ही निष्कर्ष निकाला जा सकता है : भालू काफ़ी बुद्धिमान होते हैं।

मनुष्य अपनी बुद्धि की श्रेष्ठता के बारे में पूर्वाग्रह से ग्रस्त होता है। जैसा विल कपी कहते हैं, 'यदि कोई जानवर कुछ करता है, तो हम उसे सहज बोध कहते हैं; अगर हम वही चीज़ उसी कारण से करते हैं, तो हम उसे बुद्धि कहते हैं।' हम भी भालुओं से बुद्धि का इस्तेमाल करना सीख सकते हैं। ख़ुद से ये प्रश्न पूछें : क्या मैं अपनी बुद्धि का उतना इस्तेमाल कर रहा हूँ, जितना मैं कर सकता हूँ? या मैं यहाँ पर धीमा हूँ और कई बार लापरवाह भी हूँ? मैंने अपनी उर्वर बुद्धि से कौन से अवसर बनाए हैं? अगर मैं अपनी बुद्धि का अधिकतम उपयोग करूँ, तो मैं और कौन से अवसर बना सकता हूँ? इन प्रश्नों पर विचार करें और ज़ाहिर है, उन पर विचार करते वक़्त अपनी बुद्धि का इस्तेमाल करना नहीं भूलें। और याद रखें, आपका आईक्यू ज़्यादा मायने नहीं रखता है। मायने तो यह रखता है कि आप अपने आईक्यू का कितना और कैसा इस्तेमाल करते हैं। रॉबिन शर्मा के अनुसार, 'आपका मैं-कर-सकता-हूँ नज़रिया आपके आईक्यू से ज़्यादा महत्त्वपूर्ण होता है।'

## अपनी सबसे प्रमुख योग्यता का इस्तेमाल करें

टॉम रैथ ने कहा है, 'सबसे सफल लोग सबसे प्रमुख योग्यता से शुरू करते हैं - और फिर इसमें दूसरी योग्यताएँ, ज्ञान तथा अभ्यास जोड़ते जाते हैं।' आपकी सबसे प्रमुख योग्यता क्या है? वह नंबर वन योग्यता कौन-सी है, जो आपकी प्रगति या आजीविका के लिए अनिवार्य है? जैसे प्रॉस्पेक्टिंग या सामान बेचना या पढ़ाना या कुकिंग या और कुछ? हो सकता है आपको इस प्रश्न का जवाब नहीं मालूम हो, लेकिन भालू को इसका जवाब शर्तिया मालूम है। किसी भी भालू से पूछकर देख लें! वह आपको बता देगा कि सूँघने की शक्ति उसकी सबसे प्रमुख योग्यता है। दरअसल भालू अपने संसार को गंध से परिभाषित करते हैं। सूँघने की तीव्र इंद्रिय की बदौलत ही वे अपने आस-पास के संसार के बारे में जानकारी हासिल करते हैं। भालुओं के सूँघने की शक्ति हमसे लगभग 100 गुना तेज़ होती है। हवा में गंध, शाखाओं और घास पर छोड़ी गई गंध, जान-बूझकर रगड़ने या काटने से पेड़ों पर छोड़ी गई गंध, मल-मूत्र के निशान आदि।

जब भालू सुबह सोकर उठता है, तो ये सारी गंधें उसे ढेर सारी जानकारी देती हैं। उसे ऐसा लगता होगा, जैसे वह भालू जगत का *टाइम्स ऑफ़ इंडिया* अख़बार पढ़ रहा हो। कौन आया था, कौन गया था, कौन वहाँ से गुज़रा था? यहाँ तक कि रास्ता और दिशा भी। गंध ना केवल उसे अतीत की घटनाओं की जानकारी देती है, बल्कि उसके मित्रों, शत्रुओं या शिकारों का वर्तमान ठिकाना भी बता सकती है। भालू 3 फुट ठोस बर्फ़ के नीचे मरी हुई सील मछली को सूँघ सकता है। पोलर बियर 20 मील दूर से सूँघ सकते हैं, जबकि बहुत सारे इंसान तो 20 मीटर दूर से भी नहीं सूँघ सकते।

केट लॉर्ड ब्राउन ने लिखा है, 'गंध हमारी स्मृतियों की कुंजी है।' भालुओं की सूँघने की शक्ति इतनी तीव्र क्यों होती है और हमारी क्यों नहीं होती? क्योंकि उनका अस्तित्व इस शक्ति पर निर्भर करता है और हमारा नहीं करता (हालाँकि मुझे कहना होगा कि अगर हम अवसरों को भालू की तरह सूँघना सीख लें, तो इससे हमें बहुत फ़ायदा हो सकता है। वाह! 20 मील दूर से अवसर को भाँपना!)। भालुओं को शिकार खोजना होता है, वरना वे भूखे मर जाएँगे और गंध की शक्ति उनके शिकार खोजने में अहम भूमिका निभाती है। इसी को हम प्रमुख योग्यता कहते हैं। आपकी प्रमुख

योग्यता क्या है? कौन-सी योग्यता आपकी सफलता की कुंजी है? पढ़ाने की योग्यता, पढ़ने की योग्यता, टाइपिंग की योग्यता, निर्णय लेने की योग्यता, योजना बनाने की योग्यता, लक्ष्य तय करने की योग्यता, प्रबंधन की योग्यता, कार्यान्वयन की योग्यता आदि? कृपया फ़ेसबुक चलाने की योग्यता का ज़िक्र नहीं करें, जब तक कि आप मार्क ज़करबर्ग ही नहीं हों।

## उपलब्ध संसाधनों का इस्तेमाल करें

इंसानों की तरह भालुओं के नख़रे नहीं होते हैं। जो भी भोजन उपलब्ध होता है, वे उसी से काम चला लेते हैं। उनका आहार इस बात पर निर्भर करता है कि कौन-सा भोजन उपलब्ध है। वे लौकी की सब्ज़ी पर इंसानों की तरह नाक-भौं नहीं सिकोड़ते हैं। चूँकि भालू सर्वभक्षी होते हैं, इसलिए वे बीजों और फलों से लेकर चींटी के लार्वा और लाश तक कुछ भी खा सकते हैं। और जब उन्हें प्राकृतिक जगत में कुछ नहीं मिलता है, तो वे भोजन की तलाश में इंसान की बस्तियों के भीतर भी धमक सकते हैं।

इंसानों को भी भालुओं से 'कर-सकता-हूँ' नज़रिया सीखना चाहिए। 'इसलिए नहीं कर सकता, क्योंकि मेरे पास यह नहीं है या वह नहीं है' वाले नज़रिये से बचें। अगर आपके पास कोई लक्ष्य है, अगर आपके पास कोई सपना है, तो जो भी संसाधन मौजूद हों, उन्हीं से काम शुरू कर दें। ख़ुद से पूछें, मैं इस समय मौजूद संसाधनों का सर्वश्रेष्ठ उपयोग कैसे कर सकता हूँ? अतिरिक्त संसाधनों का इंतज़ार नहीं करें, वरना देर हो सकती है। पहला क़दम तुरंत उठा लें। जैसा कनफ़्यूशियस ने कहा है, 'हज़ार मील लंबी यात्रा भी एक क़दम से शुरू होती है।' और अगर आप चीनी होने के कारण कनफ़्यूशियस की बात पर विश्वास नहीं करना चाहते हों, तो बेहतर होगा कि आप ब्रिटिश ओलिंपिक पदक विजेता स्टीव बैकली पर विश्वास कर लें, जिन्होंने कहा है, 'पहला क़दम सबसे अहम होता है। यह सबसे महत्त्वपूर्ण और प्रभावी होता है, क्योंकि यही आपकी चुनी हुई दिशा में आपकी यात्रा शुरू कराता है।'

आर्थर ऐश की सलाह बहुत सटीक है, 'आप जहाँ हों, वहीं से शुरू कर दें। जो कुछ आपके पास हो, उसका इस्तेमाल करें। जो भी आप कर सकते हों, कर दें।' पूरे संसार में इससे बेहतर सलाह दूसरी नहीं है। कम से

कम जानवरों के संसार में। देखिए, सारे जानवर इस सलाह पर अमल करते हैं, क्योंकि उनके पास कोई दूसरा विकल्प ही नहीं होता। अगर वे शिकार करने में टालमटोल करेंगे, तो वे कमज़ोर हो जाएँगे और मर जाएँगे। अगर वे अपनी दौड़ने की शक्ति का इस्तेमाल नहीं करेंगे और आलस करेंगे, तो दूसरे हिंसक जानवर उन्हें खा जाएँगे। इसलिए हर जानवर अपने सीमित संसाधनों का इस्तेमाल करता है और ज़िंदा रहने तथा सफल होने के लिए जो कुछ कर सकता है, वह सब करता है। यहाँ आप और मैं जानवरों से बहुत कुछ सकते हैं। आदर्श साधनों या संसाधनों की राह नहीं देखें। हाथ के औज़ारों से शुरू कर दें और आपको सही समय पर सही औज़ार मिल जाएँगे। ईश्वर पर भरोसा रखें, जिस तरह भालू रखते हैं (हालाँकि ईश्वर की उनकी तसवीर आपसे भिन्न होगी; उनका ईश्वर भालू जैसा दिखेगा)। टॉनी रॉबिन्स ने इसका अच्छा सार दिया है, 'महत्त्वपूर्ण आपके संसाधन नहीं हैं; महत्त्वपूर्ण तो आपकी उपाय कुशलता है।' इसलिए भालुओं से सीख लें और आदर्श अवसर का इंतज़ार नहीं करें, बल्कि सामने मौजूद अवसर का इस्तेमाल करें और मेहनत करके इसे आदर्श बना लें।

यह नहीं कहें कि आपके पास संसाधन नहीं हैं। कभी भी! आपको याद रखना चाहिए कि एमवे कॉरपोरेशन दो बेसमेंटों में शुरू हुआ था; इसका ऑफ़िस जे वैन एन्डल के बेसमेंट में था, जबकि इसका गोदाम रिच डेवॉस के बेसमेंट में था। शुरुआत में इन दोनों मित्रों के पास बहुत कम संसाधन थे, लेकिन उन्हें अपने सपने पर भरोसा था, इसलिए उन्होंने बहादुरी से पहला क़दम उठा लिया। आज एमवे विशाल कॉरपोरेशन बन चुका है और 2018 में इसकी बिक्री 8.8 अरब डॉलर थी।

## तनावमुक्त रहें, धीमे हों

अमेरिकी गायिका कार्नी विल्सन ने कहा था, 'मैं नहीं जानती कि तनावमुक्त कैसे हुआ जाए, यह मेरी समस्या है।' कार्नी, यह सिर्फ़ आपकी ही समस्या नहीं है। यह तो हर इंसान की समस्या है। जहाँ देखो, वहाँ हर इंसान तनाव में दिख रहा है। आजकल तो छोटे-छोटे बच्चे भी कोचिंग और पढ़ाई के दबाव और तनाव में नज़र आते हैं। आधुनिक जीवन में तनाव और दबाव इतना ज़्यादा बढ़ चुका है कि यह हृदय रोग और हाई ब्लड प्रेशर का मुख्य

कारण है। हर साल लाखों लोग तनाव की वजह से हुई बीमारियों से मरते हैं। मनुष्य को प्रकृति से यह सबक़ सीखना चाहिए कि दौड़धूप करने का समय होता है और तनावरहित होने का भी समय होता है। जीवन उतार-चढ़ाव, दौड़ने-सुस्ताने, गर्मी-सर्दी की क्रमिक श्रृंखला है।

हमारे लिए यह उचित रहेगा कि हम भालुओं से समय-समय पर धीमे होने का सबक़ सीख लें। हर साल भालू जाड़ों में शीतनिद्रा में चले जाते हैं। ऐसा लगता है जैसे भालू छुट्टी मनाने जा रहे हों। वैसे इंसान के लिहाज़ से 4-6 महीने की छुट्टी थोड़ी ज़्यादा हो जाएगी। हालाँकि यह भी कोई छुट्टी मनाना हुआ, जिसमें आप ना तो खाते हैं ना पीते हैं, ना ही मज़े करते हैं, बस सोते और खर्राटे लेते हैं? देखिए, भालू शौक़ से शीतनिद्रा में नहीं जाते हैं, बल्कि मजबूरी में जाते हैं, क्योंकि जाड़ों में भोजन मिलता ही नहीं है। जाड़े में भोजन की व्यवस्था करना जानवरों के लिए मुश्किल होता है, जिससे निबटने के लिए जानवर अपनी-अपनी रणनीतियाँ बनाते हैं। चींटियाँ जाड़ों के लिए भोजन इकट्ठा करके रखती हैं, जबकि भालू शीतनिद्रा में चले जाते हैं।

शीतनिद्रा के कुछ सप्ताह पहले से भालू कम खाने लगते हैं और ज़्यादा आराम करने लगते हैं। उन्होंने डॉ. मैक्सवेल माल्ट्ज़ की पुस्तक *साइको-साइबरनेटिक्स* नहीं पढ़ी है, जिसमें यह बताया गया है कि हम 21 दिन में किसी भी चीज़ की आदत डाल सकते हैं, लेकिन भालू यह बात सहज बोध से जानते हैं।

शीतनिद्रा में भालू खाते-पीते नहीं हैं, न ही मल-मूत्र का विसर्जन करते हैं। लेकिन शीतनिद्रा के दौरान भालू का शरीर मल को रिसाइकल करके प्रोटीन में बदल लेता है - यह एक ऐसी प्रक्रिया है, जिसे हमारे वैज्ञानिक अब तक नहीं समझ पाए हैं (देखा, मैंने आपसे पहले ही कहा था कि भालू बहुत बुद्धिमान होता है; इसने हमारे मशहूर वैज्ञानिकों को चकरा दिया है, जिन्हें अपने विज्ञान पर बड़ा घमंड था। वैसे अगर मनुष्य भालू की तरह प्रोटीन की रिसाइकलिंग का तरीक़ा सीख सके, तो हमें या हमारे बच्चों को हर दिन प्रोटीन सप्लीमेंट लेने की ज़रूरत नहीं पड़ेगी। एक बार लेना ही काफ़ी है और फिर इसकी रिसाइकलिंग करते रहें। अलबत्ता प्रोटीन सप्लीमेंट बनानेवाली कंपनियाँ ज़रूर दिवालिया हो सकती हैं!)

## सबसे शक्तिशाली को ही पुरस्कार मिलता है

मैथुन मनुष्य की प्रिय गतिविधि है। और भालुओं की भी! मैथुन के अधिकार के मामले में भालू जगत में जंगल का नियम चलता है। आतुर मादाओं के साथ मैथुन का अवसर पाने की ख़ातिर नर भालू कई बार आपस में लड़ते हैं; हमारे संसार में भी ऐसा होता है, चाहे मादा आतुर हो या नहीं हो। भालू संसार में बड़ी उम्र के नर कम उम्र वाले नरों के प्रति ख़ास तौर पर आक्रामक होते हैं। अक्सर सबसे बड़े नर को मादा मिल जाती है। ऐसा इसलिए नहीं होता, क्योंकि मादा उसे पसंद करती है, बल्कि इसलिए होता है, क्योंकि वह सबसे शक्तिशाली होता है और बाक़ी नर प्रतिद्वंद्वियों को भगाने में कामयाब हो जाता है। मादा आख़िरकार सबसे शक्तिशाली नर को हो मिलती है, क्योंकि उसने सबको हराकर मैथुन का अधिकार जीता है। भालू जगत में शक्ति ही अधिकार का स्रोत है। अब आपको समझ में आया कि पड़ोस वाली लड़की कॉलोनी के सबसे दमदार या बदमाश लड़के को क्यों पसंद करती है। देखिए, वह ऐसा आत्म-रक्षा की ख़ातिर कर रही है, क्योंकि वह उसकी रक्षा करेगा; वह किसी लल्लू-पंजू से मुहब्बत क्यों करेगी, जो उसकी तो क्या ख़ुद की भी रक्षा नहीं कर सकता! साथ ही इसलिए भी, क्योंकि उसने बाक़ी प्रतिद्वंद्वियों को हराकर यह अधिकार जीता है।

शक्ति मानव संसार में भी महत्त्वपूर्ण होती है, जहाँ शक्ति की परिभाषा काफ़ी व्यापक है। मानव जगत में शक्ति की परिभाषा केवल मानसिक या शारीरिक बल तक ही सीमित नहीं होती, बल्कि प्रतिष्ठा, पद, वरिष्ठता, दौलत, राजनीतिक शक्ति, असाधारण योग्यता, छवि, शारीरिक सौंदर्य, नाम व शोहरत आदि तक फैल जाती है। इसी वजह से सुंदर सेक्रेटरी अमीर बॉस को दिल दे बैठती है (इतने आकर्षक पुरस्कार की वजह से युवाओं को अमीर बनने की प्रेरणा मिल सकती है और वे अपने करियर के बारे में गंभीर बन सकते हैं)। मारिया शारापोवा हमें बताती हैं कि पुरस्कार का विचार हमें बहुत ज़्यादा प्रेरित कर सकता है, 'जब मुझे ख़ुद को धकाना होता है, तो मैं उन सारी सुंदर चमकदार ट्रॉफ़ियों के बारे में सोचती हूँ, जो विजेता उठाएँगे – और यह भी सोचती हूँ कि वह विजेता मैं भी हो सकती हूँ।'

वैसे गंभीरता से सोचें, तो भालू हमें इस बारे में क्या सिखा सकते हैं? देखिए, वे हमें यह सिखा सकते हैं कि अगर आप पुरस्कार जीतना चाहते

हैं, तो आपको इतना शक्तिशाली या सक्षम बनना चाहिए कि आप दूसरों से आगे निकल जाएँ या प्रतिस्पर्धा में दूसरों को हरा दें। पुरस्कार आख़िरी स्थान पर आने वाले लोगों को नहीं मिलते हैं। पुरस्कार तो उन लोगों को मिलते हैं, जो अव्वल या पहले स्थान पर आते हैं। इसलिए प्रतिस्पर्धियों से आगे रहना सीखें। अपनी बुद्धि और उपायकुशलता से अपने प्रतिद्वंद्वियों को दूर भगा दें या परास्त कर दें। मेरी सलाह तो यह है कि अपनी बुद्धि का इस्तेमाल करें, प्रतिस्पर्धियों को हराने का कोई तरीक़ा खोजें और फिर पुरस्कार का आनंद लें। और सेक्रेटरी वाली प्रेरणा को नहीं भूलें!

## रोचक तथ्य

- जब अमेरिकी राष्ट्रपति थियोडोर (टेडी) रूज़वेल्ट ने शिकार करते समय काले भालू के बच्चे को गोली नहीं मारी, तो इसके बाद खिलौना निर्माताओं ने 'टेडीज़ बियर' बनाना और बेचना शुरू कर दिया।

- 2004 में एक काला भालू सिएटल, वॉशिंगटन में बेहोश मिला। उसने किसी तरह एक फ्रीज़र खोलकर अपने पंजों तथा दाँतों से ढेर सारे बियर कैन खोल लिए थे। कुछ बियर चखने के बाद उस भालू ने केवल एक ही ब्रांड की बियर की सभी बोतलें खोलकर पी लीं। (देखा, यह इतना समझदार था कि इसे पता था कि सबसे अच्छी बियर कौन-सी है! इतिहास में कोई उल्लेख नहीं है कि वह बियर किस ब्रांड की थी; मेरा तो अंदाज़ा है कि हेवड्रर्स होगी, आपको क्या लगता है?) ज़ाहिर है, दर्जनों बियर डकारने के बाद वही हुआ, जो इंसानों के साथ होता है : भालू भी बेहोश हो गया।

- स्लॉथ भालू दीमक खाते हैं, जो उनका प्रिय आहार है। उनके आगे के दाँत नहीं होते, इसलिए वे दीमकों को वैक्यूम क्लीनर की तरह खींच लेते हैं। ज़्यादा अच्छी तरह खींचने के लिए वे अपने नथुने भी बंद कर लेते हैं।

( 3 )

# सफलता के सबक़ : ऊँट

## कठोर बनें!

- लगनशील बनें
- जीवन को बाधा दौड़ मानें
- अच्छे मार्गदर्शक अमूल्य होते हैं
- हमेशा सफलता की उम्मीद करें
- उपायकुशल बनें और अनुकूलन करें

—जूलियन टुविम

सर अलेक इसिगॉनिस ने कहा था, 'ऊँट वह घोड़ा है, जिसे किसी समिति ने बनाया था।' ज़ाहिर है, उन्हें ऊँटों से प्रेम नहीं था, वरना वे यह बात कभी नहीं कहते! शायद सर अलेक कभी रेगिस्तान में नहीं गए थे, वरना उन्हें पता चल जाता कि घोड़ा कभी भी ऊँट की तरह 'रेगिस्तान का जहाज़' नहीं बन सकता। 7 फुट का क़द हो या 1,500 पौंड वज़न, ऊँट का रेगिस्तान में कोई विकल्प नहीं होता (यह बात हममें से ज़्यादातर लोगों के बारे में नहीं कही जा सकती)।

आपको उसका कूबड़ कैसा भी लगे, ऊँट को कभी बदसूरत कहने की ग़लती मत करना! क्यों? क्योंकि तब आप शब्द-व्युत्पत्ति विज्ञान के हिसाब से ग़लत होंगे। देखिए, 'केमल' शब्द जिस अरबी शब्द से बना है, उसका मतलब होता है 'सुंदर।' जिसने भी यह शब्द सोचा होगा, उसे ऊँट सुंदर लगा होगा, या तो सूरत से या सीरत से। लेकिन अगर आप अपनी प्रेमिका को सुंदर कहना चाहते हों, तो उसे कभी ऊँट कहने की ग़लती मत करना। वह शब्द-व्युत्पत्ति को तो समझेगी नहीं और आपको उसे आधा घंटे तक मनाना पड़ सकता है।

## लगनशील बनें

डॉ. जॉइस बंधुओं ने कहा था, 'अध्ययन बताते हैं कि लगन का गुण सभी सफल लोगों में पाया जाता है। वे किसी काम को पूरा करने में ज़्यादा समय लगाने के इच्छुक रहते हैं और कई मुश्किल बाधाओं के बावजूद डटे रहते

हैं। किसी काम को पूरा करने की लोगों की योग्यता का सीधा संबंध इस बात से होता है कि वे उसमें कितना समय लगाने के इच्छुक रहते हैं।' लगन का मतलब है कि जब बाधाएँ आपकी राह में आती हैं, तब भी आप रुकते नहीं हैं। आप अपनी दिशा में चलते रहते हैं और तमाम बाधाओं के बावजूद अपनी यात्रा जारी रखते हैं। आप बाधाओं को लाँघते हैं, उनके दाएँ-बाएँ होकर गुज़रते हैं, आप कोई न कोई रास्ता खोज लेते हैं और तब तक नहीं रुकते हैं, जब तक कि आप अपनी मनचाही मंज़िल तक नहीं पहुँच जाते। यह लक्ष्य की दिशा में चलने की आदर्श नीति है, चाहे आपका लक्ष्य जो भी हो। भले ही आपका लक्ष्य किसी का दिल जीतना हो या उसके प्रेम के सर्वाधिकार सुरक्षित करना हो। तो मित्रों, जॉइस बंधुओं की मदद से इस पैरेग्राफ़ में मैंने आपको दिल जीतने की कला का सार बता दिया है।

अगर आप लगन सीखना चाहते हों, तो रेगिस्तान में जाकर ऊँट को देख लें। दूर तक फैला हुआ रेगिस्तान। चेहरे पर और आँखों पर पड़ते गर्म रेत के थपेड़े। पानी का नामोनिशान नहीं। छाया कहीं से कहीं तक नहीं। हर जगह तपती हवा और चिलचिलाती धूप। सुबह से शाम तक अंगारे की तरह तपती रेत पर 20-25 मील दूर चलना। और इससे भी बड़ी बात, पीठ पर 200 किलो वज़न लादकर चलना। और सिर्फ़ एक दिन नहीं, बल्कि भगवान जाने कितने दिनों तक! यह ऊँट के जीवन की कहानी है। यह लगन की अग्निपरीक्षा है और ऊँट इसमें हर बार उत्तीर्ण होता है।

ऊँट हमें याद दिलाता है कि अगर हम संकल्पवान हों, तो कुछ भी असंभव नहीं है। वे आम तौर पर एकाग्रचित्त, स्थिर मति और आत्मनिर्भर होते हैं। इसलिए आपके जीवन में जब भी मुश्किलें, चुनौतियाँ या बाधाएँ आएँ, तो ऊँट को याद कर लें। उसे अपना रोल मॉडल बना लें। ऊँट धीरे-धीरे, लेकिन निश्चित रूप से आगे बढ़ता रहता है। एक बार में एक क़दम। वह जानता है कि वह यह कर सकता है, क्योंकि वह इसे पहले भी कई बार कर चुका है। उसे पूरा विश्वास होता है कि इस संघर्ष में वह सही-सलामत बच जाएगा और अपनी मंज़िल तक पहुँचने में कामयाब होगा।

ऊँट जानते हैं कि वे 100 मीटर की फर्राटा दौड़ नहीं दौड़ रहे हैं, बल्कि मैराथन दौड़ रहे हैं। इसीलिए वे जल्दबाज़ी या हड़बड़ी में नहीं रहते हैं; वे नपी-तुली चाल से चलते रहते हैं। उनमें मुश्किल वातावरण में ढलने की

योग्यता तो होती ही है, साथ ही नपी-तुली गतिविधि भी उनकी कामयाबी का राज़ होती है। हम भी नपी-तुली गतिविधि का इस्तेमाल कर सकते हैं (सभी मैराथन धावक ऐसा करते हैं), धीरे-धीरे लेकिन लगातार। और हमें यह भी याद रखना चाहिए कि जीवन 100 मीटर की फर्राटा दौड़ नहीं है, बल्कि मीलों लंबी मैराथन दौड़ है। इसलिए इस बात से निराश नहीं हों कि आप इतने सारे लोगों से पीछे हैं। अभी काफ़ी दौड़ बची है और अगर आप नपी-तुली गतिविधि से चलते रहे, तो आप समय के साथ उनके आगे निकल सकते हैं। जीवन छोटा दिखता है, लेकिन यह काफ़ी लंबा होता है, इसलिए लगनशील बनें, अपने लक्ष्यों पर निगाह जमाए रखें, अपनी दीर्घकालीन योजनाओं पर अमल करते रहें और अल्पकालीन उतार-चढ़ाव से हताश नहीं हों।

## जीवन को बाधा दौड़ मानें

क्या आपको याद है कि किन मुश्किलों की वजह से आप आज से पाँच साल पहले रातों को जागते थे? शायद आपको याद नहीं होगा; आप उन्हें काफ़ी समय पहले भूल चुके होंगे। अगर आपको याद भी हो, तो भी आज वे आपको महत्त्वहीन लगेंगी, हालाँकि उस समय वे आपको जीवन-मरण का मामला लग रही होंगी। मुश्किलें और चुनौतियाँ आती-जाती रहती हैं; यह उनका स्वभाव है। यह हमारे जीवन का दस्तूर भी है।

पुराने वाक्य को याद करें, 'यह भी गुज़र जाएगा।' आपकी अनुमति से मैं आपको इस वाक्य के पीछे की कहानी बताना चाहूँगा। एक बार एक राजा ने अपने शहर के बुद्धिमान व्यक्तियों से कहा कि वे एक ऐसा वाक्य लिखें, जो सारे समय और सभी तरह की परिस्थितियों में सही हो, चाहे वे सुखद हों या दुखद। काफ़ी सोच-विचार के बाद उन्होंने यह वाक्य लिखा, 'यह भी गुज़र जाएगा।' ना ख़ुशी स्थायी है, ना ही दुख। इस समय जो भी है, वह गुज़र जाएगा।

वास्तव में, हम अपने जीवन को सतत चुनौतियों की श्रंखला मान सकते हैं। एक चुनौती आती है और जब हम उसे जीत लेते हैं, तो तुरंत ही दूसरी चुनौती अपना सिर उठा लेती है, मानो यह छिपकर अपनी बारी का इंतज़ार कर रही थी। बेहतर होगा कि आप ख़ुद को एक धावक और

जीवन को बाधा दौड़ मान लें। अगर आप जीवन में चैंपियन बनना चाहते हैं, तो आपको लगातार बाधाओं को लाँघना होगा, जो आपके सामने नियमित अंतरालों पर रखी गई हैं। बाधा दौड़ का यही मतलब होता है; धावक के सामने निश्चित दूरी पर बाधाएँ रख दी जाती हैं। तनावरहित होकर बाधाओं को पार करें। आप यह काम कर सकते हैं! अपनी पिछली विजयों को याद करें। आप पहले भी कई बाधाएँ पार कर चुके हैं और आपमें बची हुई बाधाओं को भी पार करने की योग्यता है। जैसा लिन डेवीज़ ने कहा था, 'खेल में और जीवन में बाधाओं को लाँघना होता है। अपना जीवन सर्वश्रेष्ठ संभव तरीक़े से कैसे जिएँ, यह सीखने के लिए खेल का मैदान बहुत मूल्यवान होता है।'

जिस तरह ऊँट कठोर और तपते रेगिस्तान में यात्रा करता है, उसी तरह हम भी एक चुनौतीपूर्ण संसार में यात्रा कर रहे हैं। हमें ऊँट से सीखना चाहिए और शांति तथा विश्वास के साथ चुनौतियों का सामना करना चाहिए और नपी-तुली गतिविधि से तब तक आगे बढ़ते रहना चाहिए, जब तक कि हम अपनी मंज़िल पर नहीं पहुँच जाएँ! ऊँट जानते हैं कि चुनौतियाँ जीवन का हिस्सा हैं और अगर वे लंबे समय तक चलते रहेंगे, तो वे निश्चित रूप से अपनी मंज़िल पर पहुँच जाएँगे। ऊँट जैसा विश्वास रखें! ऊँट जैसा नज़रिया रखें!

## अच्छे मार्गदर्शक अमूल्य होते हैं

यह बात याद रखें कि परिस्थितियाँ चाहे जितनी कठोर हों, ईश्वर ने आपको सबसे मुश्किल परिस्थितियों से ज़्यादा कठोर बनाया है। परिस्थितियाँ निर्जीव हैं, आप सजीव हैं, इसलिए आप अपनी परिस्थितियों से ज़्यादा शक्तिशाली हैं। देखिए, रेगिस्तान में स्टैमिना गति से ज़्यादा महत्त्वपूर्ण होता है। ऊँटों को गर्म मौसम झेलने के लिए बनाया गया है और वे इन मुश्किल परिस्थितियों के अनुरूप अच्छी तरह ढल गए हैं, इसलिए वे इनमें कामयाब होते हैं – और अपना सर्वश्रेष्ठ प्रदर्शन भी करते हैं। आपको भी जीवन की मुश्किल परिस्थितियों को झेलने के लिए बनाया गया है और आपको भी इन्हें सामान्य मानते हुए इनके अनुरूप ढल जाना चाहिए। जब कोई मुश्किल काम आता है, मान लें आपको किसी मुश्किल परीक्षा में उत्तीर्ण होना हो या बिक्री के

किसी मुश्किल लक्ष्य तक पहुँचना हो या एक सप्ताह के भीतर कोई मुश्किल प्रोजेक्ट पूरा करना हो, तो दहशत में नहीं आएँ। स्थिति का जायज़ा लेकर योजना तैयार करें। उन लोगों से सलाह लें, जो यह काम पहले कर चुके हैं, आदर्श दृष्टि से उन्हीं परिस्थितियों में।

मार्गदर्शक की सलाह लेना सफलता का अचूक नुस्ख़ा है। जैसा क्ले क्लार्क ने कहा है, 'एक बार जब आप इस पूर्ण सत्य को अंगीकार कर लेते हैं कि हर लीडर को एक मार्गदर्शक की ज़रूरत होती है, तो इसके बाद आप अपने मनचाहे ज़बर्दस्त विकास और सफलता को हासिल कर सकते हैं।' हमेशा याद रखें, ऊँट यह काम अकेले नहीं करते हैं। वे यह काम अपने मार्गदर्शक की मदद से ही कर पाते हैं। ऊँटों में बहुत-सी ख़ूबियाँ होती हैं, लेकिन उनमें यह कमी होती है कि वे तब तक कहीं नहीं जाते, जब तक उनका मार्गदर्शन नहीं किया जाए। और इसके पीछे एक कारण है। 3,000 साल पहले पालतू बनाने के बाद से ऊँट चलाने वाले उन्हें लगातार मार्गदर्शन देते आ रहे हैं, इसलिए उन्हें इसकी आदत पड़ चुकी है। अगर ऊँटों का मार्गदर्शक सोचता है कि वे कोई काम कर सकते हैं, तो वे उस पर विश्वास कर लेते हैं और उस काम को करने लगते हैं। आम पालतू ऊँट अपने मार्गदर्शक के सैकड़ों शब्दों और दर्जनों आग्रहों को समझ सकता है। यह दाएँ और बाएँ का अंतर जानता है, आदेश मिलने पर अपने पैर उठा सकता है, मुँह खोल सकता है, सिर झुका सकता है या किसी को बैठाने के लिए घुटनों के बल बैठ सकता है। आपको भी अपने मार्गदर्शक की सलाह पर इसी तरह विश्वास करना चाहिए और उस पर अमल करना चाहिए। इसका कारण सरल है : आपका मार्गदर्शक वह काम पहले कर चुका है और वह सफल होने का तरीक़ा जानता है। इसीलिए वह आपको आसानी से रास्ता दिखा सकता है और आवश्यक हिदायतें दे सकता है। वह आपको प्रोत्साहन भी दे सकता है, जिसकी आपको बहुत ज़रूरत होती है।

## हमेशा सफलता की उम्मीद करें

ऊँट उम्मीद का दामन नहीं छोड़ते हैं। वे हमेशा सफलता की उम्मीद करते हैं। वे भोजन या पानी के बिना हफ़्तों तक रेगिस्तान में यात्रा करते हैं, लेकिन वे कभी आशा नहीं छोड़ते। यह आशा कि उन्हें अंततः पानी और आराम

मिलेगा, जल्दी नहीं, तो देर-सबेर। ऊँट जानते हैं कि अंतहीन दिखने वाली सुरंग के दूर वाले सिरे पर रोशनी-सी दिख रही है, इसलिए उन्हें हौसला क़ायम रखना चाहिए। रॉय टी. बेनेट के शब्दों को याद रखें, 'कभी भी उम्मीद नहीं खोएँ। तूफ़ान लोगों को ज़्यादा शक्तिशाली बनाते हैं और हमेशा क़ायम नहीं रहते हैं।'

हमारे भीतर एक डरपोक मुर्गा रहता है, जो अक्सर हमें बताता रहता है कि हम इतनी सारी बाधाओं को पार नहीं कर पाएँगे, हम अपना लक्ष्य हासिल करने में कामयाब नहीं हो पाएँगे या हममें सफल होने के लिए पर्याप्त शक्ति या योग्यता नहीं है। कई बार डरपोक मुर्गा हमारे भीतर नहीं रहता है, बल्कि हमारे आस-पास के लोगों के भीतर रहता है, जो हमसे ऊपर बताई गई निराशाजनक बातें बोलते हैं। हमें इस डरपोक मुर्गे की बातों को अनसुना कर देना चाहिए। आप मनुष्य पैदा हुए थे, डरपोक मुर्गे की तरह व्यवहार नहीं करें! ऊँट की तरह व्यवहार करें और सफलता की उम्मीद करते रहें। अगर आपसे पहले कोई दूसरा वह काम कर चुका है, तो आप भी कर सकते हैं। और अगर वह काम अब तक किसी ने नहीं किया है, तो याद रखें कि हर काम पहली बार कोई न कोई तो करता ही है। देखिए, रॉजर बैनिस्टर से पहले कोई भी इंसान 4 मिनट से कम समय में एक मील नहीं दौड़ पाया था। अगर रॉजर बैनिस्टर भी इसे असंभव मानते, तो हो सकता था कि वे ऐसा करने की कोशिश ही नहीं करते। खुद पर भरोसा रखें और ईश्वर पर भरोसा रखें, शायद ईश्वर यही चाहता है कि वह काम सबसे पहले आप ही करें! खुद को प्रेरित करें!

लगनशील बनें; चुनौतियों का डटकर सामना करें और अपनी योग्यता में तथा ईश्वर पर भरोसा रखें। देखिए, आशावाद एक नज़रिया ही नहीं है; यह जीवन की डोर भी है। जब आपको बेहतरी की उम्मीद होती है, तभी आप अपनी स्थिति को बेहतर बनाने के लिए सक्रियता से कुछ करते हैं। दूसरी तरफ़, जब आप नाउम्मीद हो जाते हैं, तो आप कोशिश करना भी छोड़ देते हैं और जब आप कोशिश नहीं करते हैं, तो आप सफल कैसे हो सकते हैं? जैसा जर्गन मोल्टमैन ने कहा है, 'आशारहित जीवन वास्तव में मृत्यु की तरह होता है। निराशा ही नरक है। यह कोई संयोग नहीं है कि दांते के महाकाव्य में नरक के द्वार पर यह वाक्य लिखा था कि अंदर दाख़िल होने वालों, सारी आशा पीछे छोड़कर आओ।"

## उपाय कुशल बनें और अनुकूलन करें

ऊँट रेगिस्तान की परिस्थितियों तथा चुनौतियों के हिसाब से बख़ूबी ढल चुका है। यह तमाम रेगिस्तानी मुश्किलों से जूझने में माहिर है। ऊँट अपने पास मौजूद सभी संसाधनों का अच्छा इस्तेमाल करता है। शायद इसकी कूबड़ इसकी सबसे बड़ी शक्ति होती है। यह एक तरह से इसकी पिकनिक बास्केट है। ऊँट की कूबड़ में फ़ैट जमा रहती है, जो ज़रूरत पड़ने पर ऊर्जा और पानी प्रदान कर सकती है। इसी कूबड़ की वजह से ऊँट एक सप्ताह तक पानी के बिना काम चला सकता है और भोजन के बिना तो कई सप्ताह गुज़ार सकता है। और यह बात नहीं भूलें कि ऊँट के कूबड़ में लगभग 40 किलो फ़ैट जमा रहती है। मोटा हिसाब लगाएँ, तो इससे इसे 40 किलो पानी मिल सकता है। (वैसे अपने शरीर पर ऐसे कूबड़ की कल्पना नहीं करें; यह उपयोगी तो है, लेकिन सिर्फ़ रेगिस्तान में और शायद आप रेगिस्तान में नहीं रहते हैं। वैसे भी, कूबड़ के साथ आप सुंदर नहीं दिखेंगे।) वैसे अगर ऊँट कूबड़ में जमा फ़ैट का इस्तेमाल करता है, तो इसके कूबड़ का आकार छोटा होता जाता है। इसका मतलब है कि अगर ऊँट ज़्यादा आकर्षक बनना चाहते हैं, तो उन्हें भी डाइट प्लान पर चलना होगा।

सुरक्षित संग्रह हमारे जीवन में भी ज़रूरी है। किसी भी कंपनी के पास पर्याप्त नक़दी होने पर सीईओ को सुरक्षा का अहसास होता है, जबकि क़र्ज़ ज़्यादा होने पर चिंता के बादल छा जाते हैं। इसी तरह अगर हमारे बैंक में काफ़ी पैसा जमा हो, तो हमें बहुत आत्मविश्वास रहता है, जबकि क़र्ज़ के बोझ से हम काफ़ी दबाव महसूस करते हैं। जीवन के किसी भी एक महत्त्वपूर्ण क्षेत्र में कमी दूसरे सभी क्षेत्रों पर विपरीत प्रभाव डाल सकती है, इसलिए कभी भी सुरक्षा कवच के महत्त्व को कम नहीं आँकें। यह आपके आत्मविश्वास को बढ़ा सकता है और आत्मविश्वास होने पर आप ऐसे काम कर सकते हैं, जो आप आत्मविश्वास रहित होने पर नहीं कर पाते।

ऊँटों के पास रेगिस्तान की मुश्किल परिस्थितियों से निबटने के लिए कई अन्य संसाधन भी होते हैं। उनके पैरों पर एक मोटी परत होती है, जो उन्हें गर्म रेत से बचाती है। उनकी भौंहें लंबी और भरी हुई होती हैं, ताकि रेत आँखों के अंदर नहीं जाए। ऊँट रेत से बचने के लिए अपने नथुने भी बंद कर सकते हैं। उनकी साफ़ अंदरूनी पलक, कान के बाल,

लाल रक्त कोशिकाओं की अंडाकार आकृति, पानी रोकने की किडनी तथा आँत की विशेष क्षमता रेगिस्तानों में बहुत उपयोगी संसाधन साबित होते हैं। तो आप किस बात का इंतज़ार कर रहे हैं? अपने कामकाज के क्षेत्र में जितने संसाधन इकट्ठे कर सकते हों, कर लें और उनका इस्तेमाल शुरू कर दें। उपाय कुशल बनें और ब्यूलाह लुइस हेनरी के शब्द याद रखें, 'यदि आवश्यकता आविष्कार की जननी है, तो उपाय कुशलता जनक है।' वैसे अगर आपको यह नहीं पता है कि अच्छे संसाधन कौन से हैं, तो अपने मार्गदर्शक से पूछ लें।

## रोचक तथ्य

- अबू धाबी में आपको ऊँट के दूध से बना मिल्कशेक मिल सकता है। ऊँट के दूध में गाय के दूध से ज़्यादा विटामिन सी और लोहा रहता है। इसका इस्तेमाल कज़ाकिस्तान में टी.बी. सहित कई बीमारियों के इलाज में किया जाता है।

- हालाँकि ऊँट खड़े-खड़े सो सकते हैं, लेकिन आरईएम (रैपिड आई मूवमेंट) वाली नींद के लिए उन्हें लेटना पड़ता है। ऐसा इसलिए है, क्योंकि आरईएम नींद में मांसपेशियाँ पंगु हो जाती हैं और अगर ऊँट नहीं लेटेंगे, तो वे गिर जाएँगे।

- ऊँटों का इस्तेमाल युद्ध में भी किया गया है, क्योंकि उनके क़रीब आने पर घोड़े डर जाते हैं (घोड़ों को ऊँट की गंध से डर लगता है)। भारतीय सेना और बीएसएफ़ के जवान राजस्थान के रेगिस्तान इलाक़ों में पहरा देने के लिए आज भी ऊँटों का इस्तेमाल करते हैं।

$$\left(4\right)$$

# सफलता के सबक़ : गिरगिट

## माहौल में ढल जाएँ!

- माहौल में ढल जाएँ
- बॉडी लैंग्वेज का सही इस्तेमाल करें
- अपनी दृष्टि को व्यापक करें
- तेज़ी से काम करें
- हमेशा विकास करते रहें

अँग्रेज़ी शब्द कैमिलिअन एक लैटिन शब्द से उत्पन्न हुआ है, जिसका मतलब है 'ज़मीन का शेर।' गिरगिट कहीं से कहीं तक शेर जैसा नहीं दिखता है, इसलिए एक बार फिर शब्द-व्युत्पत्ति ने हमें चकमा दे दिया, जैसा इसने ऊँट के मामले में किया था। और अगर आप अपने बॉस को यह बताना चाहते हैं कि वह ज़मीन का शेर है, तो उसके मुँह पर उसे गिरगिट कहने की भूल नहीं करें। आपके बॉस की प्रतिक्रिया वैसी ही होगी, जैसी आपकी प्रेमिका की थी, जब आपने उसकी सुंदरता की प्रशंसा में उसे ऊँट कहा था। इसलिए हमेशा शब्द-व्युत्पत्ति पर नहीं, बल्कि शब्द के अर्थ पर विश्वास करें, वरना आपको लेने के देने पड़ सकते हैं!

गिरगिट की मानव जगत में अच्छी छवि नहीं है। अगर हम किसी को गिरगिट कहते हैं, तो इसे अपमानजनक या निंदात्मक माना जाता है। हम उन लोगों को गिरगिट का दर्जा देते हैं, जो परिस्थितियों या आस-पास के लोगों के हिसाब से रंग बदल लेते हैं। गिरगिट व्यक्तित्व मूलतः 'प्रतिबिंब व्यक्तित्व' होता है, जिसमें हम सामने वाले को वही दिखाते हैं, तो वह देखना चाहता है। इंसानी गिरगिटों को विश्वसनीय या ईमानदार नहीं माना जाता। इन गिरगिटों का लक्ष्य अच्छी छवि बनाना होता है और वे आपकी प्रशंसा या दिल जीतने के लिए अपनी असली भावनाएँ और विचार छिपा लेते हैं। (मैं जानता हूँ, प्रेम में हर एक को गिरगिट की तरह रंग बदलना पड़ता है, वरना प्रेमिका जाल में नहीं फँसेगी। वैसे इस विषय पर आपको गिरगिटों के संसार की एक ख़ासियत जान लेना चाहिए : मादा गिरगिट स्वयं नर गिरगिट से प्रेम का आग्रह करती है और उसे आमंत्रित करती है।)

ख़ैर, हम असली गिरगिट से काफ़ी कुछ सीख सकते हैं :

## माहौल में ढल जाएँ

अगर आप सफल होना चाहते हैं, तो आपको आस-पास की परिस्थितियों के हिसाब से ढलना सीखना चाहिए। कहावत भी है, जब रोम में रहें, तो रोमवासियों की तरह काम करें। या अपनी हिंदी की कहावत को ही देख लें, जैसा देस वैसा भेस। अपने आस-पास के माहौल में ढलने के मोटे तौर पर दो तरीक़े होते हैं। एक तो यह है कि आप अनुसरण करने योग्य सफल लोगों का एक श्रेष्ठ माहौल चुनें, जिनके पास वे गुण हों, जो आप सीखना चाहते हैं। फिर इस आदर्श माहौल में ढल जाएँ। यह आपके लिए आदर्श स्थिति है। ऐसे श्रेष्ठ समूह या परिवेश के अनुरूप ढलने पर आप कई महत्त्वपूर्ण चीज़ें सीख सकते हैं। बहरहाल, कई बार आपके आस-पास अच्छा माहौल होता ही नहीं है और शत्रुतापूर्ण परिवेश में जीने के अलावा आपके पास कोई दूसरा विकल्प नहीं होता। कोई चिंता नहीं! यहाँ हमारा गिरगिट दोस्त हमें कई उपयोगी सुझाव दे सकता है, क्योंकि यह शत्रुतापूर्ण परिवेश में ही सफल होता है।

सबसे पहले तो गिरगिट से ख़ुद को छिपाने की कला सीखें। गिरगिट माहौल के हिसाब से रंग बदलकर अपना असली रंग छिपाने में माहिर होता है। अगर आपके आस-पास का माहौल शत्रुतापूर्ण है या सही नहीं है, तो आपको भी ऐसा ही करना चाहिए। देखिए, अगर ओछी मानसिकता वाले लोगों को यह पता चल जाए कि आप प्रगतिशील हैं, महत्त्वाकांक्षी हैं और सफल होना चाहते हैं, तो यह उन्हें पसंद नहीं आएगा। कोई भी समूह अपने से विपरीत मानसिकता वाले सदस्यों को बर्दाश्त नहीं करता। इसलिए वे लोग आपका विरोध करेंगे और आपको नीचे खींचने की कोशिश करेंगे। हर कोई यही चाहता है कि सब लोग वैसा ही व्यवहार करें, जैसा वह ख़ुद करता है। अगर आप अपने असली इरादों को छिपा लेते हैं, तो इससे लोगों को लगेगा कि आप उन्हीं के जैसे हैं। शत्रुतापूर्ण 'समूह दबाव' से बचने के लिए ऊपर से ऐसा दिखाएँ कि आप समूह के बाक़ी लोगों जैसे ही हैं, लेकिन छिपकर अपने सपनों पर काम करते रहें। एंड्रयू वाक्स की समझदारी भरी सलाह याद रखें, 'जब आप शिकारियों का शिकार करते हैं, तो कमज़ोरी ही सर्वश्रेष्ठ छल है।' ओह! छल की इस तकनीक का इस्तेमाल लड़कियाँ सारे समय करती रहती हैं, जब वे कमज़ोरी का बहाना बनाकर लड़कों से सारे काम करवा लेती हैं!

गिरगिट की तरह छिपकर रहना आधुनिक संसार में सफलता की काफ़ी अच्छी रणनीति है। अपनी योजनाओं या उपलब्धियों का ढिंढोरा नहीं पीटें, क्योंकि इससे दूसरे आपसे जलने लगेंगे और आपकी योजनाओं को विफल करने में जुट जाएँगे। यक़ीन नहीं हो, तो सिगरेट छोड़ने का ऐलान करके देख लें। आपके सिगरेट पीने वाले दोस्त आपको दिन में छह बार मुफ़्त सिगरेट पिलाने की पेशकश करने लगेंगे!

जोखिम क्यों लें? धैर्य रखें। गिरगिट की तरह व्यवहार करें, जो आराम से अपने आस-पास के परिवेश की तरह रंग बदल लेता है। यहाँ तक कि अंधा गिरगिट भी यह काम कर लेता है। अपनी योजनाएँ लोगों को नहीं बताएँ। इसके बजाय उन्हें अपनी सफलता का प्रमाण दिखाएँ। तब तक इंतज़ार करें, जब तक कि आप सचमुच सफल नहीं हो जाएँ और आपके प्रोजेक्ट को कोई नुक़सान नहीं पहुँचा सकता हो। अंतिम विजय से पहले अपने इरादे बताने या अपना ढिंढोरा पीटने में कोई तुक नहीं है। गिरगिट अपने संभावित शिकार के सामने ना तो ख़ुद को प्रकट करता है, ना ही अपने इरादे बताता है, वरना यह भूखा मर जाएगा।

## बॉडी लैंग्वेज का सही इस्तेमाल करें

जैसा हार्वे वोल्टर ने कहा है, 'आप किसी की बॉडी लैंग्वेज से बहुत कुछ समझ सकते हैं।' चाहे हम यह बात जानते हों या नहीं जानते हों, लेकिन हमारी बॉडी लैंग्वेज हमारे बारे में दूसरों को बहुत कुछ बता देती है। वे हमें देखकर ही समझ सकते हैं कि हम कैसा महसूस कर रहे हैं, हमारे इरादे क्या हैं और हमारे विचार क्या हैं? महिलाएँ बॉडी लैंग्वेज के संकेत पढ़ने में ख़ास तौर पर निपुण होती हैं और बेचारा पति समझ ही नहीं पाता कि उसकी चोरी कैसे पकड़ी गई। यह बॉडी लैंग्वेज की वजह से पकड़ी गई थी।

जैसा सभी सेल्समैन जानते हैं या उन्हें जानना चाहिए, केवल विश्वसनीय शब्द ही बिक्री करने के लिए पर्याप्त नहीं होते; आपकी बॉडी लैंग्वेज भी विश्वसनीय होनी चाहिए। गिरगिट बॉडी लैंग्वेज का इस्तेमाल करने में माहिर होता है। यह रंग बदलकर अपने मूड या भावनाओं को व्यक्त करता है। नाराज़ होने पर इसकी त्वचा ज़्यादा चमकदार हो जाती है (जैसे हमारा चेहरा लाल पड़ जाता है!)। नर गिरगिट जब मादा गिरगिट का ध्यान आकर्षित

करना चाहता है, तो यह कई हल्के रंग दिखाता है (हम भी यही परिणाम पाने के लिए फ़ेयरनेस क्रीम फ़ॉर मेन लगाते हैं)। रेगिस्तानी गिरगिट का शरीर जब ज़्यादा ठंडा हो जाता है, तो गर्मी को सोखने के लिए यह अपनी त्वचा काले रंग की कर लेता है। जब इसे अपना शरीर ज़्यादा गर्म लगता है, तो यह गर्मी को परावर्तित करने के लिए अपनी त्वचा के रंग को हल्का भूरा कर लेता है।

मादा गिरगिट जब नर गिरगिट को आमंत्रित करना चाहती है, तो यह त्वचा पर चमकदार पीले धब्बे दिखाती है। इसके बाद जब यह नर गिरगिटों को दूर रखना चाहती है, तो यह अपनी त्वचा का रंग स्याह कर लेती है और नीले-पीले धब्बे दिखाती है।

गिरगिट रात को एक अनूठे तरीक़े से चमकते हैं : वे पहले ज्ञात जानवर हैं, जिनकी हड्डियाँ चमकती हैं। हड्डियों की चमक का एक और लाभ होता है : कई जानवर, जिनमें इंसान भी शामिल हैं, अल्ट्रावायलेट रोशनी नहीं देख सकते हैं, लेकिन गिरगिट देख सकते हैं। तो एक तरह से वे अपने गिरगिट मित्रों को संदेश भेज रहे हैं, जैसे कि हम फ़ेसबुक मैसेंजर या वाट्सएप पर भेजते हैं।

## अपनी दृष्टि को व्यापक करें

एक सूक्ति है, 'जहाँ कोई भविष्य दृष्टि नहीं होती, वहाँ लोग मर जाते हैं।' व्यापक दृष्टि गिरगिटों के लिए अनिवार्य है... हमारे लिए भी। जैसा किसी ने कहा है, 'जब आपके सामने अपने लक्ष्य की एक स्पष्ट दृष्टि होती है, तो इसकी ओर पहला क़दम उठाना ज़्यादा आसान होता है।' वैसे गिरगिटों के दो लक्ष्य होते हैं : अपनी रक्षा करना और शिकार करना, इसलिए उनकी दोहरी दृष्टि काफ़ी मददगार होती है। गिरगिट दोनों आँखों से स्वतंत्र रूप से देख सकता है, इसलिए जब इसकी एक आँख इसके शिकार पर केंद्रित होती है, तो दूसरी आँख इसके शिकारियों की तलाश करती है और इस पूरे समय गिरगिट धीरे-धीरे चलता रहता है।

गिरगिट की आँखें 180 अंशों के कोण पर अलग-अलग घूम सकती हैं, इसलिए यह एक ही समय में दो अलग-अलग चीज़ों को देख सकता

है। इससे इसे 360 अंशों की व्यापक दृष्टि मिल जाती है। और इतना ही नहीं! इसकी आँखें विपरीत दिशाओं में भी देख सकती हैं - यानी अगर एक आँख बाईं तरफ़ ऊपर देख रही है, तो दूसरी आँख उसी समय दाईं तरफ़ नीचे देख सकती है। इससे गिरगिट अपना सिर हिलाए बिना ही चारों तरफ़ भोजन की तलाश कर सकता है। अगर एक आँख को कोई स्वादिष्ट कीड़ा दिख जाता है, तो यह अपनी दूसरी आँख भी वहीं केंद्रित कर लेता है, ताकि सटीकता से गहराई को नाप सके। गिरगिट की आँखों की रोशनी इतनी अच्छी होती है कि यह 5-10 मीटर दूर से ही छोटे कीड़ों को देख सकता है। और जैसा पहले ही बताया जा चुका है, गिरगिट सामान्य रोशनी के अलावा अल्ट्रावायलेट रोशनी में भी देख सकता है।

गिरगिट हमें सिखाते हैं कि हमें भी व्यापक दृष्टि रखनी चाहिए। दरअसल, हमें दोनों तरह की दृष्टि रखनी चाहिए : अल्पकालीन भी और दीर्घकालीन भी। जैसा हम रसेल कॉनवेल की पुस्तक *एकर्स ऑफ़ डायमंड्स* से जानते हैं, अवसरों की तलाश घर से शुरू होनी चाहिए। कौन से अवसर मेरे आस-पास के परिवेश में तुरंत उपलब्ध हैं? कौन से मेरे ऑफ़िस में हैं? मेरे शहर में? मेरे राज्य में? मेरे देश में? पूरे संसार में? इससे आगे जाने में कोई तुक नहीं है। हमने अब तक मंगल या चंद्रमा पर बस्तियाँ नहीं बनाई हैं। देखिए, इंटरनेट के बाद संसार काफ़ी छोटा हो गया है और अब अवसर एक क्लिक पर उपलब्ध हैं। जैसा नाइकी ने कहा है, बस इसे कर दें।

## तेज़ी से काम करें

गिरगिट एक शाखा पर स्थिर बैठकर अपने आस-पास हो रही हर घटना का अवलोकन करता रहता है। जब यह किसी अवसर को भाँपता है, तो यह इस पर ध्यान केंद्रित कर लेता है और फिर शीघ्रता से काम करता है। अचानक इसकी दो फुट लंबी चिपचिपी जीभ 13 मील प्रति घंटे की गति से बाहर लपलपाती है, झींगुर को लपेटती है और खींचकर इसके मुँह में ले आती है। गिरगिट का फ़ास्ट फूड! यह सर्जिकल स्ट्राइक है, जो सही निशाने पर लगती है और वह भी बंद आँखों के साथ। बेचारे शिकार को तो इसकी ज़रा भी उम्मीद नहीं थी। कौन कल्पना कर सकता था कि इतनी दूर चुपचाप बैठे गिरगिट की जीभ इतनी लंबी और तेज़ होगी?

गिरगिट की जीभ तेज़ यो-यो जैसी होती है। यह झटके से बाहर निकलती है और तपाक से भोजन को दबोचकर ले आती है। गिरगिट का थूक इंसान के थूक से 400 गुना ज़्यादा चिपचिपा होता है। इसकी जीभ इसके शरीर से लगभग दोगुनी लंबी होती है। इसका मतलब है कि अगर किसी गिरगिट की लंबाई 12 इंच है, तो इसकी जीभ 18 से 24 इंच लंबी हो सकती है।

गिरगिट धीमे चलते हैं, इसलिए लंबी जीभ के बिना उनके लिए कीड़े-मकोड़ों को पकड़ना काफ़ी मुश्किल होता। इसी विशेषता के कारण वे अपना अस्तित्व क़ायम रखने में सफल हुए हैं। घाना में एक कहावत है, 'गिरगिट धीमा होता है, लेकिन यह हमेशा अपने निशाने तक पहुँच जाता है।' ईश्वर या कुदरत कमियों की सुंदरतापूर्वक भरपाई करती है। उसने गिरगिट को धीमी गति दी है, लेकिन उसने इसे काफ़ी लंबी जीभ भी दी है। अपने वरदानों की तलाश करें! और यह काम तेज़ी से करें, जैसे गिरगिट करता है।

आइसक्रीम स्पेशलिटी स्टोर्स की संसार की सबसे बड़ी चेन बास्किन-रॉबिन्स अपनी बिक्री बढ़ाना चाहती थी। विज्ञापन एजेंसी ने एक विज्ञापन का सुझाव दिया : 31 दिनों में 31 स्वाद। समस्या यह थी कि बास्किन-रॉबिन्स के पास उस वक़्त केवल 21 ही स्वाद थे। यानी इसके पास 10 स्वाद कम थे। इस विज्ञापन को बदलने के बजाय कंपनी ने तेज़ी से काम किया और चंद दिनों में ही 10 नए स्वाद खोज लिए। 31 स्वाद वाला विज्ञापन लोकप्रिय हो गया और कंपनी दिन दूनी रात चौगुनी सफल हुई।

## हमेशा विकास करते रहें

दूसरे जानवरों के विपरीत गिरगिट जीवन भर विकास करते रहते हैं और बढ़ते रहते हैं। जब उनकी पुरानी त्वचा छोटी हो जाती है, तो वे इसे टुकड़ों-टुकड़ों में छोड़ते हैं, जबकि साँप अपनी पूरी केंचुली एक साथ छोड़ते हैं। आपको भी गिरगिट की तरह लगातार विकास करते रहना चाहिए। और हाँ, विकास का मतलब पेट के विकास से नहीं है। इसका मतलब यह भी नहीं है कि आप ग्रोथ हॉरमोन लेना शुरू कर दें। मेरा मतलब तो यह है कि आप अपने मानसिक व व्यावसायिक विकास पर ध्यान दें। और विकास के

लिए आपको मेहनत करनी होती है। जैसा कैल्विन कूलिज ने कहा है, 'सारा विकास गतिविधि पर निर्भर करता है। प्रयास के बिना ना तो शारीरिक विकास होता है, ना ही बौद्धिक विकास होता है और प्रयास का अर्थ है मेहनत।'

अपनी योग्यताओं को बढ़ाएँ, अपने शौकों की सूची बढ़ाएँ, अपने क्षेत्र संबंधी ज्ञान बढ़ाएँ, उपयोगी पुस्तकें पढ़ें, उपयोगी वीडियो देखें, ऑडियो बुक सुनें आदि। स्व-विकास और आत्म-सुधार को आजीवन प्रक्रिया बना लें। यदि आप सफल होना चाहते हैं, तो विकास दरअसल विकल्प नहीं है; यह तो एक आवश्यकता है। अब्राहम मास्लो के शब्दों को याद रखें, 'किसी भी पल हमारे पास दो विकल्प होते हैं : विकास की दिशा में आगे क़दम बढ़ाएँ या सुरक्षा की दिशा में पीछे क़दम हटाएँ।' समझदारी से चुनें!

## रोचक तथ्य

- भारत के कुछ हिस्सों में यह माना जाता है कि गिरगिट ऐसा रसायन छोड़ सकता है, जो पुरुषों को नपुंसक बना देता है।

- माना जाता है कि गिरगिटों में पारलौकिक शक्तियाँ होती हैं। अगर गिरगिट आपका रास्ता काट ले, तो आपकी क़िस्मत फूट जाती है। यह भी मान्यता है कि अगर कोई गिरगिट भोजन के पास से निकल जाए, तो भोजन ज़हरीला हो जाता है।

- मेडागास्कर में अगर कोई पति किसी गिरगिट को छू ले, तो उसे तीन दिनों तक अपनी पत्नी को नहीं छूने दिया जाता।

5

# सफलता के सबक़ : चीता

## सबसे तेज़ बनें!

- सबसे तेज़ बनें
- सर्वश्रेष्ठ अवसर चुनें
- अपनी सीमाएँ जानें
- अपने प्रतिस्पर्धियों को कम करें
- परिवर्तनों पर तीव्र प्रतिक्रिया करें

*'हालाँकि चीता संसार का सबसे तेज़ जानवर है और यह मैदान में किसी भी जानवर को पकड़ सकता है, लेकिन यह तब तक इंतज़ार करेगा, जब तक कि इसे पूरा विश्वास नहीं हो जाए कि यह अपने शिकार को पकड़ सकता है... यह हिरण के बच्चे का इंतज़ार करेगा और किसी भी बच्चे का नहीं, बल्कि आदर्श दृष्टि से उस बच्चे का जो बीमार या लँगड़ा भी हो। तभी, जब शिकार के बच निकलने की कोई भी आशंका नहीं रहे, तभी यह हमला करता है। मेरे लिए यही ट्रेडिंग का सार है।'*

—स्टैन वाइनस्टाइन

चीता ज़्यादातर अफ़्रीका और ईरान में पाया जाता है। यह पृथ्वी का सबसे तेज़ मैदानी पशु है, जो 70 मील प्रति घंटे की रफ़्तार से दौड़ सकता है, हालाँकि आम तौर पर यह इसकी आधी गति से शिकार करता है। भारतीयों का चीते से गहरा संबंध है, क्योंकि इसका अँग्रेज़ी नाम 'चीता' संस्कृत शब्द 'चित्र' के आधार पर रखा गया है। चीता छल, छिपने की निपुणता, एकाग्रता और गति के मिश्रण की वजह से कामयाब होता है। यह मुख्यतः दिन में सक्रिय रहता है, जबकि तेंदुआ, बाघ और शेर रात को शिकार करते हैं।

## सबसे तेज़ बनें

कछुए और खरगोश की कहानी में जो आपको बताया गया है, उसे भूल जाएँ और यह जान लें कि गति प्राकृतिक जगत में बहुत, बहुत महत्त्वपूर्ण होती है। गति की वजह से ही शिकारी जानवर अपने शिकार को पकड़ पाते हैं और गति की वजह से ही शिकार जानवर शिकारी जानवरों से बचने में कामयाब होते हैं। गति जंगल में जीवन-मृत्यु के बीच का फ़र्क़ होती है। कई बार तो चंद सेकेंड के फ़ासले से जान जा भी सकती है और बच भी सकती है। और इस मामले में चीता बहुत सौभाग्यशाली है, क्योंकि यह ज़मीन पर रहने वाला सबसे तेज़ जानवर है। इसका हल्का शरीर रफ़्तार के लिहाज़ से आदर्श होता

56

है। जब भी मेरी पत्नी अच्छे मूड में होती है, तो वह मेरे शरीर को 'चीता शरीर' कहती है। और बुरे मूड में वह मुझे 'उल्लू' कहती है। यानी मैं ऐसा उल्लू हूँ, जिसका शरीर चीते जैसा है। हा हा हा! उसकी चीते की उपमा से मुझे यह याद रहता है कि मेरा वज़न कभी 70 किलो से ज़्यादा नहीं बढ़े, क्योंकि चीते का वज़न आम तौर पर 40 से 70 किलो के बीच होता है।

चीता हमें तेज़ गति से काम करने का सबक़ सिखाता है। क्या हम अपने क्षेत्र के सबसे तेज़ कर्मचारी हैं? मान लें, आपकी कंपनी में अचानक कोई अर्जेन्ट प्रोजेक्ट आ जाता है, जिसे बेहद कम समय में फुर्ती से पूरा करना है, तो क्या बॉस उस काम के लिए आप ही को चुनता है? क्या आप डेडलाइनों को आसानी से हरा देते हैं या फिर उन्हें नियमित रूप से चूक जाते हैं? क्या आप किसी ऐसे काम को 5 मिनट में अच्छी तरह पूरा कर सकते हैं, जिसे करने में बाक़ी लोगों को 10 मिनट लगते हैं? क्या आप दूसरों से ज़्यादा तेज़ गति से टाइप कर सकते हैं? क्या आप दूसरों से ज़्यादा तेज़ गति से बेच सकते हैं? आपका क्षेत्र जो भी हो, गति पर ध्यान दें और इसे बढ़ाने की कोशिश करें। जैसा ऐमेज़ॉन के संस्थापक जेफ़ बेज़ोस ने कहा है, 'फुर्ती ही दूसरों के मुक़ाबले आपका एकमात्र स्थायी लाभ है, बस यही। क्योंकि बाक़ी कोई भी चीज़ स्थायी नहीं है; आप चाहे कुछ भी बना लें, कोई ना कोई दूसरा उसकी नक़ल कर लेगा।'

धावक यह बात जानते हैं, इसलिए वे सेकेंडों में अपनी गति बढ़ाने की कोशिश करते हैं। और इससे उन्हें फ़ायदा भी होता है, क्योंकि वे सेकेंडों के अंतर से ही जीतते या हारते हैं, कई बार तो एक सेकेंड के दसवें या सौवें हिस्से के अंतर से। दौड़ में गति ही विजेता का निर्णय करती है। जैसा ब्रायन ट्रेसी कहते हैं, 'अगर कोई घोड़ा एक नाक के अंतर से पहले स्थान पर आता है, तो यह दूसरे नंबर पर आने वाले घोड़े से दस गुना ज़्यादा पुरस्कार राशि जीतता है, हालाँकि अंतर सिर्फ़ एक नाक या दो इंच का ही होता है।'

इसलिए अपनी मुख्य योग्यता के क्षेत्र में अपनी गति को बढ़ाएँ। व्यवसाय में भी गति बेहद महत्त्वपूर्ण हो सकती है। फ़ेडेक्स गति के विचार की वजह से ही सफल हुआ, क्योंकि इसने 'रातोंरात डिलिवरी' का वादा किया और डोमिनोज़ '30 मिनट की गारंटीड पिज़्ज़ा डिलिवरी' के विज्ञापन से शिखर पर पहुँच गया।

## सर्वश्रेष्ठ अवसर चुनें

जब चीते को हिरणों का झुंड दिखाई देता है, तो यह उतावलेपन में उनकी तरफ़ सरपट नहीं दौड़ता है। यह इंतज़ार करने का समय लेता है और स्थिति का अवलोकन तथा विश्लेषण करता है। अपनी उत्कृष्ट दृष्टि से यह समूह का अवलोकन करता है और फिर आदर्श लक्ष्य की तलाश करता है। यह ताड़ता है कि सबसे आसान और कमज़ोर शिकार कौन-सा है। और उस तक पहुँचने का आदर्श मार्ग या तरीक़ा क्या है? अपने शिकार को ताड़ते समय चीता काफ़ी समय तक रणनीति तैयार करता है और छलाँग लगाने के लिए सही समय का इंतज़ार करता है। चीता जोखिम-पुरस्कार अनुपात को बहुत सावधानी से तौलता है। यह अपनी सफलता के अवसर को ज़्यादा से ज़्यादा बेहतर बनाना चाहता है। यह ख़ामोशी से अपने चुने हुए शिकार के ज़्यादा से ज़्यादा क़रीब पहुँचना चाहता है, आदर्श दृष्टि से 20-50 फ़ुट की दूरी पर। हिरण चीते को इसलिए नहीं देख पाते, क्योंकि इसका चित्तीदार शरीर मैदानों की ऊँची, सूखी घास में छुप जाता है। अगर चीता अपने शिकार के 20 फ़ुट क़रीब पहुँचने में कामयाब हो जाए, तो इसकी सफलता लगभग तय हो जाती है। तब कहीं जाकर चीता बिजली की रफ़्तार से छलाँग लगाता है। कुछ ही सेकेंडों में यह अपने शिकार को ज़मीन पर गिरा देता है और इसकी गर्दन की नस काट देता है।

हम चीते से बहुत कुछ सीख सकते हैं। हम चाहे जितने तेज़ हों, हमें इंतज़ार करने, देखने और स्थिति का विश्लेषण करने में समय लगाना चाहिए। और हमें भी अंतिम छलाँग लगाने से पहले ख़ुद को अच्छी तरह तैयार कर लेना चाहिए। हमें पूरी तैयारी करके सफलता के अपने अवसरों को ज़्यादा से ज़्यादा बढ़ा लेना चाहिए। हर पल हमारे सामने कई अवसर होते हैं। चीते की तरह हमें भी धैर्यपूर्वक उनका विश्लेषण करना चाहिए और यह निर्णय लेना चाहिए कि हमारे लिए सबसे अच्छ अवसर कौन-सा होगा और कहाँ हमारी सफलता लगभग तय है।

मान लें, आप सेल्समैन हैं और आपके पास 10 संभावित ग्राहक हैं। अपने ग्राहकों पर किसी चीते की तरह ध्यान केंद्रित करें। कौन-सा ऐसा ग्राहक है, जो सबसे आसान लक्ष्य हो सकता है? किस एक ग्राहक को आप अचूक बिक्री कर सकते हैं? या वह कौन-सा एक ग्राहक है, जो सबसे आसानी से

ज़्यादा सामान ख़रीद सकता है? सबसे पहले उसी से मिलने जाएँ। तैयारी जीवन में बहुत महत्त्वपूर्ण होती है, इसलिए तैयारी करने में समय लगाएं। जैसा बॉबी अंसन ने कहा है, 'सफलता उस बिंदु पर मिलती है, जहाँ तैयारी और अवसर की मुलाक़ात होती है।' हमें भी चीते की तरह जोखिम-पुरस्कार अनुपात का विश्लेषण करना चाहिए। असफल होने का जोखिम कितना है? और सफल होने का पुरस्कार कितना है? जोखिम-पुरस्कार अनुपात पूरे जीवन में, ख़ास तौर पर शेयर बाज़ार में, बहुत सहायक होता है।

## अपनी सीमाएँ जानें

चीता सबसे तेज़ और फुर्तीला होता है, लेकिन इसकी कुछ सीमाएँ भी होती हैं। देखिए, प्रकृति सुपर हीरो बनाने में विश्वास नहीं करती है; यह सभी जानवरों को कुछ अनूठी योग्यताएँ देती है, लेकिन साथ ही कुछ सीमाएँ भी देती है। ज़्यादातर मामलों में हम अपनी सीमाओं पर इतने ज़्यादा केंद्रित हो जाते हैं कि अपनी योग्यताओं को अनदेखा कर देते हैं। और कई बार हम अपनी योग्यताओं पर इतना ज़्यादा ध्यान केंद्रित कर लेते हैं कि अपनी सीमाओं को नज़रअंदाज़ कर बैठते हैं। हममें से कोई भी आदर्श नहीं हो सकता, क्योंकि प्रकृति ने हममें से किसी को आदर्श नहीं बनाया है। जीवन योग्यताओं और सीमाओं के सी-सॉ झूले की तरह होता है। इसलिए समझदारी इसी में है कि हम अपनी योग्यताओं और सीमाओं का सर्वेक्षण कर लें तथा इस बारे में बहुत ईमानदार रहें।

चीते की एक बड़ी समस्या यह है कि सिर्फ़ 30 सेकेंड तेज़ दौड़ने से ही इसका शरीर और मस्तिष्क गरम हो जाते हैं। इसकी तेज़ गति से लैक्टिक एसिड भी उत्पन्न होता है। अगर चीता 30 सेकेंड तक भी अपनी सबसे तेज़ गति से दौड़ता है, तो इसके शरीर में ऐंठन आ सकती है। यह चीते के लिए बहुत बड़ी समस्या होती है, क्योंकि इसका मतलब यह है कि यह लगभग 20-30 मिनट तक अपने शिकार को नहीं खा सकता, जब तक कि इसके शरीर का तापमान सामान्य नहीं हो जाए। इस दौरान शेर या लकड़बग्घों का झुंड वहाँ आकर उसका शिकार छीन सकते हैं। इस अनहोनी से बचने के लिए चीता अपना शिकार किसी सुरक्षित जगह पर छिपा देता है। यह अपने शिकार के ज़्यादा से ज़्यादा क़रीब भी इसीलिए पहुँचता है, ताकि इसे कम

से कम दौड़ना पड़े और इसके शरीर का तापमान नहीं बढ़े। देखिए, चीते के लिए शिकार को मारना ज़्यादा बड़ी समस्या नहीं है, इसकी सबसे बड़ी समस्या तो मारे हुए शिकार को दूसरों से सुरक्षित रखना है।

चीते के शरीर का वज़न इतना कम होता है (मेरे मोटे मित्रों, ख़ुश हो जाओ, आपकी डाइटीशियन चाहे जो कहे, 70 किलो वज़न जानवरों के संसार में बहुत कम होता है) और इसके दाँत इतने छोटे होते हैं कि चीते को शक्तिशाली नहीं कहा जा सकता, ख़ास तौर पर लकड़बग्घों के झुंड या शेर के ख़िलाफ़, इसलिए चीता उनसे नहीं लड़ता है। उनके सामने आने पर चीते के पास दो विकल्प होते हैं : या तो लड़ो या फिर जान बचाकर भाग जाओ। चीता चतुराई से विश्लेषण करता है कि यहाँ जोखिम-पुरस्कार अनुपात इसके पक्ष में नहीं है। यह अपने अहं को संतुष्ट करने के लिए नहीं लड़ता है। यह जानता है कि इसकी छिपकर वार करने और तेज़ रफ़्तार की ख़ूबियाँ शिकार करने में तो बहुत मदद करती हैं, लेकिन ये भारी-भरकम हिंसक पशुओं से लड़ने में काम नहीं आएँगी। यह जानता है कि लड़कर अपनी जान जोखिम में डालने से बेहतर यही रहेगा कि अपना शिकार छोड़कर चल दे। इसलिए चीता अक्सर अपने भोजन को छोड़ देता है और सीधी लड़ाई से बचता है। चीता स्वाभाविक रूप से चिंतित जानवर होता है, जो ख़तरे और अनिश्चितता की स्थिति में 'भागने' के लिए बना है। चीता जानता है कि अगर यह ज़िंदा रहा, तो यह आसानी से दूसरा शिकार पकड़ सकता है, क्योंकि वह शिकार करने में बहुत माहिर होता है।

चीता जोखिम-पुरस्कार अनुपात का महत्त्व जानता है। और मेरे शेयर बाज़ार के मित्रों को भी इसका महत्त्व सीखना चाहिए। मशहूर ट्रेडर अलेक्ज़ेंडर एल्डर की सलाह सही निशाने पर है, 'अच्छे जोखिम/पुरस्कार अनुपात के साथ सौदों का इंतज़ार करना अनिवार्य है। धैर्य किसी ट्रेडर का महत्त्वपूर्ण गुण होता है।'

## अपने प्रतिस्पर्धियों को कम करें

चीता शेर या तेंदुए से नहीं लड़ सकता, जो इससे इसका शिकार छीन सकते हैं। इसीलिए चीता तब काम करता है, जब दूसरे शिकारी या हिंसक पशु

आराम करते हैं। बाक़ी हिंसक पशु निशाचर होते हैं, इसलिए उनसे बचने के लिए चीता रात के बजाय दिन में शिकार करता है। यह रणनीति चीते के लिए आदर्श है, क्योंकि दिन में इसकी आँखों की रोशनी कमाल की होती है और यह 5 किलोमीटर दूर से ही अपने शिकार को देख सकता है। इसलिए एक तरह से चीता उस रणनीति का इस्तेमाल करता है, जिसे 'गुरिल्ला युद्ध' कहा जाता है।

क्या आप किसी ख़ास क्षेत्र पर ध्यान केंद्रित कर रहे हैं, जहाँ प्रतिस्पर्धा कम है और सफलता की संभावनाएँ ज़्यादा हैं? आप कहाँ और कब अपनी सबसे शक्तिशाली योग्यताओं का इस्तेमाल कर सकते हैं? आपकी विशेषज्ञता का क्षेत्र क्या है या क्या हो सकता है? आपके प्रतिस्पर्धी कहाँ कमज़ोर, अनुपस्थित, बहुत कम या लापरवाह हैं? वास्तव में, इस आख़िरी प्रश्न की बदौलत ही वॉलमार्ट का जन्म हुआ था। जब वॉलमार्ट के संस्थापक सैम वाल्टन ने देखा कि बाक़ी बड़े रिटेलर बड़े शहरों पर ध्यान केंद्रित कर रहे हैं और छोटे शहरों को नज़रअंदाज़ कर रहे हैं, तो उन्होंने छोटे शहरों पर ध्यान केंद्रित करने की रणनीति अपनाई। और आज आप उनकी रणनीति के अद्भुत परिणाम देख सकते हैं; वॉलमार्ट की सालाना आमदनी 500 अरब डॉलर से भी ज़्यादा है!

## परिवर्तनों पर तीव्र प्रतिक्रिया करें

चीते की एक और ख़ास योग्यता होती है, जो एक तरह से अनूठी कही जा सकती है। यह तेज़ दौड़ते समय बीच हवा में मुड़ सकता है। अगर इसका शिकार इसे चकमा देने की कोशिश करता है, तो चीते में तुरंत मुड़ने की योग्यता होती है। यह कई बार शिकार को मारने और भूखे पेट सोने के बीच का फ़र्क़ साबित होती है।

मार्क सैनबर्न के शब्दों पर ध्यान दें, 'जीवन में आपकी सफलता सिर्फ़ बदलने की आपकी योग्यता पर निर्भर नहीं होती। यह तो आपके प्रतिस्पर्धियों, ग्राहकों और व्यवसाय से ज़्यादा तेज़ी से बदलने की योग्यता पर निर्भर होती है।' यह सब प्रतिक्रिया में लगने वाले समय के बारे में है; आप कितनी तेज़ी से प्रतिक्रिया कर सकते हैं? आप किसी नए विचार, प्रवृत्ति या प्रॉडक्ट के

हिसाब से कितनी तेज़ी से ढल सकते हैं? कोडक अपनी दिशा बदलने के लिए तैयार नहीं हुआ, इसलिए यह दिवालिया हो गया। देखिए, कोडक के पास इंस्टैंट कैमरा और डिजिटल कैमरा बनाने की प्रौद्योगिकी थी, लेकिन यह अपनी कैमरा फ़िल्म के व्यवसाय को ख़तरे में नहीं डालना चाहती थी, जहाँ तगड़ा मुनाफ़ा हो रहा था। इसलिए अंततः बाज़ार में इसकी साख भी चली गई और प्रतिष्ठा भी। अपने परिवेश में हो रहे परिवर्तनों के प्रति जागरूक बनें और जल्द से जल्द दिशा बदलने के लिए तैयार रहें।

## रोचक तथ्य

- 4 दिसंबर को अंतरराष्ट्रीय चीता दिवस मनाया जाता है। अकबर के पास शिकार के लिए 1,000 प्रशिक्षित चीते थे।

- चीता फल भी खा सकता है। इसे तरबूज पसंद होता है।

- चीते पेड़ पर नहीं चढ़ सकते और इन्हें रात को कम दिखता है।

( 6 )

# सफलता के सबक़ : सारस

## चौकस रहें!

- माहौल के अनुरूप ढलें
- चौकस रहें
- लंबी यात्रा से नहीं घबराएँ
- इंतज़ार करना सीखें
- साथी सावधानी से चुनें

*'समझदार व्यक्ति सारस की तरह अपनी इंद्रियों को संयम में रखता है और अपने स्थान, समय व योग्यता के उचित ज्ञान के साथ अपने उद्देश्य को पूरा करता है।'*

*—चाणक्य*


सारस बहुत बड़ा पक्षी है। इसे अक्सर संसार का सबसे ऊँचा उड़ने वाला पक्षी भी कहा जाता है। इसका आकार प्रजातियों के हिसाब से अलग-अलग होता है। सामान्य सारस का क़द 5 फुट 9 इंच तक हो सकता है। ये पक्षी सुंदर होते हैं और हमें कई सबक़ सिखा सकते हैं। बहरहाल, एक बात का ध्यान रखें; उनसे उनकी सुंदरता के नुस्ख़े नहीं पूछें। वे ब्यूटी क्रीम लगाकर सुंदर नहीं हुए हैं।


## माहौल के अनुरूप ढलें

एच.जी. वेल्स ने कहा है, 'ढलें या नष्ट हो जाएँ, यह हमेशा से प्रकृति का अटूट नियम रहा है।' जानवरों के अध्ययन में हम बार-बार देखते हैं कि जानवर बहुत अनुकूलनशील होते हैं और सहज बोध के आधार पर अपने आस-पास के माहौल के हिसाब से ढल जाते हैं। दरअसल मनुष्य इस संदर्भ में जानवरों से काफ़ी पीछे है। भालुओं की तरह ही सारस के भी भोजन को लेकर ज़्यादा नख़रे नहीं होते हैं। यह अपने माहौल के ख़िलाफ़ ख़ामख्वाह जूझता नहीं है। इसके बजाय यह अनुकूलन यानी ढलने पर ध्यान केंद्रित करता है। अगर इसे इसकी प्रिय मछली नहीं मिले, तो ना सही! यह अनाज को देखकर नाक-भौं नहीं सिकोड़ता, जैसा हम लौकी या कद्दू को देखकर करते हैं। वे जानते हैं कि अगर वे आज ज़िंदा बच गए, तो वे कल नए सिरे से शुरुआत कर सकते हैं और मछली पकड़ सकते हैं। वे हमें यह संदेश देते हैं : आज ज़िंदा रहकर ख़ुद को दौड़ में बनाए रखें और अपनी योग्यताओं को बेहतर बनाने पर ध्यान केंद्रित करें, ताकि कल आप कामयाब

हो सकें और दूसरों से आगे निकल सकें। याद रखें, सफलता फर्राटा दौड़ नहीं है; यह तो मैराथन है।

खाने के मामले में सारस को अवसरवादी कहा जा सकता है। इनका आहार मौसम और इनकी पोषण आवश्यकताओं के लिहाज़ से बदलता रहता है। वे चूहों, मछलियों, जल-थलचरों और कीड़े-मकोड़ों से लेकर अनाज और बेरी तक बहुत सारी चीज़ें खा सकते हैं। सारस का अलग-अलग आहार इसके लिए अच्छा भी होता है, क्योंकि इसे अच्छे स्वास्थ्य के लिए आवश्यक बहुत सारे पोषक पदार्थ मिल जाते हैं। क्या हमारे आहार में भी विविधता रहती है? या फिर हम सलाद, कच्ची सब्ज़ियों और फलों से दूर भागते हैं? विश्व स्वास्थ्य संगठन हर दिन 400 ग्राम फल और सब्ज़ियाँ खाने की सलाह देता है। क्या हम पर्याप्त मात्रा में फल और सब्ज़ियाँ खा रहे हैं? या फिर हम जंक फूड खा रहे हैं? यह याद रखें कि आज तक कोई भी फ़ास्ट फूड खाकर तेज़ नहीं हुआ है, अलबत्ता जंक फूड खाकर कई लोगों ने अपने शरीर में जंग ज़रूर लगा ली है।

## चौकस रहें

हेनरी वार्ड बीचर सारस नहीं थे, लेकिन उन्होंने लिखा था, 'सतर्कता सिर्फ़ स्वतंत्रता की ही नहीं, बल्कि हर तरह की सफलता की क़ीमत है।' सारस चौकस रहते हैं। जानवरों के संसार में आपको चौकस रहना ही पड़ता है। वरना हिंसक पशु आपका कीमा बना सकते हैं, जो बहुत चतुराई से अवसरों को ताड़ते और ताकते रहते हैं। प्लिनी द एल्डर ने लिखा था कि सारस जब सोने जाते हैं, तो वे एक सारस को पहरेदारी पर तैनात कर देते हैं। पहरेदार सारस अपने पंजे में एक पत्थर पकड़ लेता है, ताकि अगर इसकी आँख लग जाए, तो पत्थर गिरने की वजह से वह जाग जाए। पंजे में पत्थर लिए सारस को चिह्न विद्या में मशहूर प्रतीक माना जाता है।

हमें भी जीवन में चौकस रहना चाहिए। सिर्फ़ ख़तरों और अवसरों के बारे में ही नहीं, बल्कि अपनी आदतों के बारे में भी। स्व-मूल्यांकन करते रहें। अपनी आदतों की सूची बनाएँ। मेरी अच्छी आदतें कौन-सी हैं? मेरी बुरी आदतें कौन-सी हैं? मैं किन बुरी आदतों की जगह पर अच्छी आदतें

डाल सकता हूँ, ताकि मैं अपने लक्ष्य तक ज़्यादा जल्दी पहुँच जाऊँ। ज़िग ज़िग्लर के बेटे टॉम ज़िग्लर के इस कथन को याद रखें, 'सफलता का सबसे तेज़ रास्ता यह है कि आप बुरी आदतों की जगह पर अच्छी आदतें डाल लें।'

## लंबी यात्रा से नहीं घबराएँ

सारस लंबी यात्राओं से नहीं घबराता है। साइबेरियन क्रेन दोनों तरफ़ को मिलाकर 10,000 कि.मी. की यात्रा करते हैं। ये आम तौर पर 3,000-5,000 फुट की ऊँचाई पर उड़ते हैं, लेकिन पहाड़ लाँघने के लिए इन्हें इससे भी ज़्यादा ऊँचाई पर उड़ना पड़ता है। अगर उन्हें अपने लक्ष्य तक पहुँचना है, तो लंबी यात्रा करना लाज़िमी है। इससे हम यह सबक़ सीख सकते हैं कि अगर हमारे लक्ष्य बड़े हैं, तो हमारी यात्रा भी लंबी होगी। अगर हमारे लक्ष्य छोटे हैं, तो हमारी यात्रा भी छोटी होगी। लेकिन यह याद रखें कि मुर्गे के चार फुट तक उड़ने की कोई वाहवाही नहीं करता है, जबकि साइबेरिन क्रेन की 5,000 कि.मी. लंबी उड़ान की पूरे संसार में मिसाल दी जाती है। इसलिए बड़ा लक्ष्य रखें (जैसा *बड़ी सोच का बड़ा जादू* में बताया गया है)।

सारस की तरह ही हमें भी यह पता होना चाहिए कि अपने लक्ष्य तक पहुँचने के मार्ग पर हमारे सामने भी पहाड़ जैसी कई मुश्किलें आएँगी। लेकिन हमें भी साइबेरियन क्रेन की तरह उन मुश्किलों के ऊपर उठना चाहिए। केविन कॉनरॉय की कही बात याद रखें, 'हर व्यक्ति को जीवन में विपत्ति दी गई है। किसी की भी यात्रा आसान नहीं है। लोगों को जो चीज़ अनूठी बनाती है, वह यह है कि वे इसे कैसे सँभालते हैं।' जीवन स्वयं एक यात्रा है और सीखना एक आजीवन यात्रा है। मार्क सैनबर्न इसी बात को इस तरह कहते हैं, 'आपके जीवन के अहम क्षेत्रों में बेहतरी एक अनवरत यात्रा बन सकती है और बननी भी चाहिए।'

हममें से ज़्यादातर लोगों के साथ समस्या यह रहती है कि हम रातोंरात सफल होना चाहते हैं। हम सफलता अभी, यहीं, इसी समय और इसी जगह पर चाहते हैं। हम शॉर्टकट अपनाना चाहते हैं। हम इंस्टैंट कॉफ़ी की तरह ही इंस्टैंट सफलता पाना चाहते हैं। हम बीज बोते ही पेड़ देखना चाहते हैं।

हम शेयर ख़रीदने के एक घंटे बाद ही इसके भाव को दोगुना देखना चाहते हैं। लेकिन प्रकृति इस तरह से काम नहीं करती है। अगर आप बीज बोते हैं, तो निश्चित रूप से पेड़ उगेगा, लेकिन यह प्रकृति के नियमों के अनुरूप होगा। इसलिए जब आप बीज बोएँ, तो हर पंद्रह मिनट बाद उसे खोदकर यह नहीं देखें कि वह उग रहा है या नहीं।

दुर्भाग्य से, इंसान ज़्यादा इंतज़ार नहीं करना चाहते हैं। उनके पास दो तरह की समस्याएँ होती हैं : काम शुरू करने की समस्या और काम पूरा करने की समस्या। जैसा जूलियन स्मिथ ने कहा है, काम पूरा करना ज़्यादा बड़ी समस्या है, क्योंकि 'यात्रा के पहले मील में किसी को भी समस्या नहीं आती है। कुछ समय तक तो कोई बच्चा भी सही तरीक़े से काम कर सकता है। लेकिन शुरुआत मायने नहीं रखती है। समापन रेखा मायने रखती है।' आजकल इंसान तुरंत परिणाम देखना चाहते हैं और अगर उन्हें तुरंत परिणाम नहीं दिखते हैं, तो वे हताश हो जाते हैं और सारी कोशिशें छोड़ देते हैं। यह दुखद है, क्योंकि अगर वे कुछ समय तक कड़ी मेहनत कर लेते, तो उन्हें वह सारी सफलता मिल जाती, जो वे चाहते थे। ईडीएस के संस्थापक रॉस पेरट ने इस दुखद सच्चाई को बयान करते हुए कहा है, 'ज़्यादातर लोग उसी समय छोड़ देते हैं, जब वे सफलता हासिल करने वाले होते हैं। वे एक गज की रेखा पर हार मान लेते हैं। वे खेल के आख़िरी मिनट में हार मान लेते हैं, जब उनका अगला पैर जीतने वाली लकीर से एक फुट दूर होता है।'

## इंतज़ार करना सीखें

फुल्टन जे. शीन ने कहा था, 'प्रतीक्षा शक्ति है। प्रतीक्षा कार्य की अनुपस्थिति नहीं है; इसके बजाय प्रतीक्षा का मतलब सही टाइमिंग है। यह काम करने के लिए सही समय का इंतज़ार करना है, सही सिद्धांतों के लिए और सही तरीक़े से।' सारस इस बात से सहमत होगा। सारस धैर्य का पुतला है। यह लंबे समय तक मछली का इंतज़ार करता है (हालाँकि अगर यह कामयाब नहीं होता है, तो यह ज़िंदा रहने और कल दोबारा कोशिश करने के लिए कुछ भी खा लेता है)। मैंने कहीं पर सारस के बारे में एक उद्धरण पढ़ा था, हालाँकि मुझे पता नहीं है कि यह सच है या नहीं। लेकिन यह निश्चित रूप से प्रेरक है, और यही हमारा लक्ष्य है, इसलिए यहाँ उसका सार देना मुनासिब है।

'सारस एक पैर पर खड़ा रहता है और पानी में आस-पास तैरती छोटी मछलियों को देखता रहता है। यह धैर्यपूर्वक इंतज़ार करता है और उन्हें गुज़रने देता है। इसकी एकाग्रता अटल रहती है। जैसे ही इसे कोई बड़ी मछली दिखती है, यह तुरंत उसे खा लेता है। यह छोटी मछलियों के प्रलोभन में नहीं फँसता है।'

यह उद्धरण सही पल का इंतज़ार करने के महत्त्व को रेखांकित करता है, जैसा हमने चीते वाले अध्याय में देखा था। बहरहाल, पिछला वाला उद्धरण हमें यह भी सिखाता है कि हमें छोटी-छोटी चीज़ों पर ध्यान नहीं देना चाहिए, बल्कि बड़ी चीज़ों पर ध्यान केंद्रित करना चाहिए। टाइम मैनेजमेंट में इसका मतलब है सारे काम छोड़कर अपने सबसे महत्त्वपूर्ण काम को सबसे पहले करना। हमें छोटी चीज़ों के चक्कर में पड़कर भटकना नहीं चाहिए, बल्कि सचमुच महत्त्वपूर्ण चीज़ों पर एकाग्र रहना चाहिए। विद्यार्थी का सबसे महत्त्वपूर्ण काम है पढ़ना, सेल्समैन का सबसे महत्त्वपूर्ण काम है बेचना। और उसके अधिकतम प्रयास यहीं केंद्रित होने चाहिए। जैसा जॉन डी लेमे ने कहा है, 'आपके परिणाम आपकी व्यक्तिगत एकाग्रता के फल होते हैं। या फिर वे आपके व्यक्तिगत व्यवधानों के फल होते हैं। चुनाव आपका है।'

## साथी सावधानी से चुनें

आपके सहयोगी आपको प्रभावित करते हैं, इसलिए उन्हें सावधानी से चुनें। सारस का जोड़ा जीवन भर साथ रहता है और अक्सर इसका संबंध बचपन से ही शुरू हो जाता है और तब तक चलता है, जब तक कि उनमें से एक मर नहीं जीता। सारस अपने साथी को बहुत सावधानी से चुनते हैं। और उन्हें ऐसा करना भी चाहिए, क्योंकि वे 70 प्रतिशत समय एक साथ बिताते हैं। हम यहाँ पर सारस से बहुत कुछ सीख सकते हैं, इस स्पष्ट निष्कर्ष के अलावा कि हमें अपने जीवनसाथी को सावधानी से चुनना चाहिए! एच. जैकसन ब्राउन, जूनियर के इस कथन को याद रखें, 'अपने जीवनसाथी को सावधानी से चुनें। यह एक निर्णय आपके 90 प्रतिशत सुख या दुख का कारण होगा।' जीवनसाथी के अलावा हमें अपने मित्रों या साथियों को भी सावधानी से चुनना चाहिए, क्योंकि वे हमें निश्चित रूप से प्रभावित करेंगे, या तो प्रोत्साहित करेंगे या निरुत्साहित करेंगे।

डब्ल्यू. क्लीमेंट स्टोन के शब्दों को याद करें, 'आप जो माहौल चुनते हैं, उसके बारे में सावधान रहें, क्योंकि यह आपको आकार देगा; आप जो मित्र चुनते हैं उनके बारे में सावधान रहें, क्योंकि आप भी उन्हीं जैसे बन जाएँगे।' खुद को उन लोगों से घेर लें, जो आपकी ही दिशा में जा रहे हों। ऐसे लोगों के आस-पास रहें, जिनमें लक्ष्य तक पहुँचने का वैसा ही जुनून हो जैसा आपमें है और जो सफलता के आपके ही मार्ग पर तेज़ी से आगे बढ़ रहे हों। जैसा जॉन सी. मैक्सवेल कहते हैं, 'आप ऊँची संभावना वाले लोगों के आस-पास रहने में जितने बेहतर होते हैं, आपकी सफलता की संभावना भी उतनी ही ज़्यादा होती है।'

## रोचक तथ्य

- संस्कृत कवि वाल्मीकि को पहला श्लोक लिखने की प्रेरणा तब मिली, जब उन्होंने नर सारस को मैथुन के दौरान मरते देखा।

- अगर हवा तेज़ हो, तो हवा के थपेड़ों के बीच संतुलन क़ायम रखने के लिए सारस धूल निगल सकते हैं या पत्थर पकड़ सकते हैं।

- सारस को जंतुओं के संसार की सबसे सुंदर नर्तक माना जाता है। पूरे एशिया में सारस खुशी और चिर यौवन का प्रतीक है। चीन में सारस को अमरता का प्रतीक माना जाता है।

( 7 )

# सफलता के सबक़ : कुत्ता

## मित्र बनें!

- प्रेम से सेवा करें
- वर्तमान पल में जिएँ
- वही करें, जो आप सर्वश्रेष्ठ करते हों
- व्यायाम करना नहीं भूलें
- चौकन्ने रहें

'कुत्ता इस पृथ्वी पर एकमात्र ऐसा प्राणी है, जो आपसे उससे ज़्यादा प्रेम करता है, जितना आप ख़ुद से करते हैं।'

—जॉश बिलिंग्स

कुत्ता भेड़िये का सीधा वंशज है। कुत्ता पहला जानवर था, जिसे 18,000 साल पहले पालतू बनाया गया था। यह एकमात्र बड़ा मांसाहारी जानवर है, जिसे मनुष्य ने स्थायी रूप से पालतू बनाया है। कुत्तों को उनकी सूँघने की ज़बर्दस्त शक्ति की ख़ातिर पालतू बनाया गया था, जिससे मनुष्य को शिकार करने में मदद मिलती थी। कोई हैरानी नहीं कि उनमें अच्छी मित्रता हो गई। जो लोग एक साथ शिकार करते या मछली पकड़ते हैं, उनमें मित्रता हो ही जाती है (एक साथ शराब पीने वाले लोगों में भी गहरी मित्रता होते देखी गई है)!

## प्रेम से सेवा करें

कुत्ते को मनुष्य का सर्वश्रेष्ठ मित्र कहा गया है। इसने ख़ुशी-ख़ुशी सेवा करके यह ख़िताब जीता है। आप जैसे ही घर पहुँचते हैं, कुत्ता आपका स्वागत करने के लिए दौड़ता है और हमेशा आपको देखकर ख़ुश होता है। आप जैसे भी हैं, आपकी तमाम खामियों और दुर्गुणों के बावजूद आपका कुत्ता आपसे प्रेम करता है। इसके प्रेम में शर्त नहीं होती है; यह करो वरना मैं प्यार नहीं करूँगा, या वह मत करो, वरना मैं प्यार नहीं करूँगा। कुत्ता अपने पूरे दिल से प्रेम करता है और पूरे दिल से ही सेवा करता है। हमें भी प्रेम से सेवा करना सीखना चाहिए। जैसी चीनी सूक्ति है, 'जिसके चेहरे पर मुस्कान नहीं हो, उस व्यक्ति को कभी दुकान नहीं खोलनी चाहिए।'

मे वेस्ट ने कहा था, 'मैं दो भाषाएँ बोलती हूँ, बॉडी लैंग्वेज और अँग्रेज़ी।' हाँ, बॉडी लैंग्वेज मायने रखती है... बहुत ज़्यादा। आपको एलन पीज की *बॉडी लैंग्वेज* पुस्तक पढ़ने से फ़ायदा हो सकता है, जिसका हिंदी

में अनुवाद मैंने किया है। आपकी बॉडी लैंग्वेज देखकर सामने वाले को लगना चाहिए कि आप उसकी परवाह करते हैं। कुत्ते जब भी आपको देखते हैं, अपनी पूँछ हिलाने लगते हैं, चाहे आपका मूड कैसा भी हो। वे हमेशा आपको गीला चुंबन देना चाहते हैं, भले ही आपने उन पर अभी चिल्लाया हो। और वे आपको तुरंत क्षमा कर देते हैं, चाहे आपने उनके साथ कैसा भी व्यवहार किया हो। अब जाकर अपने ग्राहकों से वैसा ही बरताव करें, जैसा आपका कुत्ता आपके साथ करता है। लेकिन महिलाओं को गीला चुंबन मत देना, वरना आपकी दुकान बंद हो सकती है और जिन महिलाओं को आपने चुंबन दिया है, वे आपका कचूमर बना सकती हैं। आप परवाह करते हैं, यह दिखाने के लिए आप अपनी पूँछ तो नहीं हिला सकते, लेकिन मुँह तो हिला ही सकते हैं। इतना ही काफ़ी है। बस यह दिखा दें कि आप परवाह करते हैं और इसे अक्सर दिखाएँ। इसके बाद आप देखेंगे कि ना सिर्फ़ आपका व्यवसाय समृद्ध हो रहा है, बल्कि आपका पारिवारिक जीवन भी सुखद हो गया है। और अगर आप प्रेम से सेवा करते हैं, तो ना सिर्फ़ आपके ग्राहक आनंदित होंगे, बल्कि आपका बॉस भी ख़ुश रहेगा।

## वर्तमान पल में जिएँ

कुत्ते हमेशा वर्तमान पल में रहते हैं। ज़ाहिर है, उनकी याददाश्त अच्छी होती है, लेकिन वे इसका इस्तेमाल ज़रूरत के वक़्त ही करते हैं। वरना वे हमेशा वर्तमान पल का आनंद लेते हैं, चाहे वे खेल रहे हों या खा रहे हों। वे मुँह बनाकर नहीं रहते हैं, बीती बातों पर अफ़सोस नहीं करते हैं या भविष्य की चिंता नहीं करते हैं, बल्कि वर्तमान पल का अधिकतम लाभ लेते हैं। इससे हम क्या सीख सकते हैं? इससे हम यह सीख सकते हैं कि हमें वर्तमान पल का अधिकतम लाभ लेने पर ध्यान केंद्रित करना चाहिए। ख़ुद से पूछें, हमारे समय का इस वक़्त सबसे उपयोगी इस्तेमाल क्या है? और फिर वही करने में जुट जाएँ।

ख़याली दुनिया में नहीं खोए रहें, जब तक कि आप प्रोफ़ेसर नहीं हों। उस पल में पूरी तरह से उपस्थित रहें और साथ वाले व्यक्ति पर पूरा ध्यान केंद्रित कर लें। यह मित्र बनाने का भी अचूक तरीक़ा है। अगर आप किसी प्रॉस्पेक्ट के साथ हैं, तो उस पर ध्यान केंद्रित कर लें; किसी भी चीज़

से अपना ध्यान नहीं भटकने दें। अपने सेलफ़ोन का इस्तेमाल नहीं करें। इधर-उधर की बातें नहीं सोचें। पूरा ध्यान प्रॉस्पेक्ट पर, उसके शब्दों पर, उसकी बॉडी लैंग्वेज पर, उसकी आवश्यकताओं पर, उसकी इच्छाओं पर, उसकी समस्याओं पर, उसकी चुनौतियों पर केंद्रित करें। ख़ुद पर नहीं, बल्कि उस पर ध्यान केंद्रित रखें। याद रखें, कुत्ते आप पर ध्यान केंद्रित करते हैं, इसलिए आप उनसे प्रेम करते हैं। इसका मतलब यह हुआ कि अगर आप अपने प्रॉस्पेक्ट या ग्राहक पर ध्यान केंद्रित करते हैं, तो वह भी आपसे प्रेम करेगा। इसलिए पूरा ध्यान प्रॉस्पेक्ट पर केंद्रित कर लें। अगर कुत्ते ऐसा कर सकते हैं, तो हम भी कर सकते हैं। और 100 प्रतिशत ध्यान केंद्रित करने से चमत्कार हो सकता है। यक़ीन नहीं हो, तो आज़माकर देख लें। आपके ग्राहकों और मित्रों को यह बहुत अच्छा लगेगा। जैसा रैशेल नाओमी रेमेन ने कहा है, 'सुनना सामने वाले व्यक्ति से जुड़ने का सबसे बुनियादी और शक्तिशाली तरीक़ा है। बस सुनें। शायद हम एक दूसरे को जो सबसे महत्त्वपूर्ण चीज़ कभी दे सकते हैं, वह है हमारा ध्यान।'

## वही करें, जो आप सर्वश्रेष्ठ करते हों

कुत्तों की सूँघने की शक्ति हमसे 10,000 गुना बेहतर होती है। भालू की तरह ही गंध कुत्ते की भी सबसे शक्तिशाली इंद्रिय होती है। कुत्तों की नाक गीली इसलिए होती है, ताकि वे गंध के रसायन सोख सकें। उनकी सूँघने की शक्ति इतनी तेज़ होती है कि वे मनुष्य के एक सप्ताह पुराने फ़िंगरप्रिंट भी सूँघ सकते हैं। सूँघने की असाधारण शक्ति की वजह से कुत्ते इंसान के शरीर में होने वाली कई बीमारियों का भी पता लगा लेते हैं, जिनमें कैन्सर और डायबिटीज़ शामिल हैं। जर्मनी में शिलोहे अस्पताल में किए गए एक अध्ययन में यह पाया गया कि कुत्ते मानव शरीर में उत्पन्न होने वाले कई कार्बनिक रसायनों को सूँघ सकते हैं, जिनसे वे समझ जाते हैं कि शरीर सही तरीक़े से काम नहीं कर रहा है।

जैसा ऑस्कर डी ला होया ने कहा है, 'चाहे आप कितने ही लंबे समय से व्यवसाय में क्यों नहीं हों, बेहतरी की गुंजाइश हमेशा रहती है।' कुत्तों ने अपनी सबसे प्रबल योग्यता को आख़िरी सिरे तक तराश लिया है। हमें भी ऐसा ही करना चाहिए। आपकी सबसे अहम योग्यता जो भी हो, उसमें हमेशा

बेहतरी की गुंजाइश रहती है। बाक़ी योग्यताओं को बेहतर बनाना ठीक है, लेकिन अपनी सबसे अहम योग्यता को निखारते रहना अनिवार्य है। मान लें कोई इंसान हार्ट सर्जन है। वह रोगियों में हृदय रोग का पता लगाने की अपनी क़ाबिलियत को सुधारना चाहता है। इसमें कोई हर्ज नहीं है; लेकिन उसे यह बात पता होनी चाहिए कि इस क़ाबिलियत को बेहतर बनाने से उसके मरीज़ों को या उसे उतना फ़ायदा नहीं होगा, जितना कि सर्जरी की योग्यताओं को बेहतर बनाने से होगा। देखिए, इस मामले में हृदय रोग का पता लगाने की योग्यता सर्जन के लिए कम महत्त्वपूर्ण योग्यता की श्रेणी में आती है; उसकी सबसे मुख्य योग्यता सर्जरी है। उसे इसी पर सबसे ज़्यादा ध्यान केंद्रित करना चाहिए। इस मामले में अमेरिकन बास्केटबॉल कोच रेड ऑरबैक की सलाह पर चलें, 'बस वही करें, जो आप सबसे अच्छी तरह करते हैं।' देखिए, अगर आप क्रिकेट खेलते हैं और आपकी मुख्य योग्यता बल्लेबाज़ी है, तो इसे बेहतर बनाने पर ध्यान केंद्रित करें; अपनी गेंदबाज़ी की योग्यताओं को बेहतर बनाने में ज़्यादा समय बरबाद नहीं करें, क्योंकि वहाँ प्रयास-पुरस्कार अनुपात आपके पक्ष में नहीं है।

## व्यायाम करना नहीं भूलें

केटी हॉकिन्स की सलाह है, 'ताज़ा हवा और व्यायाम। आपको छरहरा रहने और जीवन के बारे में बेहतर महसूस करने के लिए बस इतने की ही ज़रूरत है।' और अगर आपने कुत्ता पाल रखा है, तो आपको ये दोनों चीज़ें हर दिन मिलती हैं। फ़िट और स्वस्थ रहना महत्त्वपूर्ण है। अगर आपके घर पालतू कुत्ता है, तो आपको मजबूरन हर दिन बाहर निकलकर उसे व्यायाम कराना पड़ता है तथा लगे हाथ आपका भी व्यायाम हो जाता है। अगर कुत्ते नहीं हों, तो कुछ लोग तो बाहर टहलने भी नहीं जाएँ। देखिए, व्यायाम कुत्ते के लिए महत्त्वपूर्ण होता है, क्योंकि इससे यह चुस्त और फुर्तीला बना रहता है। यह नहीं भूलें कि व्यायाम हमारे लिए भी इतना ही महत्त्वपूर्ण होता है। जैसा अमेरिकी राष्ट्रपति जॉन एफ़. केनेडी ने कहा है, 'हमारे देश में हम ज़रूरत से कम व्यायाम करते हैं। हम खेलने के बजाय खेल देखते हैं। हम पैदल चलने के बजाय कार से आते-जाते हैं। हमारी जीवनशैली हमें उस न्यूनतम शारीरिक गतिविधि से वंचित कर देती है, जो स्वस्थ जीवन के लिए अनिवार्य है।'

जिन लोगों के पास कुत्ते नहीं हैं, उन्हें भी हर दिन घर से बाहर निकलना चाहिए और किसी तरह का व्यायाम करना चाहिए। हर दिन कम से कम 30 मिनट के व्यायाम की सलाह दी जाती है। दैनिक व्यायाम की ज़रूरत आपके कुत्ते को ही नहीं है, आपको भी है। देखिए, बहानों से कैलोरी नहीं जलती है। अगर आप कैलोरी जलाना चाहते हैं, तो आपको व्यायाम करना होगा। हम कहते हैं, अगले सोमवार से, कल से... हम व्यायाम को अपने नववर्ष के संकल्पों में भी शामिल करते हैं, लेकिन ना जाने क्यों इसे कर नहीं पाते। इसलिए या तो कुत्ता पाल लें या फिर अकेले ही व्यायाम शुरू कर दें। और अगर आप भी मेरी ही तरह किसी आसान व्यायाम की तलाश कर रहे हों, तो रॉबर्ट ए. हाइनलाइन की नेक सलाह पर ग़ौर करें, 'प्रेम के बिना सेक्स सिर्फ़ एक स्वस्थ व्यायाम है।'

## चौकन्ने रहें

'यदि आप बुद्धिमान और चौकन्ने हैं, तो साधारण भी असाधारण बन जाता है,' ओशो ने कहा था। आपको हर वक़्त चौकन्ना और जागरूक रहना चाहिए। वर्तमान पल का पूरा आनंद लेना और उसमें जीना अच्छी बात है, लेकिन चेतावनी के संकेतों को हर्गिज़ नज़रअंदाज़ नहीं करें। कुत्ते हमेशा वर्तमान पल में जीते हैं... लेकिन वे बहुत चौकन्ने भी रहते हैं। उनकी सुनने की असाधारण क्षमता इंसान के मुक़ाबले चार गुना बेहतर होती है। इसी वजह से कुत्तों को घर, मंदिर और महलों की सुरक्षा के लिए पहरेदार नियुक्त किया जाता है (हैरी पॉटर की पहली पुस्तक में तीन मुँह वाले फ़्लफ़ी नाम के कुत्ते को पारस पत्थर की पहरेदारी पर तैनात किया गया था)। कुत्ते आवाज़ों के प्रति संवेदनशील होते हैं, इसलिए उन्हें बारिश पसंद नहीं होती, क्योंकि इसकी तेज़ आवाज़ की गूँज से उनके संवेदनशील कानों को तकलीफ़ होती है।

क्या आप यक़ीन कर सकते हैं कि पिल्ले जब पैदा होते हैं, तो वे अंधे होते हैं, बहरे होते हैं और उनके दाँत नहीं होते? यानी उनके पास एक भी बेहतरीन साधन नहीं होता, जो आगे चलकर उनके काम आएगा। ये सारी ख़ूबियाँ वे बाद में हासिल करते हैं। इसी तरह हम भी अपनी कमियों और अपनी छोटी शुरुआत से उबर सकते हैं। हमारी कमियाँ चाहे जो हों, हम उन्हें दूर कर सकते हैं। हम चाहे जितने पीछे हों, हम अपनी गति बढ़ा सकते हैं

और दौड़ में जीत सकते हैं। बस आत्मविश्वास रखें और अपनी योग्यताओं को पैना करने के लिए ज़बरदस्त मेहनत करें। आपकी कमियाँ आपकी पहचान नहीं हैं; आपकी पहचान तो आपका नज़रिया है। इस संसार में कोई भी इस बात पर ध्यान नहीं देता है कि आपने कोई काम कैसे शुरू किया, हर एक की रुचि तो बस यह देखने में होती है कि आपने काम को पूरा कैसे किया। हमेशा अंतिम परिणाम ही विजेता को तय करता है। इसलिए कर्म पर ध्यान केंद्रित करें और परिणामों पर एकाग्र रहें! कुत्ते की तरह हमेशा अपनी राह में आने वाले नए अवसरों और ख़तरे के संकेतों के प्रति चौकस रहें। और जब आप उन्हें आते देखें, तो कुत्ते की तरह तुरंत छलाँग लगा दें। और याद रखें, कुछ अवसर ज़िंदगी में सिर्फ़ एक बार आते हैं और उस अवसर को चूकने से ज़्यादा बुरा कुछ नहीं होता, जो आपकी ज़िंदगी बदल सकता था।

## रोचक तथ्य

- कुत्ते की नाक का प्रिंट भी अनूठा होता है, काफ़ी कुछ किसी मनुष्य के फ़िंगरप्रिंट की तरह।

- 2003 में डॉ. रॉजर मगफ़ोर्ड ने 'वैगोमीटर' नामक उपकरण बनाया। उनका दावा था कि यह कुत्ते की पूँछ हिलाने के तरीक़े से उसकी सटीक मनोदशा बता सकता है।

- 1957 में लाइका नामक कुतिया पृथ्वी की कक्षा में जाने वाली पहली जानवर बनी, जब सोवियत संघ ने इसे स्पूतनिक 2 में भेजा।

$$8$$

# सफलता के सबक़ : डॉल्फ़िन

## दूसरों की मदद करें!

- दूसरों की मदद करें
- अपने अवचेतन मन का इस्तेमाल करें
- नाम याद रखें
- टीमवर्क सीखें
- तेज़ी से उबरें

*'कुदरत ने सबसे बढ़कर सिर्फ़ डॉल्फ़िन को वह दिया है, जो सर्वश्रेष्ठ दार्शनिक चाहते हैं : बिना किसी लाभ के मित्रता।'*

—प्लूटार्क

डॉल्फ़िन सिर्फ़ सबसे दोस्ताना या परवाह करने वाली जीव ही नहीं हैं; ये सबसे बुद्धिमान प्राणियों में से एक भी हैं। मस्तिष्क-शरीर अनुपात की तुलना करने के बाद वैज्ञानिक इस निष्कर्ष पर पहुँचे हैं कि बुद्धि के मामले में डॉल्फ़िन मनुष्य के बाद दूसरे स्थान पर आती है। डॉल्फ़िन मनुष्य की तरह कई काम करने में सक्षम होती है। यह समस्याओं को सुलझाने के तरीक़े खोज लेती है। यह कठोर सतहों से अपनी रक्षा करने के लिए सी स्पॉन्ज का इस्तेमाल करती है। यह मानव गतिविधियों की नक़ल करने में सक्षम होती है। इसके अलावा, यह व्यापक ध्वनियों के माध्यम से संप्रेषण करने में भी माहिर होती है। तो आइए देखते हैं कि बुद्धिमान डॉल्फ़िन हमें कौन से सबक़ सिखा सकती है!

## दूसरों की मदद करें

डॉल्फ़िनें सभी के प्रति बहुत दोस्ताना होती हैं, इंसानों के प्रति भी और जानवरों के प्रति भी। वे अकेली नहीं, बल्कि समूह में रहती हैं और अपने समूह के सदस्यों के साथ खेलती रहती हैं। वे अक्सर पानी के नीचे रहने वाले दूसरे जानवरों के साथ खेलती और मज़े करती हैं। डॉल्फ़िनों ने कई इंसानों को डूबने से बचाया है। सन् 2000 में एक दोस्ताना डॉल्फ़िन ने 14 साल के एक लड़के को डूबने से बचाया था, जो नाव से एड्रिएटिक सागर में गिर गया था और डूबने की कगार पर था। 2004 और 2007 में डॉल्फ़िनों का झुंड ख़तरे में फँसे सर्फ़िंग करने वालों के चारों तरफ़ तीस मिनट तक मँडराता रहा और आक्रामक सफ़ेद शार्कों से उनकी रक्षा करता रहा। डॉल्फ़िनें युगों-युगों से इंसान की मदद करती आ रही हैं, और वह भी तब, जब इंसान

जान-बूझकर या अनजाने में हर साल बहुत सारी डॉल्फ़िनों को मार देता है।

हमें भी अपने साथियों की यथासंभव मदद करनी चाहिए। देना जीने का बेहतरीन तरीक़ा है, क्योंकि इससे आप ख़ुश होते हैं और इससे आप अपने साथ-साथ दूसरों की निगाह में भी अच्छे बनते हैं। एक बार जब लोग यह जान जाते हैं कि आप निःस्वार्थ भाव से लोगों की मदद करते हैं, तो वे आपकी मदद करने लगेंगे। जैसा ज़िग ज़िग्लर ने कहा था, 'आप जीवन में जो चाहें, हर चीज़ पा सकते हैं, बशर्ते आप वह चीज़ पाने में दूसरों की मदद कर दें, जो वे चाहते हैं।' जैसा आप बोते हैं, वैसा ही आप काटेंगे। अगर आप अच्छी फ़सल चाहते हैं, तो अच्छे बीज बोएँ। जैसा आप करते हैं, वैसा ही आपके साथ किया जाएगा। इसलिए सबका भला करें, ताकि आपका भी भला हो। मददगार स्वभाव और किसी की मदद करने से ना सिर्फ़ आपको आंतरिक ख़ुशी होगी, बल्कि आपके हितैषियों के नेटवर्क का विस्तार होगा और आपकी प्रतिष्ठा भी बढ़ेगी। जैसा ऑड्री हेपबर्न ने कहा है, 'याद रखें, अगर आपको कभी मदद के हाथ की ज़रूरत हो, तो वह हाथ आपको अपनी बाँह के सिरे पर मिल जाएगा... जब आप बड़े होंगे, तो आपको यह पता चलेगा कि आपके पास दो हाथ हैं। एक ख़ुद की मदद करने के लिए और दूसरा दूसरों की मदद करने के लिए।'

## अपने अवचेतन मन का इस्तेमाल करें

क्या आप जानते हैं कि डॉल्फ़िनें कभी दोनों आँखें बंद करके नहीं सोती हैं? वे एक आँख खोलकर सोती हैं और उनका आधा दिमाग़ सारे समय सक्रिय रहता है। देखिए, उनके पास दूसरा कोई विकल्प नहीं है, वरना वे मर जाएँगी। डॉल्फ़िनें स्तनपायी हैं और उन्हें ज़िंदा रहने के लिए ऑक्सीजन की ज़रूरत होती है। अगर वे हर बीस मिनट में साँस नहीं लें, तो वे जीवित नहीं रह सकतीं। उनका श्वसन तंत्र हमारी तरह स्वचालित नहीं होता, इसलिए साँस लेने के लिए उन्हें चौबीसों घंटे जागना पड़ता है। ईश्वर भला करे!

यही कारण है कि डॉल्फ़िन एक आँख खोलकर सोती है और उसका आधा दिमाग़ हमेशा सक्रिय रहता है। जब मस्तिष्क के आधे हिस्से को पर्याप्त आराम मिल जाता है, तो यह पहली आँख खोलकर दूसरी आँख बंद कर

लेती है। नवजात शिशुओं की इंसानी माँएँ यह शिकायत करती हैं कि उन्हें पर्याप्त नींद नहीं मिल पाती है, लेकिन उन्हें थोड़ी-बहुत नींद तो मिल जाती है। डॉल्फ़िन माँओं की तुलना में इंसानी माँएँ बहुत अच्छी स्थिति में रहती हैं। इंसान के नवजात शिशु दिन में 16 घंटे सोते हैं, जबकि नवजात डॉल्फ़िन शिशु कुछ महीनों तक सोते ही नहीं हैं और बेचारी माँ को उनके साथ पूरे समय जागकर यह ध्यान रखना पड़ता है कि वे सुरक्षित रहें और साँस लेते रहें। शुक्र है, साँस लेते समय डॉल्फ़िन अपने फेफड़ों में 90 प्रतिशत ताज़ी हवा भर लेती है (इसीलिए एक बार साँस लेने पर इसका काम 20 मिनट तक चल जाता है)। इसकी तुलना में मनुष्य कमतर साबित होते हैं, जो अपने फेफड़ों में सिर्फ़ 15 प्रतिशत ही भर पाते हैं। वैसे अगर इंसान प्राणायाम करे, तो इस प्रतिशत को बढ़ाया जा सकता है।

हालाँकि हम डॉल्फ़िन नहीं हैं, लेकिन हमारे दिमाग़ का कुछ हिस्सा भी हमारी नींद के दौरान सक्रिय रहता है। इसे कई नाम दिए गए हैं, जिनमें अवचेतन मन भी शामिल है। यह केवल तभी काम करता है, जब हमारा चेतन मन सो जाता है और इसे काम करने का मौक़ा देता है। हमारा अवचेतन मन उपजाऊ मिट्टी की तरह होता है और हमारा चेतन मन इसमें जो बीज बो देता है, यह उन्हें उगाने का काम करता है। इसीलिए लक्ष्य तय करना और उनकी समीक्षा करना बहुत फ़ायदेमंद होता है। जब आप कोई लक्ष्य तय करते हैं, तो एक तरह से आप अपने अवचेतन मन को आदेश देते हैं कि यह उस लक्ष्य तक पहुँचने के तरीक़े खोजकर बताए। अगर आप इस बारे में ज़्यादा जानना चाहते हों, तो जोसेफ़ मर्फ़ी की पुस्तक *आपके अवचेतन मन की शक्ति* पढ़ें।

ध्यान रहे, आपका अवचेतन मन अलादीन के चिराग जैसा होता है, जो आपके किसी भी आदेश का पालन कर सकता है। आपके हर आदेश पर यह कहता है, 'जो हुक्म मेरे आका!' इसलिए अगर आप अपने अवचेतन मन का इस्तेमाल करना सीख लेते हैं, तो कुछ भी असंभव नहीं है। जैसा जोसेफ़ मर्फ़ी कहते हैं, 'अगर आप सोने से पहले अपने अवचेतन मन को स्पष्टता से बता दें कि आप कोई निश्चित चीज़ पाना चाहते हैं, तो आपको अवचेतन की चमत्कारी शक्ति का पता चल सकता है। आपको यह जानकर आश्चर्य होगा कि आपके भीतर की शक्तियाँ जाग्रत हो जाएँगी और आपको मनचाहे परिणाम की ओर ले जाएँगी।'

## नाम याद रखें

वैज्ञानिक साबित कर चुके हैं कि डॉल्फ़िनें ख़ुद को नाम देती हैं। हर डॉल्फ़िन की एक अनूठी सीटी होती है, जो यह अपने जन्म के कुछ समय बाद ही ईजाद करती है। इस सीटी का इस्तेमाल किसी इंसान के नाम की तरह पहचान के लिए किया जाता है। डॉल्फ़िनों को दूसरी डॉल्फ़िन की सीटी याद रहती है, जिसके साथ वे 20 साल पहले किसी टैंक में रही थीं, भले ही वे सिर्फ़ कुछ महीनों तक साथ रही हों। डॉल्फ़िनें यह भी जानती हैं कि उनकी स्थायी मुस्कान उन्हें प्यारी बनाती है, इसलिए वे हमेशा मुस्कराती रहती हैं। इस मामले में मानव जाति की महिलाएँ पुरुषों से ज़्यादा अच्छी स्थिति में हैं। महिलाओं की स्मृति ज़्यादा श्रेष्ठ होती है और वे ज़्यादातर समय मुस्कराती भी रहती हैं, जिससे वे और भी प्यारी दिखती हैं। पुरुषों को भी ज़्यादा मुस्कराना सीखना चाहिए। जैसा लेस गिबलिन ने कहा है, 'अगर आप अपनी मुस्कान का इस्तेमाल नहीं कर रहे हैं, तो आप उस इंसान जैसे हैं, जिसके पास बैंक में दस लाख डॉलर तो हैं, लेकिन कोई चेकबुक नहीं है।'

डेल कारनेगी ने अपनी बेस्टसेलर *हाउ टु विन फ्रेंड्स ऐंड इंफ़्लुएंस पीपल* में कहा है, 'नाम याद रखना और लोगों को महत्त्वपूर्ण महसूस कराना सद्भाव हासिल करने के सबसे आसान, सबसे स्पष्ट और सबसे महत्त्वपूर्ण तरीक़ों में से एक है – लेकिन हममें से कितने लोग यह करते हैं?' नाम याद रखना महत्त्वपूर्ण होता है, क्योंकि इससे सामने वाले को यह पता चलता है कि वह आपके लिए मायने रखता है, वरना आप उसका नाम याद रखने की जहमत नहीं उठाते। इससे वह आपके प्रति अच्छा महसूस करता है और सद्भावना रखता है। और अगर आपको उसके बच्चों या पालतू जानवरों के नाम भी याद हैं, तो वह आपको मित्र मानने लगेगा।

जैसा डॉ. सेम्युअल जॉनसन ने कहा है, 'स्मृति की सच्ची कला ध्यान देने की कला है।' इसलिए लोगों के नाम पर ध्यान देना शुरू करें, ताकि वे आपको याद रहें। इससे आपको हर क्षेत्र में मदद मिलेगी, चाहे आप किसी व्यवसाय में हों या नौकरी में। आज के फ़ेसबुक युग में लोगों के नाम याद रखना ज़्यादा आसान हो गया है और उनकी जन्मतिथि याद रखना भी। आप किसी नोटबुक या कंप्यूटर फ़ाइल में भी नाम लिख सकते हैं। डॉल्फ़िनों की तरह ही आपको भी हर मिलने वाले का नाम याद रखना चाहिए, भले ही

आप उससे सिर्फ़ कुछ समय के लिए मिले हों। जैसा डेल कारनेगी सारांश में कहते हैं, 'संसार के बाक़ी सारे नामों में किसी व्यक्ति की जितनी रुचि होती है, उससे ज़्यादा अपने ख़ुद के नाम में होती है। उस नाम को याद रखते हैं... तो आपने एक सूक्ष्म और बहुत प्रभावी प्रशंसा कर दी है। लेकिन अगर आप उसे भूल जाते हैं या उसकी स्पेलिंग ग़लत लिख देते हैं – तो आप ख़ुद का काफ़ी नुक़सान कर लेते हैं।'

## टीमवर्क सीखें

डॉल्फ़िनें आम तौर पर अकेली नहीं, बल्कि झुंड में रहती हैं। उनका सामाजिक तंत्र जटिल होता है और उनमें बहुत सारे भाव होते हैं, जिनमें हास्यबोध शामिल है। सबसे बुद्धिमान मनुष्यों में से एक अल्बर्ट आइंस्टाइन ने स्वयं स्वीकार किया था, 'इस बारे में कोई संदेह नहीं है कि डॉल्फ़िनें मनुष्यों से ज्यादा चतुर होती हैं, क्योंकि वे ज़्यादा खेलती हैं।' माना जाता है कि पूरे जानवर संसार में सबसे लंबी स्मृति डॉल्फ़िनों की ही होती है और उनका संचार तंत्र भी काफ़ी शक्तिशाली होता है। बड़े झुंड में 1,000 से ज़्यादा डॉल्फ़िनें रह सकती हैं (इतने बड़े झुंड को हम एक तरह से डॉल्फ़िनों का गाँव मान सकते हैं)। वे भोजन खोजने, छोटे बच्चों की देखभाल करने और एक दूसरे की रक्षा करने में सहयोग करती हैं।

हमारे बारे में क्या स्थिति है? ज़्यादातर समय हम दूसरों की टाँग खींचकर ख़ुद शिखर पर पहुँचने की कोशिश करते रहते हैं। अगर हम किसी टीम में हैं, तो हम श्रेय लेने के लिए लालायित रहते हैं, हीरो दिखना चाहते हैं या ख़ुद को बाक़ी सदस्यों में ज़्यादा श्रेष्ठ साबित करने को आतुर रहते हैं। हम सभी को टीम भावना रखनी चाहिए और टीम को ख़ुद से ऊपर रखना चाहिए। वही टीम सफल होती है, जिसके सदस्य 'मेरा' के बजाय 'हमारा' के संदर्भ में सोचते हैं और 'मैं' के बजाय 'हम' के संदर्भ में सोचते हैं। इसलिए अपने अहं को लॉकर में सँभालकर रख दें और टीम के सदस्य के रूप में सोचना शुरू कर दें। स्टीव जॉब्स के शब्द याद रखें, 'व्यवसाय में बेहतरीन चीज़ें किसी एक व्यक्ति द्वारा कभी नहीं की जाती हैं; वे तो लोगों के समूह द्वारा की जाती हैं।'

## तेज़ी से उबरें

डॉल्फ़िनें चोटों से काफ़ी जल्दी उबरती हैं। यदि कोई शार्क डॉल्फ़िन का मांस कुतर ले, तो यह जल्दी ही पूरी तरह से ठीक हो जाती है। देखिए, डॉल्फ़िन की चर्बी में ख़ास तत्व होते हैं, जो कुदरती एंटीबायोटिक का काम करते हैं और इसकी स्टेम कोशिकाएँ मांस बनाने में सक्षम होती हैं। डॉल्फ़िनें हमें यह संदेश देती हैं कि असफलता घातक नहीं है। अस्वीकृति व्यक्तिगत नहीं है। नहीं स्थायी नहीं है। इसलिए हमें असफलता से तेज़ी से उबरना सीख लेना चाहिए।

मान लें कि आप सेल्समैन हैं और कोई प्रॉस्पेक्ट आपके प्रस्ताव को ठुकरा देता है, तो उससे क्या? शायद टाइमिंग अच्छी नहीं थी, शायद आपकी नीति अच्छी नहीं थी या शायद उसे उस समय ज़रूरत महसूस नहीं हो रही थी। यह बेहतर होगा, अगर हम अस्वीकृति को व्यक्तिगत तौर पर नहीं लें, बल्कि इसे उस पेशे का स्वाभाविक हिस्सा मानें, जिसमें हम काम कर रहे हैं।

बिक्री के क्षेत्र में इंकार तो सुनने को मिलेगा... और बार-बार मिलेगा... और यह प्रेम प्रस्ताव रखते समय भी होता है। लेकिन किशोर इंकार के डर की वजह से 'आई लव यू' कहने से नहीं घबराते हैं, तो फिर सेल्समैनों को क्यों घबराना चाहिए? अगर एक दरवाज़ा बंद होता है, तो दूसरा दरवाज़ा हमेशा खुला रहता है। ज़रा ग़ौर से देखें! (यह बात सेल्समैनों पर भी उतनी ही लागू होती है, जितनी कि किशोरों पर।) इयान सेंपल के वाक्य को याद रखें, 'अस्वीकृति कॉड लिवर ऑइल पीने की तरह है; लोग कहते हैं कि यह आपके लिए अच्छा है, आप जानते हैं कि वे सही कह रहे हैं, लेकिन फिर भी इसे निगलना मुश्किल होता है।'

## रोचक तथ्य

- डॉल्फ़िनों के दो आमाशय होते हैं। एक का इस्तेमाल भोजन के संग्रह के लिए किया जाता है और दूसरे का पाचन के लिए।
- डॉल्फ़िनों को गंध का अहसास नहीं होता है।
- ईश्वर ने डॉल्फ़िनों को ईकोलोकेशन या सोनार का विशेष उपहार दिया है। डॉल्फ़िनें पानी में रास्ता बनाने और बाधाओं से बचने तथा शिकार की तलाश करने के जलिए ध्वनि-तरंगों का इस्तेमाल करती हैं। डॉल्फ़िन का सोनार चमगादड़ या इंसान के सोनार से काफ़ी श्रेष्ठ होता है।

(9)

# सफलता के सबक़ : गधा

## ज़िद्दी बनें!

- नहीं कहने से ना डरें
- अथक परिश्रम करें
- बड़े कान रखें
- संसाधन बरबाद नहीं करें
- उचित प्रशिक्षण अनिवार्य है

'मेरे अनुभव के हिसाब से किसी गधे को कोई चीज़ करने के लिए मजबूर करना काफ़ी मुश्किल होता है, जिसे यह किसी कारण से ख़तरनाक मानता है।'

—मॉरिजियो कैटेलन

गधे अफ़्रीका और मध्य पूर्व से आए हैं। गधे का इस्तेमाल कम से कम 5,000 साल से माल ढोने वाले जानवर के रूप में किया जा रहा है। संसार में 4 करोड़ से ज़्यादा गधे हैं, जिनमें से ज़्यादातर अविकसित देशों में रहते हैं, जहाँ वे माल ढोने का काम करते हैं। जब भारत में किसी को 'गधा' कहा जाता है, तो इसका आम तौर पर यह मतलब होता है कि उसमें दिमाग़ नहीं है और वह आसान बातें भी नहीं समझ सकता। जैसा हैरॉल्ड पिंटर ने कहा है, 'तार्किकता गधे ने बरसों पहले छोड़ दी थी और उसे तब से देखा नहीं गया है।'

## नहीं कहने से ना डरें

अड़ियल गधे से हम एक बहुत अच्छा सबक़ सीख सकते हैं। ज़िद या अड़ियलपन गधे का सबसे प्रबल गुण है। गधे अड़ियल होते हैं। अगर कोई काम उन्हें जोखिम भरा लगता है, तो वे अपने पैर कसकर ज़मीन पर जमा लेते हैं और हिलते भी नहीं हैं। गधे स्वतंत्र सोच-विचार करते हैं और अपनी सुरक्षा के संबंध में अटल निर्णय लेते हैं। गधे मुश्किलों और ख़तरों को पहले से भाँप लेते हैं, इसलिए वे जोखिम लेने से इंकार कर देते हैं। ज़िद या अड़ियलपन हमेशा बुरा नहीं होता, बशर्ते उद्देश्य अच्छा हो। जैसा हर्बी मैन ने लिखा है, 'अड़ियल होने से मदद मिलती है, स्वार्थी होना बुरी चीज़ नहीं है।'

इंसान को भी महत्त्वपूर्ण मुद्दों पर अड़ना सीखना चाहिए। ख़ास तौर पर हमें 'नहीं' कहने या इंकार करने से नहीं घबराना चाहिए। मान लें, कोई व्यक्ति आपसे अपना कोई काम कराना चाहता है! स्पष्ट रूप से यह उसके हित में है, तभी वह आपके सामने इसे करने का प्रस्ताव रख रहा है, लेकिन हाँ कहने से पहले हमें इस पर अच्छी तरह सोच-विचार करना चाहिए कि वह काम हमारे हित में है या नहीं? इंकार करना समय प्रबंधन की दृष्टि से काफ़ी अच्छी आदत है। हर इंसान के पास दिन भर में केवल 1,440 मिनट ही होते हैं। अगर आप दूसरे लोगों के आग्रहों पर हाँ करते जाते हैं और उन्हीं का काम करने में जुटे रहते हैं, तो आपको अपना काम करने का समय कब मिलेगा? 'नहीं' कहने या इंकार करने से आपका बहुत सारा समय बचता है, जिसमें आप अपने ख़ुद के महत्त्वपूर्ण काम निबटा सकते हैं और इससे दूसरों तक यह संदेश भी पहुँचता है कि आप अपने समय को मूल्यवान समझते हैं। किसी की मदद करना नेक काम है, लेकिन जब वह ख़ुद मज़े कर रहा हो और आपसे हम्माली करा रहा हो, तो यह मूर्खता है। जैसा चार्माइन जे. फ़ोर्ड ने कहा था, 'दुनिया में बहुत सारे धोखेबाज़ और अवसरवादी रहते हैं, जो नेक दिल वाले लोगों का शिकार करते हैं, जो अपराधबोध महसूस किए बिना "नहीं" कह नहीं सकते।' मूर्ख नहीं बनें, बल्कि गधे की मिसाल पर चलें और नाजायज़ माँगों तथा आग्रहों पर साफ़ 'इंकार' कर दें। "नहीं" कहना सीखें। इसे विनम्रता से कहें, इसे अच्छे से कहें, लेकिन इसे कह दें। जैसा विली आमेस ने कहा है, 'अड़ियल होना एक अच्छी चीज़ भी हो सकती है। अड़ियल होना एक बुरी चीज़ भी हो सकती है। सब कुछ इस पर निर्भर करता है कि आप इसका कैसे इस्तेमाल करते हैं।'

## अथक परिश्रम करें

गधे इंसानों की ख़ातिर बहुत सारा बोझ ढोते हैं। वे माल ढोते हैं, खेतों में काम करते हैं और पानी खींचते हैं। गधे मेहनती और मज़बूत होते हैं। कई देशों में वे यातायात के काम में भी आते हैं। गधे हमें सिखाते हैं कि जीवन कितना ही मुश्किल हो, शांत रहो और अपनी ही दुनिया में जीते रहो। हमें कड़ी मेहनत से नहीं घबराना चाहिए, बशर्ते इसकी बदौलत हम अपने लक्ष्य

तक पहुँच सकते हों। जैसा मैरी ई. पियरसन ने कहा है, 'कई बार कोई बेहतर रास्ता नहीं होता है। कई बार सिर्फ़ मुश्किल रास्ता होता है।'

जैसा हम चींटी वाले अध्याय में देख चुके हैं, कड़ी मेहनत की आदत हम सबको डालनी चाहिए। लेकिन चींटी और गधे की कड़ी मेहनत में एक अंतर होता है। चींटी ख़ुद के लिए काम करती है, जबकि गधे दूसरों की ख़ातिर काम करते हैं। गधा अपने काम के बारे में निर्णय नहीं ले सकता या उसकी योजना नहीं बना सकता; उसे अपने मालिक के आदेश पर चलना होता है। आर्थिक संदर्भ में गधा उस कर्मचारी की तरह होता है, जिसका बॉस उसे आदेश देता है कि उसे क्या करना है, जबकि चींटी उद्यमी या स्व-रोजगार वाले व्यवसायी जैसी होती है, जो अपने निर्णय ख़ुद ले सकती है।

कड़ी मेहनत करना एक अच्छी आदत है, लेकिन यह सवाल ज़रूर पूछें, 'किसकी ख़ातिर?' आपकी कड़ी मेहनत से कौन अमीर बन रहा है? आप या आपका बॉस? जैसा टॉनी गास्किन कहते हैं, 'अगर आप अपने सपने साकार नहीं करते हैं, तो कोई दूसरा उसके सपने साकार करने के लिए आपको नियुक्त कर लेगा।' कोई भी कर्मचारी 9 से 5 तक काम करके अमीर नहीं बना है (माइक्रोसॉफ़्ट के स्टीव बामर को छोड़कर और वे स्टॉक ऑप्शन्स की वजह से अमीर बने थे)। इसलिए किसी ऐसी चीज़ पर काम करें, जिससे आपका बॉस नहीं, बल्कि आप अमीर बनें। आप जो नौकरी कर रहे हैं, उसे छोड़ने की कोई ज़रूरत नहीं है। बेहतर तो यही रहेगा कि आप कोई पार्ट-टाइम व्यवसाय शुरू कर लें। दिन की नौकरी में अपने बॉस की ख़ातिर कड़ी मेहनत करें और अपने पार्ट-टाइम व्यवसाय को सफल बनाने के लिए शाम और रात को उससे भी ज़्यादा कड़ी मेहनत करें। कड़ी मेहनत के मामले में चींटी बनना गधे बनने से कहीं बेहतर होता है। आज वर्ल्ड वाइड वेब पर अरबों अवसर उपलब्ध हैं, इसलिए उपयुक्त अवसर खोजना इतना मुश्किल भी नहीं है।

## बड़े कान रखें

गधे घोड़ों और जेब्रा के रिश्तेदार होते हैं, लेकिन उनके कान बाक़ी से ज़्यादा लंबे होते हैं। उनके बड़े कान गर्म और रेगिस्तानी परिस्थितियों में उनके शरीर

को ठंडा भी रखते हैं। बड़े कानों के कारण गधे की सुनने की शक्ति कमाल की होती है। रेगिस्तान की अनुकूल परिस्थितियों में यह दूसरे गधे की आवाज़ 60 मील दूर से सुन सकता है (ज़रा कल्पना करें! यह तो वैसा ही है कि मुंबई की आवाज़ लोनावला में साफ़ सुनाई दे जाए)। अब मैं समझा कि गधे इतनी ज़ोर-ज़ोर से क्यों रेंकते हैं; वे वाट्सएप पर वॉइस मैसेज किए बिना अपने दूर-दराज़ के दोस्तों तक सीधे संदेश पहुँचाते हैं।

बड़े कान रखें। लेकिन इसके लिए अपने कान खींचने की कोई ज़रूरत नहीं है (वैसे मेरे स्कूली दिनों में टीचर इस दिशा में काफ़ी कोशिश करती थीं) और कान बड़ा कराने के लिए ऑपरेशन भी नहीं कराएँ। मेरे कहने का मतलब तो सिर्फ़ इतना है कि अपनी सुनने की शक्ति बढ़ा लें। समस्या यह है कि हम सुनते तो हैं, लेकिन सही तरीक़े से नहीं सुनते! हम आधा सुनते हैं, आधा नहीं सुनते! हम किसी वाक्य के पहले कुछ शब्द सुनते हैं और बाद के शब्द नहीं सुनते हैं। इसका कारण यह है कि हम अपने कानों के बजाय अपने मुँह का इस्तेमाल करने की फिराक में रहते हैं। हम ज्ञान लेने के बजाय ज्ञान देने के लिए ज़्यादा उतावले रहते हैं। कम बोलना और ज़्यादा सुनना ना सिर्फ़ विनम्रता है, बल्कि इससे हमें ज़्यादा फ़ायदा भी होता है। अगर हम ज़्यादा सुनते हैं, तो हमें ज़्यादा जानकारी मिलती है और हमारे ज्ञान में वृद्धि होती है।

आज तक कोई भी इंसान बोलकर ज़्यादा ज्ञानी नहीं बना है। अगर हम सही तरीक़े से सुनें, तो हम सामने वाले के हॉट बटन की जानकारी हासिल कर सकते हैं। तो आपने देखा, अगर हम सुनना सीख लें, तो हमें ज़्यादा जानकारी मिलेगी, हमारा ज्ञान बढ़ेगा और सामने वाले के हॉट बटन भी मालूम चलेंगे। आपको और क्या चाहिए? वैसे सुनने की कला में बॉडी लैंग्वेज को पढ़ना भी शामिल है। गधों की भी बॉडी लैंग्वेज होती है। अगर गधे के कान आगे की तरफ़ हैं, तो इसका मतलब है कि यह रुचि रखता है और सहभागी बनना चाहता है। अगर गधे के कान पीछे की तरफ़ हैं, तो यह डरा हुआ है, नाराज़ है या बहुत रोमांचित है और दुलत्ती मार सकता है। इसलिए बॉडी लैंग्वेज पर ध्यान दें, चाहे सामनेवाला गधा ही क्यों नहीं हो? रॉय टी. बेनेट ने बड़ी अच्छी बात कही है, 'संवाद के साथ सबसे बड़ी समस्या यह है कि हम समझने के लिए सुनते ही नहीं हैं। हम जवाब देने

के लिए सुनते हैं। उत्सुकता से सुनने का मतलब यह है कि हम जवाब देने की मंशा से नहीं सुनते हैं। तब हम शब्दों के पीछे के संदेश को समझने के लिए सुनते हैं।'

हमें अपने ग्राहकों की बात सुननी चाहिए। यहाँ एक मील आगे तक जाने के लिए तैयार रहें, जिसकी सलाह डब्ल्यू. क्लीमेंट स्टोन ने दी है। सक्रियता से ग्राहकों से फ़ीडबैक माँगें और सावधानी से उसका विश्लेषण करें (ऐमेज़ॉन यह काम बहुत अच्छी तरह करता है; इसकी वेबसाइट से आप कोई भी चीज़ ख़रीदो, आपके इनबॉक्स में फ़ीडबैक माँगने वाला ईमेल तुरंत आ जाता है)। एडिडास ने भी शुरू में यही किया था। जब एडिडास ने पेशेवर खेल जूतों के क्षेत्र में अपनी लंबी यात्रा शुरू की, तो एडॉल्फ़ डैसलर ने सक्रियता से खिलाड़ियों से सलाह माँगी कि वे अपने जूतों को कैसे बेहतर बना सकते हैं। इस फ़ीडबैक से ना सिर्फ़ खिलाड़ियों को फ़ायदा हुआ, बल्कि इससे डैसलर को भी फ़ायदा हुआ, क्योंकि एडिडास ब्रांड खिलाड़ियों में लोकप्रिय हो गया।

## संसाधन बरबाद नहीं करें

गधे हमें अपने संसाधनों के संरक्षण के बारे में काफ़ी कुछ सिखा सकते हैं। वे अपने ९५ प्रतिशत भोजन का उपयोग करने में सक्षम होते हैं। ऐसा इसलिए है, क्योंकि वे रेगिस्तानी पशु हैं और रेगिस्तान में भोजन दुर्लभ होता है तथा उसे बरबाद करना अक्षम्य होता है। इसके अलावा, गधों का पाचन तंत्र बहुत कार्यकुशल होता है, जो ना खाने योग्य पौधों को भी पचा लेता है। वे इन पौधों से नमी खींचकर अपनी पानी की कमी भी पूरी कर सकते हैं।

हमें भी यह आदत सीख लेनी चाहिए। किसी भी चीज़ को बरबाद नहीं करें, चाहे यह पानी हो, भोजन हो, अवसर हो या धन हो। जैसा जॉन सी. मैक्सवेल ने लिखा है, 'बजट आपको बताता है कि आपका पैसा कहाँ जाना चाहिए, बजाय यह सोचने के कि यह कहाँ गया।' बजट बनाएँ और अपने पैसे के बारे में ही नहीं, बल्कि अपने समय के बारे में भी सावधान रहें। गया पैसा तो लौट सकता है, लेकिन गया समय दोबारा कभी नहीं लौट सकता। जैसा गेटे ने अफ़सोस जताया है, 'कई लोग अपने पैसे की तब तक

परवाह नहीं करते, जब तक कि यह ख़त्म नहीं हो जाता, और बाक़ी लोग अपने समय के साथ ऐसा ही करते हैं।'

## उचित प्रशिक्षण अनिवार्य है

बैल के विपरीत गधा उस मालिक के लिए पूरे दिल से काम नहीं करता, जिससे यह डरता है। यह उस मालिक की ख़ातिर ज़्यादा निष्ठा से काम करता है, जिस पर यह विश्वास करता है और जिसे यह पसंद करता है। मेरे मैनेजर मित्रों, यह बात ग़ौर से सुन लें! यहाँ गधा आपको यह संदेश दे रहा है कि आपको कर्मचारियों के प्रबंधन में क्या सावधानी रखनी चाहिए। गाजर के इस्तेमाल से हमेशा छड़ी से बेहतर परिणाम मिलते हैं, कम से कम गधों के मामले में। बहरहाल, वेरा नज़ारियन की कही बात ध्यान में रखें, 'गधे के सामने – या किसी के सामने भी – गाजर लटकाना अच्छा नहीं है और उचित नहीं है, जब तक कि आप अंततः उसे वह देने की योजना नहीं बना रहे हों।'

इसलिए यह मालिक के सर्वश्रेष्ठ हित में है कि यह गधे का विश्वास हासिल करे और गधे के दिल में आत्मीयता जगाए। फिर उचित प्रशिक्षण देना भी ज़रूरी है। लीडर के रूप में अपने नवनियुक्त कर्मचारियों को उचित प्रशिक्षण देना आपकी ज़िम्मेदारी है। प्रशिक्षण के मामले में भी गधा हमें एक महत्त्वपूर्ण बात सिखा सकता है। गधे पानी से स्वाभाविक रूप से डरते हैं, क्योंकि वे तैर नहीं सकते। उनके शरीर के मुक़ाबले उनके सिर के बड़े आकार की वजह से वे तैर नहीं सकते। इसलिए गधे को बहते पानी को पार करने के लिए प्रशिक्षित करना पड़ता है – पुल से भी और पानी में चलकर भी।

आप ज़्यादा बड़े गधे को यह प्रशिक्षण नहीं दे सकते, क्योंकि तब तक यह बहुत ज़्यादा अड़ियल बन जाता है। दूसरी तरफ़, कम उम्र वाले गधे को प्रशिक्षित करना ज़्यादा आसान होता है, क्योंकि आप ज़रूरत पड़ने पर इसे धका भी सकते हैं (बड़े गधों का वज़न 200 किलो से ज़्यादा होता है, इसलिए उन्हें धकाना ज़्यादा मुश्किल होता है और ज़्यादा कोशिश करने पर दुलत्ती का ख़तरा भी रहता है)। इसी तरह, मैनेजरों को यथासंभव अपने

नवनियुक्त कर्मचारियों को शुरुआत में ही प्रशिक्षित कर देना चाहिए, क्योंकि तब वे ज़्यादा अनुकूलनशील होते हैं। अगर आप बहुत लंबा इंतज़ार करेंगे, तो आपके कर्मचारी भी गधे की तरह अड़ियल बन सकते हैं। सफल होने के लिए प्रशिक्षण अनिवार्य है। जैसा महान मुक्केबाज़ मुहम्मद अली ने प्रशिक्षण के बारे में कहा है, 'मुझे प्रशिक्षण के हर मिनट से नफ़रत थी, लेकिन मैंने कहा कि इसे मत छोड़ो। अभी कष्ट उठा लो और फिर बाक़ी ज़िंदगी चैंपियन की तरह जियो।'

## रोचक तथ्य

- नर गधे और मादा घोड़े की संतान खच्चर होती है। नर घोड़े और मादा गधे की संतान हिनी होती है। घोड़े और गधे की संकर संतति लगभग हमेशा बाँझ होती है, क्योंकि घोड़ों में 64 क्रोमोसोम होते हैं, जबकि गधों में 62, इसलिए उनकी संतति में 63 क्रोमोसोम होते हैं।

- गधों को बारिश से नफ़रत होती है, क्योंकि उनके बाल जलरोधी नहीं होते (रेगिस्तान में बारिश नहीं के बराबर होती है)।

- चीन में पूरे संसार में सबसे ज़्यादा गधे पाए जाते हैं। ब्रिटेन में गधों को पासपोर्ट की ज़रूरत होती है!

(10)

# सफलता के सबक़ : बाज

## ऊँचे उड़ें!

- विजेताओं के साथ रहें
- दूर दृष्टि रखें
- कभी अवसर नहीं चूकें
- चुनौतियों से प्रेम करें
- अपने आरामदेह दायरे को छोड़ दें

एक कहानी है, जिसके कई अंत हैं और यहाँ मैं दुखद अंत वाली कहानी सुना रहा हूँ। मुर्गी पालने वाले को बाज का अंडा मिला और उसने इसे मुर्गियों के दड़बे में रख दिया। समय बीतने पर बाज का बच्चा भी मुर्गी के बच्चों के साथ पलने लगा। वह भी खुद को उन्हीं की तरह मुर्गा समझने लगा। मुर्गे केवल कुछ ही दूर तक उड़ पाते हैं, इसलिए बाज ने भी कुछ ही दूर तक उड़ना सीखा। वह सोचता था कि वह बस इतना ही कर सकता है। एक दिन बाज ने आसमान में एक बड़े पक्षी को उड़ते देखा। वह बहुत प्रभावित हुआ। उसने आस-पास की मुर्गियों से पूछा, 'वह कौन है?' मुर्गियों ने जवाब दिया, 'वह बाज है, पक्षियों का राजा। वह आसमान में रहता है। हम ज़मीन पर रहते हैं। हम बस मुर्गे हैं।' इस तरह बाज पूरी ज़िंदगी मुर्गे की तरह जिया और मुर्गे की तरह ही मर गया, क्योंकि वह जीवन भर खुद को मुर्गा ही समझता रहा।

यह कहानी बहुत सामान्य है, लेकिन यह हमें एक गहरी बात बताती है। हममें से ज़्यादातर लोग काफ़ी नीरस जीवन जीते हैं। हम 9 से 5 तक नौकरी करते हैं, बच्चे पालते हैं, फुरसत मिलने पर टी.वी. देखते हैं, पड़ोसियों पर शान झाड़ने के लिए महँगे खिलौने ख़रीदते हैं, रिटायरमेंट के लिए पैसे इकट्ठे करते हैं और काफ़ी साधारण जीवन जीने के बाद मर जाते हैं। हमें यह अहसास ही नहीं होता कि बाज के बच्चे की तरह ही हममें भी बहुत सारी ऐसी योग्यताएँ हैं, जिनका हम उपयोग नहीं कर रहे हैं। हमारे छिपे हुए गुणों का पता ना तो हमें चल पाता है, ना ही संसार को चल पाता है। उस असाधारण प्रतिभा का क्या होता है, जो ईश्वर ने हममें से प्रत्येक को दी है? यह भी हमारे साथ ही मर जाती है। अपने साथ ऐसा नहीं होने

दें। लेस ब्राउन के शब्द याद रखें, 'क़ब्रिस्तान संसार की सबसे अमीर जगह है, क्योंकि यहाँ पर आपको वे सभी आशाएँ और स्वप्न मिलेंगे, जो कभी पूरे नहीं हो पाए, वे पुस्तकें जो कभी नहीं लिखी गईं, वे गीत जो कभी नहीं गाए गए, वे आविष्कार जो कभी नहीं किए गए, वे इलाज जो कभी नहीं खोजे गए... और यह सब इसलिए हुआ, क्योंकि वह शख़्स पहला क़दम उठाने से डर गया था, समस्या को सुलझाना नहीं चाहता था या अपने सपने को पूरा करने के लिए संकल्पवान नहीं था।'

पियो ऑफ़ पिएट्रेलसिना के प्रश्न का उत्तर दें, 'जब आप बाज की तरह आसमान छू सकते हैं, तो मुर्गे की तरह क्यों उड़ें?' जवाब दें! अपनी क्षमताओं को पहचानें! आपकी जगह आसमान में है, शिखर पर है। आपको इसी के लिए बनाया गया है। यह सोचते हुए जीवन नहीं गुज़ारें कि आप मुर्गे हैं और आसमान दूसरों के लिए बनाया गया है। आपमें सफल होने और ऊँचा उड़ने की भारी क्षमता है! बेहतर होगा कि आप इसका अहसास कर लें और थोड़ी कोशिश करें। जैसा ई.एफ़. शूमाकर कहते हैं, 'बाज सभी आकारों के होते हैं, लेकिन आप उन्हें मुख्यतः उनके नज़रिये से पहचान लेंगे।'

तो आइए पक्षियों के इस राजा से फटाफट कुछ सबक़ सीखते हैं।

## विजेताओं के साथ रहें

'एक जैसे पंख वाले पक्षी एक साथ रहते हैं।' बाज या तो दूसरे बाजों के साथ उड़ते हैं, वरना अकेले ही उड़ते हैं। वे दूसरे पक्षियों के साथ नहीं रहते हैं, क्योंकि कोई दूसरा पक्षी होता ही नहीं है, जो उनके जितना ऊँचा उड़ सके। 10,000 फुट की ऊँचाई पर आपको आसमान में कोई दूसरा पक्षी नहीं मिलेगा। अगर कोई दूसरा पक्षी होगा, तो वह बाज ही होगा। बाज कबूतरों से दोस्ती नहीं करते हैं। वे गौरैया या दूसरे छोटे पक्षियों के साथ नहीं उड़ते हैं। और इसका कारण स्पष्ट है : गौरैया, कबूतर या बाक़ी छोटे पक्षियों के साथ उड़ने के लिए बाजों को नीचे आना पड़ेगा और अपनी क्षमता से कमतर रहना होगा, क्योंकि बाक़ी पक्षी उनके जितनी ऊँचाई पर कभी नहीं उड़ सकते। बाज इस यूनानी सूक्ति का अनुसरण करते हैं, 'अगर आप अपाहिजों के साथ रहते हैं, तो आप लँगड़ाना सीख जाते हैं।' बाज जानते हैं कि वे

अनूठे हैं, इसीलिए वे समान रुचियों वाले मित्र रखते हैं। वे अपने स्तर को बनाए रखते हैं और समझौता नहीं करते हैं। उनकी क्षमताएँ दूसरों से ज़्यादा होती हैं और वे विजेता बने रहना चाहते हैं। जैसा क्रिस्टोफर डी. फ़रमैन ने कहा है, 'अगर आप विजेता बनना चाहते हैं, तो विजेताओं के साथ रहें।'

इसी तरह, हमें भी उन लोगों के साथ रहने का चुनाव करना चाहिए, जिनकी सफलता के विचार हमारे विचारों से मेल खाते हों। ज़ाहिर है, हमें अपने सभी साथियों के प्रति विनम्र रहना चाहिए और हर एक से अच्छे संबंध रखना चाहिए। लेकिन यदि हमें जीवन में प्रगति करनी है, तो हमें प्रगतिशील लोगों के साथ उठना-बैठना चाहिए। देखिए, अगर आप दिल्ली जाना चाहते हैं, तो आप उन लोगों के साथ यात्रा नहीं कर सकते, जो हैदराबाद जा रहे हों। आपकी मंज़िलें अलग-अलग हैं, इसलिए एक साथ यात्रा करने का कोई मतलब नहीं है। समान मानसिकता वाले लोगों के साथ रहें और अपने रोल मॉडल या मार्गदर्शक भी इसी अनुसार चुनें। अगर आप बाज बनना चाहते हैं, तो मुर्गों की नक़ल नहीं करें। बात ख़त्म।

## दूर दृष्टि रखें

दूरदृष्टि बाज की सबसे शक्तिशाली इंद्रिय होती है। बाज की दृष्टि मनुष्य से आठ गुना ज़्यादा पैनी होती है। अपनी शक्तिशाली दृष्टि से बाज शिकार को दूर से ही ताड़ लेता है और इस पर तब तक ध्यान केंद्रित रखता है, जब तक कि वह उसे पकड़ नहीं ले। इसी तरह बाज अपने दुश्मन को भी दूर से देख सकता है, जैसे कोई साँप इसके अंडे चुराने या बच्चों को खाने के लिए इसके घोंसले में चुपके से घुसने की कोशिश तो नहीं कर रहा है। बाज ग़ौर से अवलोकन करते हैं कि उनके आस-पास, नीचे और ऊपर क्या हो रहा है। उनकी आँखें बहुत दूर स्पष्टता से केंद्रित हो सकती हैं। वे 50 मील दूर से किसी दूसरे बाज को उड़ते हुए देख सकते हैं। उनकी निगाह 5 कि.मी. दूर से किसी शिकार को देख सकती है। और शिकार को देखते ही बाज तुरंत नीचे आते हैं और उसे दबोच लेते हैं।

जैसा रॉय टी.बेनेट हमसे आग्रह करते हैं, 'आप जो जीवन सचमुच चाहते हैं, उसका स्वप्न तैयार करें और फिर इसे साकार करने के लिए अथक परिश्रम करें।' दीर्घकालीन स्वप्न रखें और बाधाओं के बावजूद उस

पर एकाग्र बने रहें। अगर आप यह कर देते हैं, तो आपकी सफलता तय है। बाज की तरह ही हमें भी दूरगामी दृष्टि रखनी चाहिए। हमें भी अपने जीवन और सफलता के बारे में दीर्घकालीन स्वप्न रखना चाहिए। समझदारी इसी में है कि हम ख़ुद से कुछ प्रश्न पूछें : अगर आप अपने वर्तमान रास्ते पर चलते रहें, तो आप पाँच साल बाद कहाँ होंगे, दस साल बाद आदि? आप वहाँ जल्दी पहुँचने के लिए क्या कर सकते हैं? आप अपनी गति बढ़ाने के लिए क्या कर सकते हैं? यदि आपको मंज़िल पसंद नहीं है, तो आप अपनी दिशा को बदलने के लिए क्या कर सकते हैं? भविष्य में देखें, लंबी दूर तक सोचें और आगे की तरफ़ ध्यान केंद्रित करें। अपने कार्यों के परिणाम पहले से देखने के लिए अवलोकन और विश्लेषण की शक्तियों का इस्तेमाल करें। अवसरों को भाँपें और तालमेल बैठाएँ। अवसरों की ताक में रहें और दीर्घकालीन सोचें। जैसा ब्रूस रॉनर ने कहा है, 'सफलता लगन और लंबे समय तक सही चीज़ करने के बारे में है।'

## कभी अवसर नहीं चूकें

बाज अवसरों की सक्रियता से तलाश करता है। उड़ते समय भी इसकी पैनी निगाह पूरे परिदृश्य पर होती है और शिकार की तलाश करती रहती है। यह अपनी निगाह भविष्य पर रखता है, लेकिन यह अपने माहौल में होने वाली गतिविधियों और घटनाओं को भी देखता रहता है। हमें भी यह अवलोकन करना चाहिए कि हमारे आस-पास क्या हो रहा है। फिर हमें इसके दीर्घकालीन परिणामों पर विचार करना चाहिए और नए अवसरों का लाभ लेना चाहिए। कीड़ा उसी पक्षी को मिलता है, जो उस तक सबसे पहले पहुँचता है, इसलिए दूसरों से ज़्यादा जल्दी अवसरों को देखना सीखें। ऐमेज़ॉन के जेफ़ बेज़ोस इसके अच्छे उदाहरण हैं। उन्होंने ऑनलाइन रिटेलिंग की अपार संभावना को दूसरों से ज़्यादा जल्दी ताड़ लिया और इस अवसर को लपककर दौलत बना ली। आपको भी नए अवसर देखने वाला पहला इंसान बनना चाहिए और आपको इसका लाभ लेने के लिए तेज़ी से काम करना चाहिए। जब काम करने का समय हो, तो अनावश्यक रूप से इंतज़ार करने, टालमटोल करने या विलंब करने में कोई तुक नहीं है! दीर्घकालीन सोच रखें, लेकिन अल्पकाल में फुर्ती से काम करें।

एडॉल्फ़ डैसलर ने पेशेवर खिलाड़ी जूतों के क्षेत्र में भारी संभावना देखी। उस वक़्त इस क्षेत्र में किसी की भी रुचि नहीं थी, क्योंकि माँग सीमित थी, इसलिए इसमें ख़ास मुनाफ़ा नहीं था। बाद में जनता अपने प्रिय खिलाड़ियों के ब्रांड वाले जूते पहनने लगी और एडिडास का सपना सच हो गया। एडॉल्फ़ डैसलर ने अवसर को तब भाँप लिया, जब दूसरे किसी की भी इसमें रुचि नहीं थी और जब तक दूसरों की रुचि जाग्रत हुई, तब तक एडिडास बाज़ार के महत्त्वपूर्ण हिस्से पर क़ब्ज़ा कर चुका था। शेयर बाज़ार में भी सफलता का यही सूत्र है। सफल निवेशक अवसरों को दूसरों से ज़्यादा जल्दी ताड़ लेते हैं। बैरन रॉथ्स चाइल्ड ने कहा था, 'शेयर ख़रीदने का समय तब है, जब सड़कों पर ख़ून की नदियाँ बह रही हों।' तो बड़ी सफलता का यह फ़ॉर्मूला याद रखें, दूसरों से पहले अवसर देखें, ख़ुद को अच्छी तरह तैयार करें और फुर्ती से काम करके अवसर का लाभ लें!

## चुनौतियों से प्रेम करें

बाज एकमात्र पक्षी है, जिसे तूफ़ान पसंद होता है। जब बाक़ी सभी पक्षी दहशत में आ जाते हैं और तूफ़ान से दूर भागते हैं, तब बाज पंख फैलाकर इसके साथ उड़ते हैं और तेज़ हवा का इस्तेमाल करके ज़्यादा ऊपर उड़ते हैं। वे अपनी ऊर्जा का इस्तेमाल नहीं करते हैं, बल्कि ज़्यादा ऊपर उड़ने के लिए तूफ़ान के दबाव का इस्तेमाल करते हैं। वे ऐसा इसलिए कर पाते हैं, क्योंकि ईश्वर ने उन्हें तेज़ तूफ़ानी हवाओं के बीच डैने एक निश्चित स्थिति में तालाबंद करने की अनूठी योग्यता दे रखी है। इसीलिए बादल घिरने पर बाज रोमांचित हो जाते हैं। जैसा एरिक थॉमस कहते हैं, 'बाज ज़्यादा ऊपर उड़ने के लिए तूफ़ान की नकारात्मक शक्ति का इस्तेमाल करता है।'

हम बाज की तरह उड़ तो नहीं सकते, लेकिन हम जीवन की चुनौतियों का इस्तेमाल बेहतर बनने, ज़्यादा योग्य तथा ज़्यादा उपायकुशल बनने के लिए अवश्य कर सकते हैं। हम उन्हें सफलता की सीढ़ियाँ मान सकते हैं। बाज जैसा नज़रिया नकारात्मक चुनौतियों को सकारात्मक अवसरों में बदलने वाला पारस पत्थर है। चुनौतियों का सामना करने और उनसे उबरने के बाद आप ज़्यादा शक्तिशाली बनते हैं। साथ ही, आप योग्य व्यक्ति के रूप में अपनी प्रतिष्ठा को भी बना लेते हैं। बाज की तरह ही आप भी ज़्यादा ऊपर उठने

के लिए नकारात्मक लोगों की नकारात्मक ऊर्जा का इस्तेमाल कर सकते हैं। अगर वे कहते हैं कि आप कोई काम नहीं कर सकते, तो चुनौती को स्वीकार करें और उन्हें दिखा दें कि आप ना सिर्फ़ इसे कर सकते हैं, बल्कि आपने इसे कर दिया है। उन्हें सबूत दिखाएँ कि आप कामयाब हो गए हैं। बहरहाल, यह जान लें कि आलोचकों तथा नकारात्मक लोगों से दूर रहना बेहतर होता है। नकारात्मक माहौल में क्यों रहना, जहाँ आलोचक आपकी ऊर्जा चूस लेते हैं, जबकि आप दूसरे बाजों के साथ उड़ सकते हैं, जो आपको प्रोत्साहित करेंगे? एमी पोहलर की सलाह पर अमल करें, 'ऐसे लोगों का समूह खोजें, जो आपको चुनौती दें और प्रेरित करें, उनके साथ बहुत सारा समय बिताएँ और इससे आपका जीवन बदल जाएगा।'

## अपने आरामदेह दायरे को छोड़ दें

अगर आप हमेशा आरामदेह दायरे में ही बने रहते हैं, तो आप विकास नहीं कर पाएँगे। यहाँ भी हम बाज से सीख सकते हैं। ख़ास तौर पर मादा बाज से, जो अपने बच्चों को आरामदेह दायरा छोड़ने के लिए मजबूर करती है, ताकि वे उड़ना सीख सकें। जब बाज के बच्चे के उड़ना सीखने का समय आता है, तो माँ घोंसले से पंखों और नरम घास की आरामदेह परतें हटा देती है। लक्ष्य यह होता है कि काँटों और नुकीली टहनियों की चुभन से चूजे इतने असहज हो जाएँ कि उन्हें उड़ने की प्रेरणा मिले।

अगर चूज़े फिर भी प्रतिक्रिया नहीं करते हैं, तो माँ उन्हें घोंसले से नीचे गिरा देती है। और वह ऐसा बार-बार करती है, जब तक कि चूज़े उड़ना नहीं सीख लेते। हर बार गिराने पर चूज़े कूदकर घोंसले में लौट आते हैं, लेकिन काँटों तथा टहनियों से वे लहूलुहान हो जाते हैं। लेकिन उनकी माँ तरस नहीं खाती है और उन्हें धक्का देकर गिरा देती है।

परवरिश की यह तकनीक आपको क्रूर लग सकती है। लेकिन देखिए, इसका विकल्प और भी बुरा है; अगर माँ उन्हें इस तरह प्रशिक्षित नहीं करे, तो वे उड़ना नहीं सीख पाएँगे और दूसरे हिंसक जानवर उन्हें आसानी से शिकार बना लेंगे। इसी कठोर प्रशिक्षण की बदौलत अंततः चूज़े पंख फड़फड़ाना और उड़ना सीख लेते हैं। और ऐसा इसलिए होता है, क्योंकि

उन्हें उनके आरामदेह दायरे के बाहर बार-बार फेंका जाता है। एक तरह से यह सभी प्रकार की उपलब्धियों की कहानी है। सारे महान काम सिर्फ़ तभी हो सकते हैं, जब हम अपने आरामदेह दायरे को छोड़ दें। याद रखें, आप अपने आरामदेह दायरे के भीतर रहकर माउंट एवरेस्ट के शिखर पर नहीं पहुँच सकते। जैसा धवल गॉडियर कहते हैं, 'आप जहाँ जाना चाहते हैं, वहाँ तक जाने से आपको जो एकमात्र चीज़ रोक रही है, वह है आपका आरामदेह दायरा।'

इंसान अज्ञात में क़दम रखने से घबराता है। लेकिन देखिए, अगर आप हमेशा वही करते हैं, जो आपने हमेशा किया है, तो आपको हमेशा वही मिलेगा, जो आपको हमेशा मिला है। अगर आप परिणाम को बदलना चाहते हैं, तो आपको अलग विकल्प चुनना होगा, अलग तरीक़े से सोचना होगा और अलग तरीक़े से काम करना होगा।

जीवन परिवर्तन के बारे में है। यदि परिवर्तन नहीं होता, तो हम सब बड़े होने के बाद भी बटर पनीर या बटर चिकन नहीं खा रहे होते, बल्कि केवल दूध ही पी रहे होते, जो शैशव काल में हमारा एकमात्र आहार था। पुराना और जाना-पहचाना दायरा सुरक्षित होता है, लेकिन यदि हम प्रगति करना चाहते हैं, तो हमें नई चीज़ों और योग्यताओं को सीखना होगा। हमेशा नई चीज़ें सीखते रहें। यह ज़्यादा मज़ेदार होता है और अंततः ज़्यादा लाभदायक भी। जैसा केन ब्लैंचर्ड ने कहा है, 'बतख की तरह नहीं बोलें, बाज की तरह उड़ें।'

## रोचक तथ्य

- बाज अमेरिका का राष्ट्रीय पक्षी है। बाज 25 से अधिक देशों का राज्य-चिह्न है।

- घोंसले में सबसे पहले निकलने वाला चूज़ा अपने भाई-बहनों से बस थोड़ा ही बड़ा होता है, लेकिन आकार के इस छोटे से लाभ की वजह से यह छोटे भाई-बहनों पर हमला करता है और उनका भोजन छीनकर खा जाता है। इस वजह से कुछ समय बाद अक्सर यह इकलौता बच्चा बचता है। आश्चर्यजनक बात यह है कि माता-पिता इस प्रक्रिया में

हस्तक्षेप नहीं करते हैं और 'उपयुक्ततम के बचाव' वाले सिद्धांत को लागू होने देते हैं।

- जब बाज बूढ़ा हो जाता है, तो इसके पंख कमज़ोर हो जाते हैं और इसकी गति कम हो जाती है। तब यह चट्टानों में दूर-दराज़ की किसी जगह पर चला जाता है। वहाँ यह अपने शरीर के हर पंख को उखाड़ देता है। यह उसी जगह पर तब तक छुपा रहता है, जब तक कि इसके नए पंख नहीं उग आते। फिर यह फ़ीनिक्स (माया पंछी) की तरह पुनर्जीवित हो जाता है!

(11)

# सफलता के सबक़ : इलेक्ट्रिक ईल

## कई रणनीतियों का इस्तेमाल करें

- अपनी अनूठी प्रतिभा खोजें
- अपनी शक्तियों के हिसाब से खेलें
- संवाद को महत्त्व दें
- कई रणनीतियों का इस्तेमाल करें
- जब एक योजना नाकाम हो, तो दूसरी पर अमल करें

—जिम कॉलिन्स

इलेक्ट्रिक ईल को 18वीं सदी में खोजा गया था। 1766 में लिनॉस ने इसे इलेक्ट्रोफ़ोरस इलेक्ट्रिकस का वैज्ञानिक नाम दिया था। यह दक्षिण अमेरिका में ऐमेज़ॉन और ओरिनोको नदियों के आस-पास के कीचड़ भरे, उथले पानी में ही मिलती है। हम सभी के लिए यह सौभाग्य की बात है कि यह हमारे आस-पास नहीं रहती, वरना हमें बहुत सतर्क रहना पड़ता। यह मछली 8 फुट तक लंबी हो सकती है। वैसे इसके नाम का आधा हिस्सा सही है, आधा ग़लत है। इलेक्ट्रिक वाला हिस्सा तो सही है, क्योंकि इसमें बिजली होती है। लेकिन ईल वाला हिस्सा ग़लत है, क्योंकि इलेक्ट्रिक ईल दरअसल ईल नहीं होती है; यह तो कार्प और कैटफ़िश के ज़्यादा निकट होती है।

## अपनी अनूठी प्रतिभा खोजें

इलेक्ट्रोफ़ोरस इलेक्ट्रिकस - इस मछली के पूरे वैज्ञानिक नाम में बिजली भरी है! और क्यों नहीं हो! इस मछली में सचमुच बिजली भरी होती है। इसका नाम इसकी बिजली का झटका मारने की क्षमता के आधार पर ही रखा गया है। इलेक्ट्रिक ईल के शरीर में ऐसे ख़ास अंग होते हैं, जो बिजली के तेज़ झटके उत्पन्न कर सकते हैं। ये झटके आपके कूलर के झटकों से भी ज़्यादा ख़तरनाक हो सकते हैं और 600 वोल्ट तक के हो सकते हैं, जो हमारे घरों में आने वाली बिजली के झटकों से कई गुना ज़्यादा शक्तिशाली होते हैं। ईल अपने शिकार को स्तब्ध करने और अपने शिकारियों को दूर रखने के लिए भी बिजली के झटके मारती है। इलेक्ट्रिक ईल का झटका इतना ज़बर्दस्त होता है कि यह इंसान को तो क्या, घोड़े को भी गिरा सकता है।

इलेक्ट्रिक ईल की अनूठी प्रतिभा तो स्पष्ट है। अब समय आ गया है कि आप अपनी प्रतिभा को भी स्पष्ट पहचान लें। वह कौन-सी चीज़ है, जो आपको अनूठा बनाती है, जिसकी वजह से आप अपने साथियों से अलग हटकर दिखते हैं? क्या यह लगन का गुण है या फिर टालमटोल का? यह उत्कृष्टता का गुण है या कामचलाऊ काम करने का? यह कर्मठता का गुण है या आलस का? यह विश्वसनीयता का गुण है या फिर संदिग्धता का? आपकी अनूठी प्रतिभा महत्त्वपूर्ण है, क्योंकि यह जीवन की यात्रा में आपकी सबसे ज़्यादा मदद कर सकती है। वह कौन-सा एक गुण, एक आदत, एक विशेषता, एक प्रतिभा, एक योग्यता है, जो आपको अनूठा बनाती है? इसे पहचानें, इसका विश्लेषण करें और फिर अपने अनूठेपन के हिसाब से अवसर खोजें। ज़ाहिर है, आपके अवसर भी आपकी योग्यता जितने ही अनूठे होंगे। जैसा बेथेनी फ़्रैंकल ने कहा है, 'जब आप अपने फ़र्क़, अपने डीएनए, अपने चेहरे या विरासत या धर्म या अपने असामान्य नाम को अंगीकार करते हैं, तब जाकर आप चमकना शुरू करते हैं।'

## अपनी शक्तियों के हिसाब से खेलें

इलेक्ट्रिक ईल मछलियाँ इस बात पर अफ़सोस नहीं करतीं कि उनकी आँखों की रोशनी कमज़ोर है या उनके दाँत नहीं हैं या वे तेज़ी से नहीं तैर सकतीं। वे तो अपने पास उपलब्ध क्षमताओं का अधिकतम लाभ लेती हैं और हम सबको भी सफल होने के लिए इतना ही करना है। ईश्वर ने आपको वह सब दिया है, जिसकी ज़रूरत आपको सफल होने के लिए है। जो ईश्वर इलेक्ट्रिक ईल का ख़याल रखता है, वह आपका ख़याल क्यों नहीं रखेगा? जानवरों के संसार में हम यह चीज़ बार-बार देखते हैं कि क्षतिपूर्ति का नियम कई कमज़ोरियों की भरपाई करने के लिए एक अहम योग्यता प्रदान करता है। यह इलेक्ट्रिक ईल के बारे में भी उतना ही सच है, जितना कि हमारे-आपके बारे में है। इलेक्ट्रिक ईल की सबसे अहम योग्यता क्या है : बिजली के झटके मारना। विद्युत तरंगें चलने और भोजन खोजने में ईल की मदद करती हैं। हल्की विद्युत तरंगों से यह शिकार खोजती है (जैसा हम पहले ही बता चुके हैं कि इसकी आँखों की रोशनी प्रायः कमज़ोर होती है)। जब इसे पता चलता है कि कोई छोटी मछली आस-पास है, तो यह ज़्यादा

शक्तिशाली झटका मारकर इसे स्तब्ध कर देती है और चट कर जाती है।

आपका ध्यान कहाँ केंद्रित है? अपनी कमज़ोरियों पर या अपनी शक्तियों पर? अगर आप अपनी कमज़ोरियों पर ध्यान केंद्रित करते हैं, तो आप निराशावादी और हतोत्साहित होंगे। मेरे-पास-यह-नहीं-है के बारे में सोचने से आपका मनोबल या आशा नहीं बढ़ेगी। यह नहीं सोचें कि आप कोई ख़ास चीज़ क्यों नहीं कर सकते। इसके बजाय यह सोचें कि आप उसे कैसे कर सकते हैं। जैसा रिचर्ड ब्रान्सन ने सुझाव दिया है, 'अगर कोई आपको एक अद्भुत अवसर देता है, लेकिन आपको पक्का नहीं पता कि आप उसे कर सकते हैं, तो भी आप हाँ कह दें – फिर बाद में यह पता लगाएँ कि उसे कैसे करना है!'

कोई तरीक़ा खोजें; आम तौर पर कोई न कोई तरीक़ा होता है; वह हमें इसलिए नहीं दिखाई देता, क्योंकि हम पर्याप्त मेहनत से उसे खोजते नहीं हैं। अपनी शक्तियों या अनूठे गुणों का उपयोग करने के वैकल्पिक तरीक़े खोजें। मान लें कि आप एक सेल्समैन हैं और आपका अनूठा गुण यह है कि आप प्रॉस्पेक्ट्स के साथ आमने-सामने की बैठकों में विश्वसनीय प्रस्तुति देते हैं। आप अपनी अनूठी योग्यता का लाभ लेने के लिए क्या कर सकते हैं? आप हमेशा ज़्यादा प्रॉस्पेक्ट्स से मिल सकते हैं और उनके सामने ज़्यादा प्रस्तुतियाँ दे सकते हैं। ज़ाहिर है, यह सबसे स्पष्ट तरीक़ा है और अगर आप इतना भर ही कर लें, तब भी आपको सफल होने से कोई नहीं रोक सकता। बहरहाल, अपनी अनूठी योग्यता का लाभ उठाने के दूसरे कम स्पष्ट तरीक़े भी हैं, बशर्ते आप खोजना चाहें और इस दिशा में मेहनत करें। आप अपनी सेल्स प्रस्तुति का वीडियो बनाकर यूट्यूब पर डाल सकते हैं। या आप फ़ेसबुक पर इसका प्रचार कर सकते हैं। या आप ईमेल या वाट्सएप पर इसे लोगों तक भेज सकते हैं। या इससे भी बेहतर, आप नेट पर या प्लेस्टोर पर शैक्षणिक वीडियो बेच सकते हैं, जिसे ख़रीदकर दूसरे लोग प्रस्तुति की योग्यताएँ सीख सकें। आप वेबसाइट या फ़ेसबुक पेज या ब्लॉग शुरू कर सकते हैं। तो आपने देखा, आपकी अनूठी योग्यता का इस्तेमाल करने के बहुत से तरीक़े होते हैं, बशर्ते आप उनके बारे में सोचने की फ़ुरसत निकालें।

## संवाद को महत्त्व दें

इलेक्ट्रिक ईल में शल्क नहीं होते हैं और इसकी आँखों की रोशनी भी कमज़ोर होती है, लेकिन इसकी सुनने की क्षमता कमाल की होती है। इसके पूरे शरीर पर सेन्सर लगे होते हैं, जिससे यह अच्छा सुन लेती है और उत्कृष्ट शिकारी बन जाती है। (वैसे अगर आप भी अपने पूरे शरीर पर सेन्सर लगा लें और सावधानी से सुनने की आदत डाल लें, तो आप भी उत्कृष्ट शिकारी बन सकते हैं, क्योंकि तब आपको ज़्यादा अवसर दिखने लगेंगे।) इलेक्ट्रिक ईल हल्के झटके छोड़कर संप्रेषण करती है और यह प्रजनन हेतु अपने साथियों या प्रतिद्वंद्वियों से संवाद कर सकती है। यह अपने लिंग और सेक्स की इच्छुकता संबंधी जानकारी भी दे सकती है, जो प्रजनन काल में महत्त्वपूर्ण होती है।

संप्रेषण हमारे जीवन में भी महत्त्वपूर्ण होता है। हमें अपने क़रीबी सहयोगियों से प्रभावी संवाद करना चाहिए। साथ ही हमें अपने ग्राहकों या परिचितों के वृहद नेटवर्क से नियमित संपर्क का तरीक़ा भी खोजना चाहिए। सोशल मीडिया के उदय के बाद यह काम आसान हो गया है। देखिए, स्पष्ट और सतत संवाद ही मज़बूत संबंध की कुंजी है। जैसा पॉल जे. मेयर ने कहा है, 'संवाद – मानवीय जुड़ाव – व्यक्तिगत जीवन और करियर में सफलता की कुंजी है।' ज़ाहिर है, अगर आप सेल्समैन या रिटेलर हैं, तो आपके लिए संप्रेषण मुख्य या अनिवार्य योग्यता है। हो सकता है कि आपके पास एक बेहतरीन प्रॉडक्ट हो, लेकिन अगर आप किसी प्रॉस्पेक्ट से प्रभावी संवाद नहीं कर पाते और उसे इसे आज़माने के लिए राज़ी नहीं कर पाते, तो उस बेहतरीन प्रॉडक्ट का क्या फ़ायदा? जैसा ली आयाकोका ने कहा है, 'आपके पास शानदार विचार हो सकते हैं, लेकिन अगर आप उन्हें सामने वाले तक नहीं पहुँचा सकते, तो आपके विचार आपको कहीं नहीं पहुँचाएँगे।'

और कभी नहीं भूलें, संवाद दोतरफ़ा मार्ग होता है। हमें अच्छी तरह बोलना चाहिए और हमें उससे भी अच्छी तरह सुनना चाहिए; इलेक्ट्रिक ईल से सीखें। जैसा पीटर ड्रकर ने कहा है, 'संवाद में सबसे अहम बात वह सुनना है, जो कही नहीं गई है।' पंक्तियों के बीच में पढ़ें, शब्दों के बीच में सुनें, बॉडी लैंग्वेज के संकेतों को पकड़ें और आप सुनने की कला में

पारंगत हो जाएँगे। आपको संप्रेषण पर कड़ी मेहनत करनी होती है, क्योंकि जैसा जॉन पॉवेल कहते हैं, 'संप्रेषण उन्हीं के लिए काम करता है, जो इस पर काम करते हैं।'

## कई रणनीतियों का इस्तेमाल करें

भले ही आपके पास केवल एक ही योग्यता हो, लेकिन आप परिस्थिति के हिसाब से इसका अलग-अलग तरीक़े से इस्तेमाल कर सकते हैं। अगर इलेक्ट्रिक ईल ऐसा कर सकती है, तो आप क्यों नहीं कर सकते? इलेक्ट्रिक ईल के शरीर में 6,000 कोशिकाएँ होती हैं, जो 600 वोल्ट तक की बिजली उत्पन्न कर सकती हैं। वास्तव में बिजली पैदा करने वाले अंग इसके शरीर के 80 प्रतिशत हिस्से में भरे होते हैं। इसके बाक़ी सारे अंग इसके शरीर के सामने वाले बचे हुए 20 प्रतिशत हिस्से में समाए रहते हैं।

इलेक्ट्रिक ईल समय-समय पर कम वोल्टेज वाले झटके छोड़ती है। इनका मक़सद शिकारियों से सामान्य सुरक्षा करना और संभावित शिकार का पता लगाना होता है। जब शिकार का पता-ठिकाना मिल जाता है, तो ईल सक्रिय हो जाती है और अपनी गतिविधियों को बढ़ा देती है। फिर यह अपने मुख्य अंग का इस्तेमाल करके ज़्यादा वोल्टेज वाला झटका मारती है, जिससे शिकार अचेत हो जाए। यह चंद मिनटों में हज़ारों झटके मार सकती है। शिकार के पंगु होने पर इलेक्ट्रिक ईल उसे खा लेती है। इलेक्ट्रिक ईल की रणनीति इतनी ही आसान होती है!

आपकी रणनीति क्या है? जिम रॉन की बात याद रखें, 'सफलता 20 प्रतिशत योग्यता और 80 प्रतिशत रणनीति है। हो सकता है आप जानते हों कि सफल कैसे होना है, लेकिन ज़्यादा अहम बात यह है कि सफल होने की आपकी योजना क्या है?' इसलिए अपनी रणनीति बनाएँ। अगर आप रणनीति बनाने में बहुत ही आलसी हों, तो माइकल लेबॉफ़ की बताई इस आम रणनीति को ही अपना लें, 'संतुष्ट ग्राहक सबसे अच्छी व्यावसायिक रणनीति है।'

## जब एक योजना नाकाम हो, तो दूसरी पर अमल करें

इलेक्ट्रिक ईल के शरीर पर गति-संवेदनशील बाल होते हैं, जिससे इसे शिकार में मदद मिलती है, क्योंकि ये आस-पास के पानी में दबाव के हल्के से परिवर्तन को भी पकड़ लेते हैं। जब किसी ईल को यह शक होता है कि कोई शिकार क़रीब है, तो यह आम तौर पर तेज़ झटका मारकर उसे पंगु कर देती है और खा जाती है। लेकिन इसके अंधेपन या गंदे पानी की वजह से कई बार इसे शिकार नहीं दिख पाता है। इस स्थिति में अगर यह उसे पंगु बना देगी, तो इसे कैसे पता चलेगा कि वह है कहाँ? यहाँ यह दूसरी योजना पर चलती है। यह बिजली का एक अलग झटका मारती है, जिससे शिकार छटपटाने लगता है। वास्तव में, यह बिजली के दो तेज़ झटके मारती है, जिसे डबलेट कहा जाता है। यह डबलेट शिकार की मांसपेशियों को प्रभावित करता है और वह नहीं चाहते हुए भी छटपटाने लगता है, जिससे इलेक्ट्रिक ईल को इसका ठिकाना पता चल जाता है। तब इलेक्ट्रिक ईल इसके क़रीब पहुँचती है और ज़ोरदार तेज़ झटके मारकर इसे पंगु बना देती है तथा खा जाती है। इलेक्ट्रिक ईल की मूल योजना शिकार को पूरी तरह से पंगु बनाना है; इसकी दूसरी योजना इसे छटपटाने पर मजबूर करना है। यह अपनी आवश्यकताओं के अनुरूप दोनों ही योजनाओं का इस्तेमाल करती है।

आपको वैकल्पिक योजना बनानी चाहिए या नहीं, यह थोड़ा विवादास्पद है। कुछ लोग सोचते हैं कि वैकल्पिक योजना बनाने की कोई ज़रूरत ही नहीं है, क्योंकि अगर आपके पास वैकल्पिक योजना होगी, तो आप अपनी पहली योजना के प्रति पूरी तरह से समर्पित नहीं होंगे। यानी आपको 'करो या मरो' की नीति पर चलना चाहिए और हमला करने से पहले अपने सारे जहाज़ जला देने चाहिए। मोकोकोमा मोखोनोआना इस नज़रिये का सार पेश करते हैं, 'सर्वश्रेष्ठ युद्ध वे लोग लड़ते हैं, जिनके पास कोई वैकल्पिक योजना नहीं होती।' दूसरी तरफ़, कुछ लोग मानते हैं कि वैकल्पिक योजना बनाना हानिकारक नहीं, बल्कि लाभदायक होता है। जैसा जेम्स यॉर्क ने कहा है, 'सबसे सफल लोग वे होते हैं, जो वैकल्पिक योजना बनाने में निपुण होते हैं।'

वैकल्पिक योजना बनाना ना सिर्फ़ ज़्यादा सुरक्षित है, बल्कि यह आपकी मूल योजना को सुदृढ़ भी बनाता है। इससे आप उन भावी बाधाओं और चुनौतियों के बारे में ज़्यादा कसकर सोचते हैं, जो आपकी मूल योजना को

गड़बड़ा सकती हैं। जब आप वैकल्पिक योजना बनाने के संदर्भ में सोचते हैं, तो आप ज़्यादा विस्तार से सोचते हैं। इसलिए जैसा आइजी विक्टोरिया ओडियाज़ ने सलाह दी है, 'हमारे पास हमेशा वैकल्पिक योजना होनी चाहिए, लेकिन साथ ही हमें मूल योजना पर इस तरह अमल करना चाहिए, मानो यही हमारा एकमात्र विकल्प है।'

## रोचक तथ्य

- वांडरबिल्ट का एक शोधकर्ता यह जानना चाहता था कि इलेक्ट्रिक ईल के हमले की सर्किट शक्ति कितनी होती है, इसलिए उसने अपनी खुद की बाँह पर एक छोटी इलेक्ट्रिक ईल का झटका झेला। ज़ाहिर है, उसे झटका तो लगा, लेकिन वह अपना अनुभव बताने के लिए ज़िंदा बच गया!

- इस बारे में शोध चल रहा है कि इलेक्ट्रिक ईल पूरी बिजली ख़त्म करने के बाद इसे दोबारा उत्पन्न कैसे करती है।

- ईल का शरीर विद्युतरोधक होता है, इसलिए इसे अपनी खुद की बिजली का झटका नहीं लगता है। बहरहाल, यदि ईल घायल हो, तो उस घाव में बिजली का झटका लग सकता है।

# 12

# सफलता के सबक़ : हाथी

## हमेशा याद रखें!

- हमेशा याद रखें!
- वह सुनें, जो कहा नहीं जा रहा है
- टीम बनाएँ
- मार्गदर्शक खोजें
- बार-बार कोशिश करें

'हाथी ना सिर्फ़ सबसे बड़ा, बल्कि सबसे बुद्धिमान जानवर भी है और यह हमारे सामने एक उत्कृष्ट मिसाल पेश करता है। यह अपनी पसंदीदा मादा के प्रति वफ़ादार और कोमल प्रेमी होता है, हर तीसरे साल ही मैथुन करता है और वह भी पाँच दिन से ज़्यादा नहीं और इतना छिपकर कि कभी दिखाई नहीं देता, फिर छठे दिन यह अपना पूरा शरीर नदी में धोने जाता है और जब तक इस तरह पवित्र नहीं हो जाता, तब तक अपने झुंड में नहीं लौटता है। ऐसी अच्छी और संयमित आदतें पति और पत्नी के लिए आदर्श मिसाल हैं।'

—सेंट फ्रांसिस डी सेल्स

ऊपर दिया गया उद्धरण हमें हाथी के बारे में जितना बताता है, उतना ही लेखक के बारे में भी बताता है, जो 17वीं सदी के रोमन कैथोलिक बिशप थे और स्पष्ट रूप से शारीरिक आनंद को हिक़ारत से देखते थे। व्यक्तिगत रूप से मुझे नहीं लगता कि हाथी इतना संयमित रहता होगा। बहरहाल, ऊपर दिए उद्धरण में यह बात ज़रूर सच है कि हाथी संसार में भूमि पर रहने वाला सबसे बड़ा जानवर है और इसका वज़न 6,000 किलो होता है तथा इसका क़द 3.2 मीटर होता है।

## हमेशा याद रखें!

हाथी की याददाश्त भी इसके जितनी ही बड़ी होती है। हाथी का मस्तिष्क इंसान के मस्तिष्क से 3-4 गुना ज़्यादा बड़ा होता है। वे कई दशक पुरानी घटनाओं, लोगों और दूसरे हाथियों को याद रख सकते हैं। उनकी उत्कृष्ट स्मृति उनकी बहुत मदद करती है, क्योंकि इसी की बदौलत उन्हें याद रहता है कि जंगल में कौन से रास्ते सुरक्षित हैं और कहाँ पर ख़तरा है और सूखा पड़ने पर पानी की तलाश में कहाँ जाना है। स्मृतियाँ अच्छे निर्णय लेने में

भी उनकी मदद करती हैं। यह कोई संयोग नहीं है कि हाथी के झुंड की मुखिया सबसे बुज़ुर्ग मादा होती है। स्मृति और अनुभव हाथियों के संसार में मायने रखते हैं।

हमें अपने अनुभव को नज़रअंदाज़ नहीं करना चाहिए। यह आपकी रक्षा करने में काफ़ी अहम भूमिका निभा सकता है। मान लें, आप कोई इलेक्ट्रॉनिक सामान ख़रीदना चाहते हैं। आपके अनुभव से आप जानते हैं कि ऑनलाइन वेबसाइटों पर भारी छूट मिलती है। लेकिन आपके एक मित्र का अनुभव यह था कि उसका मँगाया ऑनलाइन सामान रास्ते में थोड़ा क्षतिग्रस्त हो गया था और ऑनलाइन रिटेलर ने उसे बदलने से इंकार कर दिया था। जैसा आप देख सकते हैं, यहाँ समस्या है, क्योंकि अनुभव के सिक्के का एक पहलू तो संभावित लाभ बता रहा है, जबकि दूसरा पहलू संभावित नुक़सान दिखा रहा है। इसलिए आप ख़ुद के तथा मित्र के अनुभवों को ध्यान में रखते हुए मध्यम मार्ग चुनते हैं। आप नज़दीकी इलेक्ट्रॉनिक स्टोर जाते हैं और इसके सेल्स मैनेजर को ऑनलाइन भाव दिखाते हैं तथा उतने में ही सामान ख़रीदने की सौदेबाज़ी करते हैं। इस तरह आपको दोनों ही लाभ मिल जाते हैं : अच्छा भाव भी और अच्छा प्रॉडक्ट भी।

तो आपने देखा, अनुभव से मदद मिलती है; लाभ पाने के लिए आपको कई बार कल्पनाशील होना होता है। अनुभव एक और तरीक़े से भी आपकी मदद कर सकता है; यह दिखा सकता है कि आपके लिए अतीत में क्या कामयाब रहा था और क्या नहीं रहा था। यह दिखाता है कि आपकी शक्तियाँ क्या हैं और आपकी कमज़ोरियाँ क्या हैं। आप अतीत में कैसे सफल हुए, यह पता लगाएँ। यह एक बेहतरीन सबक़ है, क्योंकि आप इस अचूक तरीक़े का बारंबार इस्तेमाल कर सकते हैं। अतीत में सीखे सबक़ याद रखें और अपने भावी कार्यों में उनका इस्तेमाल करें। आप स्टीव माराबोली की तरह यह भी कह सकते हैं, 'मेरी ग़लतियाँ मेरी सबसे बड़ी मार्गदर्शक रही हैं।'

इसके अलावा आप दूसरों के अनुभवों से भी सीख सकते हैं। यदि आप कोई प्रॉडक्ट ख़रीदने वाले हैं, तो उस प्रॉडक्ट की समीक्षाओं को पढ़ना लाभकारी होता है। ऐमेज़ॉन की वेबसाइट इसके लिए बहुत उपयुक्त है, जहाँ आपको दूसरों के अनुभव का लाभ फोकट में मिल सकता है। दूसरों की

समीक्षाओं को पढ़कर आप अपनी ख़रीदारी के बारे में ज़्यादा समझदारी भरा निर्णय ले सकते हैं।

## वह सुनें, जो कहा नहीं जा रहा है

इंसान सही तरीक़े से नहीं सुनता है। हम बहुत कमज़ोर श्रोता होते हैं। हम इस क्षेत्र में हाथियों से बहुत कुछ सीख सकते हैं। हाथी संप्रेषण के लिए कई तरह की आवाज़ें निकालते हैं और चिंघाड़ना उनमें से केवल एक है। उनकी ज़्यादातर आवाज़ें इंसान की श्रवण शक्ति के दायरे से काफ़ी नीचे होती हैं। वे इंफ़्रासाउंड और बॉडी लैंग्वेज का इस्तेमाल करके एक दूसरे के साथ लगातार संवाद करते हैं।

हाथी सुनने के लिए ना सिर्फ़ अपने कानों का इस्तेमाल करते हैं, बल्कि वे आवाज़ें सुनने के लिए अपने पैरों का भी इस्तेमाल करते हैं। वे ज़मीन के कंपनों के ज़रिये दूसरे हाथियों के इंफ़्रासाउंड संदेशों को ग्रहण करते हैं। वे अपनी सूँड ज़मीन पर रखकर और अपने पैरों को सावधानी से जमाकर भी सुनते हैं। वैज्ञानिकों का मानना है कि संभावित जोड़े और सामाजिक समूह इसी तरह एक दूसरे से संवाद करते हैं। हाथियों की तरह ही आप भी अपने पास उपलब्ध संवाद साधनों का लाभ ले सकते हैं। आधुनिक संवाद साधन आपके नेटवर्क संबंधों को मज़बूत रख सकते हैं; ईमेल, ब्लॉग और सोशल नेटवर्किंग साधनों का समुचित इस्तेमाल करें।

हाथी स्पर्श के ज़रिये भी संवाद करते हैं। एक ही झुंड में रहने वाले हाथी एक दूसरे का अभिवादन करने के लिए अक्सर स्पर्श का इस्तेमाल करते हैं; वे या तो आपस में सूँड लपेट लेंगे या एक-दूसरे के शरीर पर दोस्ताना थपकी देंगे। अगर किसी हाथी का बच्चा शिकायत करता है, तो पूरा परिवार उसे छूकर लाड़ करता है। बॉडी लैंग्वेज बताती है कि आप परवाह करते हैं। क्या आपका बच्चा जानता है कि आप परवाह करते हैं? क्या आपके ग्राहक जानते हैं?

हम अपनी भावनाओं का इज़हार ज़्यादा बार करना सीख सकते हैं। आपने आख़िरी बार अपने जीवनसाथी या संतान को कब बताया था कि आप उनसे प्रेम करते हैं? आपने किसी ग्राहक या पड़ोसी को आख़िरी बार

कब बताया था कि वे आपके लिए महत्त्वपूर्ण हैं? लोगों को बताएँ कि आप उन्हें महत्त्व देते हैं, वे आपके लिए मायने रखते हैं और वे आपके दिन को तथा जीवन को बेहतर बनाते हैं। और फिर इसके सुखद बूमरैंग प्रभाव को देखें। जैसा टॉनी क्लार्क ने कहा है, 'आपके पास जो भी है, आप जहाँ भी हैं और इस पल आपके साथ जो भी है, उसकी क़द्र करें।'

## टीम बनाएँ

हाथी 90 साल तक जीते हैं और यह दुर्लभ है कि कोई हाथी अकेला रहता हो। वे झुंड में रहते हैं। हाथी टीम का महत्त्व जानते हैं। शोधकर्ताओं ने पाया है कि हाथी ज़रूरत के समय एक दूसरे की मदद करते हैं। जब भी कोई हाथी कष्ट में होता है, तो बाक़ी उसका उत्साह बढ़ाते हैं और वे मिलकर समस्याएँ सुलझाते हैं या मुश्किल में फँसे हाथी की सहायता करते हैं। उनके भीतर भी मनुष्य की तरह बहुत से जटिल भाव होते हैं, जैसे आनंद, दुख, प्रेम, क्रोध और करुणा। कई बार वे दूसरों की ख़ातिर अपनी जान जोखिम में डालते हैं और प्रियजनों की मौत पर सामूहिक शोक भी करते हैं। जैसा हेलन केलर ने कहा है, 'अकेले हम कितना कम कर सकते हैं, मिलकर हम कितना कुछ कर सकते हैं।'

हम भी सफलता की अपनी संभावनाओं को बढ़ा सकते हैं, यदि हम किसी बेहतरीन टीम के सदस्य बन जाएँ। किसी अच्छे कोच को खोजें और समान मानसिकता वाले लोगों के नेटवर्क से जुड़ जाएँ। जिम स्टोवाल कहते हैं, 'आपको इस बारे में जागरूक रहने की ज़रूरत है कि दूसरे क्या कर रहे हैं, उनके प्रयासों की प्रशंसा करने की ज़रूरत है, उनकी सफलताओं को मान्यता देने की ज़रूरत है और उनकी लक्ष्यों की दिशा में उन्हें प्रोत्साहित करने की ज़रूरत है। जब हम सभी एक-दूसरे की मदद करते हैं, तो हर एक की जीत होती है।'

## मार्गदर्शक खोजें

मनुष्यों की तरह ही हाथियों के मस्तिष्क में भी बड़ा कॉर्टेक्स होता है और वे बचाव की बहुत कम योग्यताओं के साथ पैदा होते हैं। इसलिए वे बचाव

के साधन सीखने के लिए अपने बुज़ुर्गों पर निर्भर होते हैं।

हम भी यहाँ हाथियों से सबक़ सीख सकते हैं। हमें भी अनुभवी मार्गदर्शकों पर निर्भर रहना चाहिए। अनुभव का मतलब है कि सामने वाला पहले ही वह कर चुका है, जो आप करना चाहते हैं, इसलिए उसे रास्ता मालूम है और वह आपका मार्गदर्शन इस तरह कर सकता है, ताकि आप राह में आने वाले गड्ढों से बच सकें और इस प्रक्रिया में सुरक्षित रह सकें। इसीलिए अनुभवी मार्गदर्शक अमूल्य होता है। जैसा जो जोन्स ने कहा है, 'बहुत सारे लोग ख़ुद पर दबाव डालते हैं और सोचते हैं कि उनके सपनों का जीवन जीना उनके लिए बेहद मुश्किल है। मार्गदर्शक वहाँ यह कहने के लिए होते हैं कि देखो, यह इतना मुश्किल भी नहीं है। यह उतना मुश्किल नहीं है, जितना आप सोच रहे हो। यहाँ कुछ दिशानिर्देश और नीतियाँ हैं, जिनसे गुज़रकर मैं वहाँ तक पहुँचा हूँ, जहाँ मैं अपने करियर में हूँ।'

## बार–बार कोशिश करें

क्या हो, अगर आप एक बार या दो बार या कई बार असफल हो जाएँ? हताश नहीं हों! बस अपनी रणनीति बदल लें और कोशिश करते रहें। अनुभव और विकास के साथ आप अंततः उस काम में सफल हो सकते हैं, जहाँ आप कभी असफल हुए थे। हाथी के बारे में एक कहानी है, जो हमें इस बारे में एक महत्त्वपूर्ण सबक़ सिखा सकती है।

छोटे हाथी का एक पैर एक खूँटे से बाँध दिया जाता है। चूँकि हाथी का बच्चा छोटा होता है, इसलिए उसे बाँधने के लिए एक पतली रस्सी ही काफ़ी होती है। हाथी का बच्चा ज़ोर लगाता है, कसकर खींचता है, बार-बार जूझता है, लेकिन रस्सी को तोड़ नहीं पाता, इसलिए यह हार मान लेता है। परिपक्व और शक्तिशाली होने के बाद भी यह रस्सी को दोबारा तोड़ने की कोशिश नहीं करता है। यह इसी भ्रम में रहता है कि वह पतली रस्सी उसे अब भी बाँधे रख सकती है।

हाथियों की तरह ही हममें से कितने सारे लोग जीवन में यह मिथ्या धारणा पाले रहते हैं कि हम कोई चीज़ नहीं कर सकते, क्योंकि हम उसे पहले कभी नहीं कर पाए थे? 'हाथी और रस्सी' वाली स्थिति का उदाहरण

देखें, 'हमने इसे करके देखा था, लेकिन यह कामयाब नहीं रहा।' तो क्या हुआ, हो सकता है इस दौरान स्थिति बदल गई हो, जैसी कि हाथी की कहानी में बदली थी। हमें सभी तरह की अदृश्य मानसिक रस्सियों को तोड़ देना चाहिए, जिनकी वजह से हम पीछे रुके हुए हैं। ग़ौर करें, आपके मामले में कौन-सी अदृश्य मानसिक रस्सियाँ आपको रोके हुए हैं, जिन्हें आप जब चाहे तोड़ सकते हैं, बशर्ते आप उनकी हक़ीक़त जान लें। जैसा हेनरी फ़ोर्ड ने कहा है, 'असफलता दोबारा शुरू करने का अवसर मात्र है, इस बार ज़्यादा बुद्धिमत्ता से।'

## रोचक तथ्य

- हाथी सहज बोध से मधुमक्खियों से डरते हैं। उन्हें मूँगफली पसंद नहीं है।

- संसार के सबसे महँगे कॉफ़ी ब्रांड्स में से एक ब्लैक आइवरी कॉफ़ी थाई हाथियों के पेट से गुज़ारकर बनाई जाती है, जिसकी बीन्स को उनकी लीद में से बीना जाता है।

- हाथी एकमात्र स्तनपायी है, जो कूद नहीं सकता। हर साल 12 अगस्त को विश्व हाथी दिवस मनाया जाता है।

# 13

# सफलता के सबक़ : ज़िराफ़

## अपनी पहुँच बढ़ाएँ!

- ऊँचे उठें
- दूसरों से आगे तक देखें
- सकारात्मक बनें
- लगातार नए संसाधन खोजते रहें
- आरामदेह दायरे से बाहर निकलें

—डॉली पार्टन

ज़िराफ़ ज़मीन पर रहने वाले सभी स्तनपायी जानवरों में सबसे लंबा होता है। यह काफ़ी ऊँचा तथा भव्य दिखता है। वयस्क ज़िराफ़ के पैर ही सामान्य इंसानों से लंबे होते हैं। नर ज़िराफ़ का क़द 17-18 फ़ुट और मादा ज़िराफ़ का क़द 14 फ़ुट होता है। ज़िराफ़ के शावक का क़द 6 फ़ुट होता है, यानी सामान्य इंसान से भी ज़्यादा। अब तक के सबसे ऊँचे ज़िराफ़ का रिकॉर्ड 22 फ़ुट का है! कोई हैरानी नहीं कि इतने लंबे जानवर का वज़न भी काफ़ी होगा - यह 1,900 किलो तक हो सकता है!

## ऊँचा उठें!

ज़िराफ़ स्वाभाविक रूप से लंबे होते हैं और अगर वे अपनी गर्दन तान लें, तो वे और भी लंबे दिखते हैं। वे ऊँचे उठने के लिए अपनी कुदरती विशेषताओं का फ़ायदा लेते हैं। चाहे हम अपनी गर्दन को कितना ही तान लें या खींच लें, हम कभी ज़िराफ़ जितने लंबे नहीं हो सकते, लेकिन हम अपनी पहुँच बढ़ा सकते हैं और अपने चुने हुए क्षेत्र में ऊपर उठ सकते हैं। हममें से प्रत्येक व्यक्ति को किसी न किसी तरह का लाभ या विशेष गुण मिला है; हमारा काम यह है कि हम इसे खोजें और इसका इस्तेमाल करें। हमें इस संबंध में जो एकमात्र प्रश्न पूछना चाहिए, वह यह है, 'हम अपने चुने हुए क्षेत्र में ऊपर कैसे उठ सकते हैं?'

सबसे पहले तो हमें अपनी योग्यता व रुचि के आधार पर अपने क्षेत्र को सावधानी से चुनना चाहिए। ज़िराफ़ शाकाहारी होता है और ज़्यादातर पत्तियाँ खाता है। इसलिए इसकी सफलता काफ़ी हद तक एक अच्छा क्षेत्र चुनने पर निर्भर करती है, जहाँ पेड़-पौधे खूब हों, ख़ास तौर

पर इसका प्रिय कीकर का पेड़। क्षेत्र चुनना हमारी सफलता के लिए बेहद महत्त्वपूर्ण हो सकता है। बिल गेट्स को ही देख लें!

जब बाक़ी सभी कंप्यूटर कंपनियाँ कंप्यूटर हार्डवेयर की तरफ़ भाग रही थीं, तब गेट्स ने सॉफ़्टवेयर व्यवसाय में छिपी भारी संभावना देख ली और उन्होंने इसे चुनकर इतिहास रच दिया। जैसा डॉ. रॉबर्ट शुलर हमसे पूछते हैं, 'आप क्या करने की कोशिश करेंगे, अगर आपको पता हो कि आप असफल नहीं हो सकते?' वही करें।

## दूसरों से आगे तक देखें

ज़िराफ़ पेड़ों के ऊपर से देख सकते हैं और यह क्षमता उनके बड़ी काम आती है। इससे उन्हें दूर से ही दिख जाता है कि उनकी तरफ़ कौन आ रहा है। शेर, तेंदुआ और लकड़बग्घा जैसे हिंसक पशु उन्हें दूर से ही दिख जाते हैं और ज़िराफ़ के पास उनसे बचकर दूर भागने का काफ़ी समय होता है। दूसरों से आगे तक देखने की क्षमता बहुत लाभकारी होती है, ज़िराफ़ के लिए भी और इंसान के लिए भी।

आप अपने क्षितिज पर कौन-से परिवर्तन देख सकते हैं? यदि आप बिक्री के क्षेत्र में हैं, तो क्या आपको पता है कि ग्राहक की पसंद किस तरह बदल रही है या किस तरफ़ झुक रही है? क्या आप देख सकते हैं कि कौन-सी चीज़ फ़ैशनेबल है और क्यों? मान लें कि आप न्यूट्रीशनल सप्लीमेंट्स बेचने के व्यवसाय में हैं। अगर आप इस बात पर ग़ौर करते हैं कि ग्राहक बाक़ी सप्लीमेंट्स के बजाय मल्टीविटामिन बहुत ज़्यादा ख़रीदते हैं, तो आप बाक़ी चीज़ें छोड़कर अपना पूरा ध्यान मल्टीविटामिन पर केंद्रित कर सकते हैं। इससे आप एकाग्र हो जाएँगे और आपकी ऊर्जा बाक़ी सप्लीमेंट्स का प्रचार करने में बरबाद नहीं होगी, जिनके बिकने की वैसे भी कम संभावना है।

80/20 के नियम का लाभ लें। वही 20 प्रतिशत गतिविधियाँ ज़्यादा करें, जिनसे आपको 80 प्रतिशत लाभ होता है। ज़िराफ़ की तरह अपने क्षितिज को देखते रहें कि कौन-सा परिवर्तन आपकी ओर आ रहा है। इससे आपको तैयारी का ज़्यादा समय मिल जाएगा। जैसा जॉन एफ़. केनेडी

ने कहा है, 'परिवर्तन जीवन का नियम है। और यह बात तय है कि जो लोग केवल अतीत या वर्तमान को ही देखते हैं, वे भविष्य को चूक जाएँगे।'

## सकारात्मक बनें

ज़िराफ़ बहुत सारी चीज़ों की शिकायत कर सकते हैं। उनकी गर्दन इतनी लंबी होती है कि वे सामान्य मुद्रा में पानी नहीं पी सकते और इसके लिए उन्हें बड़ी अजीब मुद्रा अपनानी होती है। अजीब मुद्रा में ख़तरा यह रहता है कि इसमें हिंसक जानवर ज़िराफ़ पर ज़्यादा आसानी से हमला कर सकते हैं और वे उस हमले पर तुरंत प्रतिक्रिया नहीं कर सकते। वे यह शिकायत भी कर सकते हैं कि उन्हें हर दिन 34 किलो भोजन चाहिए होता है और वह भी पत्तियाँ। वे यह शिकायत भी कर सकते हैं कि रेगिस्तान में 34 किलो पत्तियों की जुगाड़ करना काफ़ी मुश्किल काम होता है, जहाँ पेड़-पौधे कम होते हैं। वे यह शिकायत भी कर सकते हैं कि हर कौर में वे केवल कुछ पत्तियाँ ही खा सकते हैं। वे यह शिकायत भी कर सकते हैं कि उन्हें अपना पेट भरने के लिए बहुत पैदल चलना पड़ता है। वे यह शिकायत भी कर सकते हैं कि उनके प्रिय कीकर के पेड़ में काँटे होते हैं। लेकिन ज़िराफ़ जरा भी शिकायत नहीं करते। दरअसल देखा जाए, तो कोई भी जानवर शिकायत नहीं करता है। बस मनुष्य ही अकेला है, जो रोता रहता है कि उसे यह पत्नी क्यों मिली और वह क्यों नहीं मिली। ज़िराफ़ की तरह ही मनुष्यों को भी यह जान लेना चाहिए कि शिकायत करना समय की बरबादी है और इससे कभी कोई चीज़ बेहतर नहीं होती; इसलिए आपको जैसी भी पत्नी मिली है, उसी के साथ खुश रहें, क्योंकि भारत में पत्नी बदलना आसान नहीं है। जैसा माया एंजेलाउ ने कहा है, 'अगर आप कोई चीज़ पसंद नहीं करते हैं, तो उसे बदल दें। अगर आप उसे नहीं बदल सकते, तो अपना नज़रिया बदल लें। शिकायत नहीं करें।'

ज़िराफ़ काफ़ी सकारात्मक अंदाज़ में काम करते हैं। वे ख़ुद को ज़्यादातर जानवरों से ज़्यादा सौभाग्यशाली मानते हैं, क्योंकि लंबाई की वजह से उन्हें हमेशा पत्तियाँ मिल जाती हैं, जहाँ तक छोटे क़द वाले जानवर नहीं पहुँच सकते। वे इस बारे में भी शुक्रगुज़ार रहते हैं कि उनकी लंबी जीभ

की वजह से वे काँटों से बचते-बचाते हुए पत्तियाँ खा सकते हैं। ज़िराफ़ का नज़रिया भी उसकी तरह ऊँचा होता है।

देखिए, जीवन 50-50 प्रतिशत का मामला होता है। यह आधे गिलास की कहानी है और आपको अपना दृष्टिकोण चुनना होता है कि आप इसे आधा ख़ाली देखेंगे या आधा भरा देखेंगे। यह काफ़ी हद तक आपके नज़रिये पर निर्भर करता है। जब आप शिकायत करते हैं, तो आप नकारात्मक पर ध्यान केंद्रित कर रहे हैं और आप नकारात्मक विचार-तरंगें प्रेषित कर रहे हैं। यह ध्यान रखें कि नकारात्मक लोगों को सकारात्मक परिणाम नहीं मिलते हैं, क्योंकि वे अपने जीवन में नकारात्मक चीज़ों की तलाश करते हैं और उन्हीं पर ध्यान केंद्रित करते हैं। वे नकारात्मक चीज़ों पर इतने ज़्यादा केंद्रित रहते हैं कि वे अपनी स्थिति को बेहतर बनाने के लिए कोई सकारात्मक प्रयास करते ही नहीं हैं। जानवरों के संसार के हमारे अध्ययन से यह तथ्य रेखांकित होता है कि सभी जानवरों के पास कोई न कोई अनूठी योग्यता होती है, लेकिन कुछ निश्चित सीमाएँ भी होती हैं और यह हमारे मामले में भी सच है। हम भी योग्यताओं और सीमाओं का मिश्रण हैं। इसलिए हमारे नज़रिये और एकाग्रता पर बहुत कुछ निर्भर करता है। हम जिस पर भी ध्यान केंद्रित करते हैं, वह बढ़ता है। इसलिए सकारात्मक चीज़ों पर ध्यान केंद्रित करना ज़्यादा फ़ायदे का सौदा है। आपका ध्यान कहाँ पर केंद्रित है? अपनी योग्यताओं पर या अपनी सीमाओं पर? जैसा विक्टोरिया ओस्टीन ने कहा है, 'हमारे पास एक दिन में केवल निश्चित मात्रा में ही ऊर्जा होती है। अगर हम इसका इस्तेमाल ग़लत उद्देश्य से करते हैं, अगर हम नकारात्मक पर ध्यान केंद्रित करते हैं या उस चीज़ पर जो हमें चोट पहुँचाती है, तो हमारे पास सही उद्देश्यों के लिए आवश्यक ऊर्जा नहीं रहेगी।'

## लगातार नए संसाधनों की तलाश करें

हेराक्लिटस ने कहा है, 'परिवर्तन ही एकमात्र स्थायी चीज़ है।' और ज़िराफ़ यह बात जानते हैं। जब उन्हें इस बात का अहसास होता है कि उनके वर्तमान संसाधन ख़त्म हो गए हैं यानी उस इलाक़े के पेड़ों की पत्तियाँ ख़त्म हो गई हैं, तो वे ज़्यादा संसाधन-समृद्ध इलाक़ों की ओर बढ़ जाते हैं, जहाँ ज़्यादा पेड़ हों। सहज बोध की नीति! लेकिन इंसान एक अलग नीति अपनाते

हैं। वे उसी पुरानी जगह पर रुके रहते हैं और उम्मीद करते हैं कि चीज़ें किसी तरह से अपने आप बेहतर हो जाएँगी। यह निष्क्रिय और ख़राब नीति है। अतीत में अटके नहीं रहें; वर्तमान और भविष्य की सोचें। देखिए, यह ज़रूरी नहीं है कि अतीत में जिस चीज़ ने काम किया हो, वही भविष्य में भी काम करेगी। संसार तेज़ी से बदल रहा है। और कुछ प्रॉडक्ट्स तथा योग्यताएँ डायनासौर की तरह अचानक लुप्त हो सकती हैं। रिकॉर्ड प्लेयर या टेप रिकॉर्डर या वीडियो कैसेट प्लेयर याद हैं? वे सब जा चुके हैं! हमें अपने क्षेत्र में होने वाले परिवर्तनों पर पैनी नज़र रखनी चाहिए और यह निर्णय लेना चाहिए कि हम किन नए संसाधनों का लाभ ले सकते हैं। वैसे अगर आप इस क्षेत्र में असफल हो जाते हैं, तो धैर्य रखें और ख़ुद को नहीं कोसें। आप अकेले नहीं हैं; बिल गेट्स भी इंटरनेट की भारी संभावना को देखने में असफल रहे थे!

आप भविष्य के बारे में सप्ताह में कितनी बार सोचते हैं? आपने अपने जीवन और कामकाज में किस तरह का स्वप्न तय किया है? क्या आप ईमानदारी से यह बात कह सकते हैं कि आप ज़्यादा प्रोएक्टिव तरीक़े से नए संसाधनों की तलाश करते हैं? या फिर आप बस यह शिकायत करते हैं, 'मेरा चीज़ किसने हटाया?' क्या आपके सपने आपका आह्वान करते हैं या फिर आपका जीवन किसी बुरे सपने की तरह बन गया है? रैल्फ़ वाल्डो इमर्सन की सलाह पर चलें, 'अपने सपनों की दिशा में पूरे विश्वास से जाएँ।'

## आरामदेह दायरे से बाहर निकलें

ज़िराफ़ कभी स्कूल नहीं जाते हैं, लेकिन पैदा होते ही वे एक बहुत महत्त्वपूर्ण सबक़ सीख जाते हैं। मादा ज़िराफ़ खड़े होकर बच्चे को जन्म देती है, इसलिए शिशु को 6 फुट ऊपर से गिरना पड़ता है। यह एमनियोटिक थैली और गर्भनाल के टूटने के लिए ज़रूरी होता है। इसके अलावा, इससे शिशु पहली साँस लेने के लिए भी विवश होता है।

जब शिशु नीचे गिरता है, तो उसकी माँ अपने पैर से उसे हल्का धकाती है, ताकि यह खड़ा होकर चलने लगे। अगर शिशु फिर भी नहीं उठता है, तो माँ उसे पैर से धकेलती और लुढ़काती है, ताकि यह खड़ा

हो जाए। नतीजा यह होता है कि ज़िराफ़ के शिशु एक घंटे के भीतर पैदल चलने लगते हैं। लेकिन वे एक बहुत महत्त्वपूर्ण सबक़ सीख जाते हैं : आप चाहे कितनी भी कसकर गिरें, आपको दोबारा अपने पैरों पर खड़े होना होता है।

हमारे जीवन में भी माता ज़िराफ़ जैसे लोग होने चाहिए, जो हमें अपनी क्षमता तक पहुँचने के लिए धका सकें, जब हम डर रहे हों या असहज हों। और हम अपने बच्चों के मामले में भी ऐसा ही कर सकते हैं। माता ज़िराफ़ जानती है कि शेर और तेंदुए इसके शिशु को खाने के लिए तैयार बैठे हैं, इसलिए जब तक यह बाक़ी समूह के साथ दौड़ना नहीं सीख लेगा, तब तक इसके ज़िंदा बचने के आसार कम हैं। हमें भी ऐसे ही किसी व्यक्ति की तलाश करनी चाहिए, जो हमें अपने आरामदेह दायरे से बाहर निकालने के लिए ठोकर मारे और हमें याद दिलाए कि जीवित रहने तथा सफल होने के लिए हमें उठकर खड़े होना है और दौड़ना है। जैसा ऑगस्टा एफ़. कांट्रा ने कहा है, 'अनुशासन का मतलब दो चीज़ों के बीच चुनाव करना है : आप अभी क्या चाहते हैं और आप सबसे ज़्यादा क्या चाहते हैं।'

## रोचक तथ्य

- ज़िराफ़ के हृदय का वज़न लगभग 11 किलो होता है; यह भूमि पर रहने वाले किसी भी स्तनपायी से ज़्यादा बड़ा होता है। दूसरी तरफ़ इंसान के हृदय का वज़न केवल 200 से 450 ग्राम तक होता है।

- ज़िराफ़ की जीभ नीली-काली होती है, ताकि यह गर्म जलवायु में सनबर्न से बच सके।

- ज़िराफ़ अपने कैल्शियम की पूर्ति के लिए मृत जानवरों की हड्डियाँ चूसते हैं।

# 14

# सफलता के सबक़ : बगुला

## एकाग्रता और धैर्य सीखें!

- आदर्श अवसर का धैर्यपूर्वक इंतज़ार करें
- सफल होने के नए तरीक़े खोजें
- अवसर आने पर तेज़ी से सक्रिय हो जाएँ
- आत्मनिर्भर बनें
- मुँह में उतना ही भरें, जितना आप चबा सकें

—जेम्स जे. कॉर्बेट

बगुले ऐसे जलपक्षी हैं, जो तैर नहीं सकते। ये झीलों, नदियों और समुद्र के किनारे भोजन की ताक में रहते हैं। लेकिन वे प्राचीन काल से ही काफ़ी लोकप्रिय रहे हैं। ग्रीक पौराणिक कथाओं में बगुले को देवी-देवताओं का दूत बताया गया है, जिनमें एथेना और एफ़्रोडाइट शामिल हैं। चीन में बगुले को शक्ति, शुद्धता, धैर्य और दीर्घायु का प्रतीक माना जाता है। कुछ मूल अमेरिकी जनजातियाँ बगुले को बुद्धि का प्रतीक मानती हैं। इसलिए बगुला एक महत्त्वपूर्ण पक्षी है, जो हमें कुछ चीज़ें सिखा सकता है।

## आदर्श अवसर का धैर्यपूर्वक इंतज़ार करें

बगुला को मछली पसंद होती है और यह मछली पकड़ने में माहिर होता है। (इससे हम यह सीख सकते हैं कि हमें जो चीज़ पसंद होती है, हम उसमें जल्दी ही माहिर हो सकते हैं और वहाँ कोशिश करने से ज़्यादा फ़ायदा होता है।) बगुला धीरे-धीरे चलता है या पानी में लंबे समय तक स्थिर खड़ा रहता है और मछली को अपनी लंबी गर्दन और ब्लेड जितनी नुकीली चोंच के दायरे में आने देता है। फिर यह अपनी तीखी चोंच से तेज़ी से वार करता है और मछली को साबुत ही निगल जाता है।

रैल्फ़ वाल्डो इमर्सन ने लिखा है, 'प्रकृति की गति अपनाएँ : उसका रहस्य धैर्य है।' और बगुला धैर्य का प्रतीक है। इसने एक समय में केवल एक ही चीज़ पर ध्यान केंद्रित करने की शक्ति का रहस्य सीख लिया है। यह अपना पूरा ध्यान पानी के भीतर हो रही गतिविधि पर केंद्रित रखता है और

मछली की शिद्दत से तलाश करता है। यह इधर-उधर ज़्यादा नहीं देखता है, ना ही इधर-उधर के ख़यालों में अपना ध्यान भटकने देता है। यह पूरी एकाग्रता से अपने अवसर का इंतज़ार करता है।

बगुले की शिकार करने की सबसे आम तकनीक यह है कि यह उथले पानी में खड़ा रहता है या पानी के किनारे बैठा रहता है और शिकार के अपने दायरे में आने का इंतज़ार करता है। बगुला सटीकता से जानता है कि इसे कब सक्रिय होना है। यह जानता है कि अधिकतम लाभ लेने के लिए कब वार करना है। बगुला अपने शिकार की तलाश और इंतज़ार करता है। जीवन में आपको भी सही पल की तलाश करना चाहिए। अगर मछली जल्दी नहीं मिलती है, तो बगुला हार नहीं मानता है। इसके बजाय यह धैर्य रखता है। यह अपने लक्ष्य को हासिल करने के लिए संकल्पवान और दृढ़ होता है।

अगर आप बगुले जैसे हैं, तो आप तुरंत मनचाही चीज़ नहीं मिलने पर धैर्य नहीं खोते हैं। आप सही अवसर या मौक़े का इंतज़ार करते हैं। आपमें सटीकता की शक्ति भी होती है। आप प्रयास और ऊर्जा बरबाद नहीं करते हैं। याद रखें, यह निष्क्रिय क़िस्म का धैर्य नहीं होता है, जहाँ आप अवसर के अपने दरवाज़े पर आने या अपनी गोद में गिरने का इंतज़ार करते हैं। यह एक सक्रिय क़िस्म का धैर्य होता है, जहाँ आप पूरी तैयारी करने के बाद इंतज़ार करते हैं। आप आदर्श अवसर का सक्रियता से इंतज़ार करते हैं। सभी शिकारियों और मछुआरों को मजबूरन धैर्य का सबक़ सीखना पड़ता है और अगर आप सफल होना चाहते हैं, तो आपको भी यह सीख लेना चाहिए। सबसे पहले तो यह पता लगाएँ कि आप क्या चाहते हैं। फिर वह सब करें, जो आप इसे पाने के लिए कर सकते हैं और फिर इंतज़ार करें। यह शक्तिशाली प्रक्रिया पूरी प्रकृति में देखी जा सकती है। मार्गरेट थैचर बगुला मानसिकता का वर्णन कर रही थीं, जब उन्होंने कहा था, 'मैं असाधारण रूप से धैर्यवान रहती हूँ, बशर्ते अंत में मेरा लक्ष्य पूरा हो जाए।' बगुला भी यही करता है!

## सफल होने के नए तरीक़े खोजें

बगुले सिर्फ़ धैर्यपूर्वक इंतज़ार ही नहीं करते हैं, बल्कि वे अपनी सफलता की संभावना को बढ़ाने के लिए नई चीज़ें भी सीखते रहते हैं। वे प्रतिक्रियाशील होने के बजाय प्रोएक्टिव होते हैं। हरा बगुला ब्रेड के टुकड़े से मछलियों को ललचाता है और फिर उनका शिकार करता है। इसमें कोई संदेह नहीं कि बगुलों ने यह कला मछुआरों को देखकर सीखी होगी, जो ब्रेड को पानी में डालकर या अपने हुक में कीड़े लगाकर मछलियों को फँसाते हैं। बगुले यह भी समझ गए हैं कि उन जगहों पर ज़्यादा मछली रहती है, जहाँ इंसान नियमित रूप से बतखों को दाना डालते हैं - आम तौर पर ब्रेड। कुछ बगुले तो मछली पकड़ने के लिए बीज, कीड़े, फूल और पत्तियाँ पानी में डालते रहते हैं। सीखना इसी को कहते हैं। बगुले अगर इसी तरह सीखते रहे, तो इस बारे में कोई शक नहीं है कि वे काफ़ी दूर तक जा सकते हैं। यह कोई ऐसी चीज़ नहीं है, जो कुदरत ने उन्हें सिखाई है। यह तो ऐसी चीज़ है, जो उन्होंने ख़ुद सीखी है। उन्होंने सफलता की नई तकनीकें सीखकर अपना विकास किया है। हमें भी ऐसा ही करना चाहिए। जैसा सेठ रॉलिन्स कहते हैं, 'अगर आप सीख नहीं रहे हैं, तो आप स्थिर हैं। अगर आप स्थिर हैं, तो आप विकास नहीं कर रहे हैं और व्यवसाय तरक़्क़ी नहीं कर रहा है।'

निश्चित रूप से बगुले दीर्घकालीन विचारक होते हैं। उनके पास ब्रेड होती है, लेकिन वे उसे नहीं खाते हैं। वे तो इसका इस्तेमाल करके मछलियों को ललचाते हैं। इसी को हम छोटे निवेश पर बड़ा लाभ कहते हैं। वे विलंबित संतुष्टि के सिद्धांत के कारण सफल होते हैं, जो आज के त्वरित संतुष्टि के संसार में कम ही देखने को मिलता है। बगुले शेयर बाजार में काफ़ी सफल हो सकते हैं। वे जानते हैं कि इस संसार में मुफ़्त लंच जैसी कोई चीज़ नहीं होती (संभवतः गुरुद्वारों के लंगर को छोड़कर, जहाँ आपको सचमुच मुफ़्त लंच मिलता है और बेहद स्वादिष्ट भी) और अगर आप सफल होना चाहते हैं, तो आपको क़ीमत पहले चुकानी होती है।

आपकी इजाज़त से मैं आपको 'मुफ़्त लंच' के पीछे की कहानी बताना चाहूँगा। एक बार एक राजा ने अपने राज्य के विद्वानों से कहा कि वे युगों-युगों की बुद्धिमत्ता का सार लिखकर लाएँ। वे कई पुस्तकें लिख लाए। राजा ने उनसे कहा कि वे इसे और छोटा बनाएँ। इस तरह छोटा करते-करते

अंततः एक ही वाक्य बचा, जो युगों-युगों की बुद्धिमत्ता का सार था : 'मुफ़्त लंच जैसी कोई चीज़ नहीं होती।'

## जब अवसर आए, तो तेज़ी से सक्रिय हो जाएँ

बगुला दलदल और किनारों पर शिकार करते समय लंबे समय तक स्थिर बैठ सकता है। जब अवसर आता है, तो यह तेज़ी से अपनी एस आकार की गर्दन को झटके से आगे ले जाकर पुरस्कार को निगल लेता है। धैर्यवान बनें, लेकिन समय आने पर फुर्ती से काम करें। धैर्य रखना अच्छी बात है, लेकिन पुरस्कार को तुरंत जकड़ना और भी अच्छी बात है। अवसरों को भुनाने के लिए टाइमिंग महत्त्वपूर्ण होती है। बगुलों की दृष्टि काफ़ी अच्छी होती है और ये दिन हो या रात, कभी भी शिकार कर सकते हैं। अवसरों को जकड़ने के लिए 24 घंटे की दृष्टि विकसित करें। बगुला स्थिरता का प्रतीक है, जो अवसरों को पहचानने के लिए बेहद महत्त्वपूर्ण चीज़ होती है। और अवसर सामने आने पर यह तेज़ी से काम करता है। बगुला उस बात को सहज बोध से जानता है, जो एड्डी केनिसन ने कही थी, 'जब अवसर ख़ुद को पेश करे, तो इसे लपकने से नहीं डरें।'

बगुले हमें एक उपयोगी सबक़ सिखा सकते हैं : अपनी बैठक यानी सिटिंग बढ़ाएँ। अगर हम सफल होना चाहते हैं, तो दिन भर में 15 मिनट काम करने से हमें ज़्यादा लाभ नहीं होगा। अगर हम कोई महत्त्वपूर्ण परिणाम देखना चाहते हैं, तो हमें ज़्यादा लंबे समय तक लगातार काम करना चाहिए, जिस तरह बगुला करता है। अपने परिणामों को बढ़ाने के लिए अपने कामकाजी समय को बढ़ा लें। मान लें, आप दो घंटे में एक गुड़िया बनाते हैं, तो आप अपने आउटपुट को कैसे बढ़ा सकते हैं? आप या तो गुड़िया बनाने में लगने वाले समय को घटा सकते हैं (कार्यकुशलता) या फिर आप चार घंटे काम करके दो गुड़िया बना सकते हैं या फिर छह घंटे काम करके तीन गुड़िया बना सकते हैं (उत्पादकता)। ज़्यादा देर तक, मेहनत से और चतुराई से काम करें। यही प्रतिस्पर्धियों से आगे निकलने का तरीक़ा है। अगर आप अपने काम से प्रेम करते हैं और ज़्यादा लंबे समय तक किसी काम पर ध्यान केंद्रित करते हैं, तो आप लय की उत्कृष्ट अवस्था में पहुँच जाते हैं, जहाँ हर चीज़ आसान और प्रयास रहित लगने लगती है। जैसा

बरट्रैंड रसेल ने कहा है, 'लंबे समय तक एकाग्र रहने की योग्यता मुश्किल उपलब्धि के लिए अनिवार्य है।'

## आत्मनिर्भर बनें

बगुला प्रगति और विकास करने की योग्यता का प्रतीक है। बगुले के लंबे पतले पैर बताते हैं कि इंसान को स्थिर रहने के लिए भारी स्तंभों की ज़रूरत नहीं होती। आपको जो भी दिया गया है, वह आपको संबल देने के लिए काफ़ी है, बशर्ते आप इसका अच्छा इस्तेमाल करें। बगुले काफ़ी आत्मनिर्भर होते हैं और उनके चूज़े 50-80 दिन बाद स्वतंत्र जीवन जीने के लिए तैयार हो जाते हैं।

इंसान अपने बच्चों के प्रति इतने ज़्यादा सुरक्षात्मक हो जाते हैं कि उनके बच्चे कुछ सीख ही नहीं पाते। वे बचाव और विकास की कई रणनीतियाँ नहीं सीख पाते, जो उन्हें सीखनी चाहिए और जो बाद के जीवन में उनके बहुत काम आएँगी। बगुलों से सीखें और अपने बच्चों को सीखने का अवसर दें। जैसा गेवर टुली ने कहा है, 'जब हम ख़तरे के हर संभावित स्रोत से बच्चों की रक्षा करते हैं, तो हम उन्हें उस तरह के अनुभव लेने से भी रोकते हैं, जो उनकी आत्मनिर्भरता के अहसास को बढ़ाते हैं... जो आकलन करने और जोखिम को कम करने की उनकी योग्यता को बढ़ाते हैं... और जो उपलब्धि के उनके अहसास को बढ़ाते हैं।' हमें भी आत्मनिर्भर बनने की कोशिश करनी चाहिए और अपनी प्रगति की बागडोर अपने हाथों में थाम लेनी चाहिए। सौभाग्य से, सफलता के लिए आवश्यक ज़्यादातर चीज़ें सीखी जा सकती हैं, तो फिर देर किस बात की है, सीखना शुरू कर दें!

## मुँह में उतना ही भरें, जितना आप चबा सकें

पॉल होगन ने लिखा था, 'मेरी सफलता का रहस्य यह है कि मैं जितना चबा सकता था, मैंने उससे ज़्यादा अपने मुँह में भर लिया और जितनी तेज़ी से चबा सकता था, चबाता रहा।' यह सफलता का पॉल होगन का फ़ॉर्मूला हो सकता है, लेकिन यह बगुलों के मामले में घातक होता है। जैसा पहले

बताया जा चुका है, बगुले पानी में देखकर शिकार करते हैं और आम तौर पर मछली को साबुत ही निगल जाते हैं। लेकिन कई बार मछली का आकार उनकी उम्मीद से ज़्यादा बड़ा होता है। इसे ग़लत अनुमान कहें, लालच कह लें, अति आत्मविश्वास कह लें या तेज़ गति कह लें... कारण कुछ भी हो, अंतिम परिणाम यह होता है कि कई बार शिकार इतना बड़ा होता है कि बगुले के गले में अटक जाता है। बगुला आम तौर पर अकेला शिकार करता है, इसलिए आस-पास उसकी मदद करने के लिए कोई मित्र नहीं होता। जब ज़्यादा बड़ी मछली इसके लंबे एस आकार के गले में फँस जाती है, तो दम घुटने से इसकी मौत भी हो सकती है। दुर्भाग्यपूर्ण!

शायद बगुले भविष्य की विकासवादी प्रक्रिया में ज़्यादा समझदार हो जाएँगे या ऐसी स्थिति में अपनी सुरक्षा के लिए आस-पास मित्र रखेंगे। देखिए, बगुला काफ़ी समझदार पक्षी है, इसलिए हमें उम्मीद है कि यह अपनी ग़लतियों से सीख लेगा। इस दौरान हमें भी ध्यान रखना चाहिए कि कहीं हम लालच के वशीभूत होकर अपनी क्षमता से ज़्यादा बड़ा निवाला तो नहीं भर रहे हैं; कहीं हम ऐसे वादे तो नहीं कर रहे हैं, जिन्हें हम पूरा नहीं कर सकते; कहीं हम इतने सारे कामों की ज़िम्मेदारी तो नहीं ओढ़ रहे हैं, जिन्हें हम नहीं कर सकते। हमें अनावश्यक जल्दबाज़ी से भी बचना चाहिए, क्योंकि बगुले की तरह ही यह हमारे लिए भी घातक हो सकती है; यक़ीन नहीं हो, तो दुर्घटना के शिकार लोगों से पूछकर देख लें।

## रोचक तथ्य

- ऐसा माना जाता था कि पूर्णमासी को मारे गए बगुले की चर्बी से गठिया दूर हो जाता है।

- अफ़्रीका में यह माना जाता है कि बगुले देवताओं से संवाद करते हैं।

- 19वीं सदी में बगुलों के सुंदर पंखों की ख़ातिर उनका शिकार किया जाता था। महिलाएँ ये पंख अपने हैट में लगाती थीं, जिस वजह से बाद में यह प्रजाति लुप्त होने की कगार पर पहुँच गई।

$$\text{15}$$

# सफलता के सबक़ : घोड़ा

## सफलता के पीछे दौड़ें!

- सावधानी से विश्वास करें
- जोखिम तौलें
- बॉडी लैंग्वेज पढ़ना सीखें
- प्रतिबिंबन प्रभाव के बारे में जागरूक रहें
- आगे की तरफ़ ध्यान केंद्रित करें

'कुछ लोग घोड़े की तरह सिर्फ़ तभी काम करते हैं, जब बॉस उन पर सवार होता है।'

—गैब्रीन हीटर

तेज़ दौड़ने की क्षमता की वजह से घोड़ों को पालतू बनाया गया था। पहले पहल तो इंसान यात्रा के लिए उनका इस्तेमाल करता था, बाद में युद्ध में भी करने लगा। घुड़दौड़ का खेल काफ़ी पहले से चला आ रहा है और आज भी काफ़ी लोकप्रिय है। आइए देखते हैं कि हम 500 किलो के इस जानवर से कौन से सबक़ सीख सकते हैं, जिसने मानव जीवन में काफ़ी महत्त्वपूर्ण भूमिका निभाई है।

## सावधानी से विश्वास करें

घोड़े आसानी से विश्वास नहीं करते। आपको उनका विश्वास अर्जित करना होता है। उनके लिए सिर्फ़ शब्द मायने नहीं रखते हैं। घोड़े शब्दों को नहीं समझते हैं। वे हमारे लहज़े और गतिविधियों पर ही ध्यान देते हैं। हमें याद रखना चाहिए कि घोड़े शिकारी नहीं, बल्कि शिकार जानवरों की श्रेणी आते हैं, इसलिए वे आसानी से डर जाते हैं। इस वजह से किसी अजनबी घोड़े के ज़्यादा क़रीब नहीं जाएँ। वह बिदक सकता है और या तो दूर भाग सकता है या अपने मज़बूत पैरों से आपको लात मार सकता है। यदि कोई घोड़ा आपको अपने क़रीब आने देता है, तो इसका मतलब है कि यह आपको विश्वसनीय तथा जोखिम रहित मान रहा है, क्योंकि इसके बाद आप इसके साथ कुछ भी कर सकते हैं। घोड़ा स्वभाव से जल्दी विश्वास नहीं करता है। यह किसी पर विश्वास करने से पहले उसे परखता है। रोनाल्ड रीगन ने कहा था, 'विश्वास करें, लेकिन सत्यापित कर लें।' लेकिन घोड़ा रीगन के वाक्य के शब्दों को उलट देता है और सोचता है, 'पहले सत्यापित करें,

फिर विश्वास करें।' काफ़ी कुछ घड़ी डिटर्जेन्ट के विज्ञापन की तरह, 'पहले इस्तेमाल करें, फिर विश्वास करें।'

आज के संसार में हमें सावधानी से विश्वास करना चाहिए। शब्द सस्ते होते हैं; कोई भी कुशल वक्ता चिकनी-चुपड़ी बातें कर सकता है। हमें लोगों पर विश्वास करने से पहले उनकी जाँच करना चाहिए, चाहे वह स्टॉक मार्केट मैनेजर हो या हमारा मित्र। हमें उनके व्यवहार और कामों को सावधानी से देखना चाहिए; केवल हमारे साथ ही नहीं, बल्कि दूसरों के साथ भी। और फिर एकदम नहीं, बल्कि धीरे-धीरे विश्वास करना चाहिए।

और अधिकतम लाभ पाने के लिए ऊपर दी गई सलाह को उलट दें। याद रखें कि शुरुआत में आपके संभावित ग्राहक घोड़ों की तरह आपको शंका से देख सकते हैं। वे ख़ुद को शिकार और आपको शिकारी मान सकते हैं, जो उनका मेहनत से कमाया पैसा हड़पना चाहते हैं। अगर वे घोड़ों की तरह व्यवहार करें, तो समझदारी इसी में है कि आप घोड़ों के प्रशिक्षक की तकनीकें अपनाकर उनका विश्वास अर्जित करें। उन्हें अपनी आदत पड़ने दें। आपके संभावित ग्राहक भी एकदम नहीं, बल्कि धीरे-धीरे विश्वास करेंगे। विश्वास एक ऐसी चीज़ है, जिसके बनने में समय लगता है और ख़ुद को विश्वसनीय साबित करना आप पर निर्भर करता है। ख़ुद को विश्वसनीय साबित करने का सबसे अच्छा तरीक़ा यह है कि आप अपने वादे पूरे करें, वही करें जो आप कहते हैं, जब आप कहते हैं। अगर आपने कहा है कि आप प्रॉडक्ट कल शाम 6 बजे तक उनके पास पहुँचा देंगे, तो 6.15 नहीं होने दें। विश्वास के मामले में छोटी-छोटी चीज़ें काफ़ी महत्त्वपूर्ण होती हैं। इस मामले में अल्बर्ट आइंस्टाइन की सलाह को हमेशा याद रखें, 'जो भी छोटे मामलों में सत्य के साथ लापरवाह होता है, उस पर महत्त्वपूर्ण मामलों में भरोसा नहीं किया जा सकता।'

## जोखिम तौलें

यदि हम घोड़ों की सतर्कता को समझना चाहते हैं, तो हमें दिमाग़ में रखना होगा कि घोड़ों के पास कोई शारीरिक हथियार नहीं होता, जैसे गेंडे का सींग होता है या बाघ के पंजे होते हैं। इसीलिए वे लड़ने में नहीं, दौड़कर भागने में विश्वास करते हैं। वे आक्रामक नहीं, रक्षात्मक प्रकृति के होते हैं। प्रकृति

ने उन्हें इसी तरह से व्यवहार करने के लिए कंडीशन किया है। वे शिकारी नहीं, बल्कि शिकार जानवर की श्रेणी में आते हैं, इसीलिए वे हल्की-सी संदिग्ध आवाज़ या गतिविधि देखकर बिदक जाते हैं और भागने लगते हैं। उनकी निगाह बहुत पैनी होती है और उनकी आभास की क्षमता बहुत प्रबल होती है, जिससे उन्हें भागने में मदद मिलती है।

तीव्र और तुरंत प्रतिक्रिया करना घोड़ों के लिए बहुत ज़रूरी होता है। उनके लिए हर जोखिम की स्थिति जीवन या मरण वाला मामला होती है, इसलिए वे उससे दूर भागने में बहुत फुर्ती दिखाते हैं। उनके लिए सुरक्षा सर्वोपरि होती है। चूँकि घोड़े की आँखें इसके सिर के कोनों में होती हैं, इसलिए यह देख सकता है कि दोनों तरफ़ क्या हो रहा है, लेकिन इससे इसकी गहराई की अनुभूति ख़राब हो जाती है। इसीलिए घोड़े किसी नदी को पार करने में हिचकते हैं – जब तक कि उन्हें रास्ता नहीं मालूम हो या उन्हें अपने सवार पर भरोसा नहीं हो।

अप्रशिक्षित घोड़े जोखिम को तौलने के लिए नहीं रुकते हैं, लेकिन प्रशिक्षित घोड़े भारी जोखिम ले सकते हैं। देखिए, प्रशिक्षित घोड़ों का इस्तेमाल युद्ध में किया गया है, जहाँ उनकी जान हर पल जोखिम में रहती थी। हमें घोड़ों की इन दो विपरीत प्रवृत्तियों के बीच का मार्ग अपनाना चाहिए। बेहतर यही रहेगा कि हम स्थिति का विश्लेषण करें, सकारात्मक तथा नकारात्मक पहलुओं पर विचार करें और सुनियोजित जोखिम लें। जीवन में हम जोखिम लेने से नहीं बच सकते, लेकिन हमें इस बारे में सुनियोजित और विचारशील बनना चाहिए। जैसा जॉय मैंगानो ने कहा है, 'वास्तविकता की जाँच करने से नहीं डरें। जोखिम लेना अच्छा है, लेकिन आपको यथार्थवादी बनना चाहिए।'

## बॉडी लैंग्वेज पढ़ना सीखें

कई जानवरों की तरह घोड़ों को भी सामने वाले के डर का अहसास हो जाता है। अगर आप डरते हुए इसके क़रीब जाते हैं, तो यह अच्छी प्रतिक्रिया नहीं करेगा। आप घोड़े को चकमा नहीं दे सकते। आपकी प्रेमिका आपके दिल की भावनाएँ समझे नहीं समझे, घोड़ा ज़रूर समझता है। देखिए, ज्यादातर जानवरों की इंद्रियाँ काफ़ी पैनी होती हैं, इसलिए वे भाव-कंपनों या बॉडी लैंग्वेज के छिपे हुए संकेतों को पढ़ सकते हैं।

घोड़ा अपने मूड को व्यक्त करने के लिए अपने कानों, आँखों और नथुनों का इस्तेमाल करता है। यह चेहरे के भावों से भी अपनी भावनाएँ दर्शाता है। यदि यह आपके सामने सिर झुकाता है, तो यह समर्पण और विश्वास का संकेत है। लेकिन अगर इसका सिर ऊपर है, तो इससे पता चलता है कि यह सतर्क है और दौड़ लगाने के बारे में सोच रहा है। इसीलिए घोड़े के पास जाते समय तनाव रहित रहें।

इंसान भी एक दूसरे के बारे में काफ़ी कुछ जान सकते हैं, बशर्ते वे घोड़ों की तरह ध्यान देना सीख लें। देखिए, संप्रेषण के मामले में बॉडी लैंग्वेज शब्दों से ज़्यादा प्रभावी होती है। शब्दों से धोखा देना आसान होता है, जबकि नक़ली बॉडी लैंग्वेज का इस्तेमाल करना मुश्किल होता है। अगर आप बॉडी लैंग्वेज के संकेत पढ़ना सीख लें, तो आपको किसी व्यक्ति, उसके मूड, उसकी सच्ची भावनाओं और विचारों तथा शब्दों की सच्चाई पता चल जाती है। जारोड किन्टज़ इस संदर्भ में काफ़ी आगे तक जाते हुए कहते हैं, 'मैं अपने कान में इयरप्लग लगाकर ज़्यादा अच्छा सुनता हूँ, क्योंकि मैं देख सकता हूँ कि आपका शरीर दरअसल क्या कह रहा है।'

प्रेम प्रसंग हो या कारोबार, संवाद ही कुंजी है। और संवाद की कुंजी है सही सुनना और समझना। समस्या यह है कि आप तब तक अच्छी तरह सुन या समझ नहीं सकते, जब तक कि आपको बॉडी लैंग्वेज के संकेतों की जानकारी नहीं हो। इसलिए बॉडी लैंग्वेज पर कोई अच्छी पुस्तक पढ़ें और सामने वाले की बॉडी लैंग्वेज को अच्छी तरह देखें। ग्लेन विल्सन बॉडी लैंग्वेज के महत्त्व को रेखांकित करते हुए कहते हैं, 'जहाँ बॉडी लैंग्वेज कहे जानेवाले शब्दों के विरोध में होती है, वहाँ बॉडी लैंग्वेज सच्ची भावनाओं को उजागर करने के मामले में ज़्यादा "सच्ची" होगी।'

## प्रतिबिंबन प्रभाव के बारे में जागरूक रहें

प्रतिबिंबन बॉडी लैंग्वेज का संकेत है, जिससे आपकी रुचि प्रदर्शित होती है। इसमें आप सामने वाले के ग़ैर-शाब्दिक संकेतों की अवचेतन नक़ल करते हैं, जो उसके संकेतों का प्रतिबिंब होते हैं। बहरहाल, आप इसे चेतन रूप से भी कर सकते हैं, लेकिन इसके लिए आपको थोड़ा अभ्यास करना होगा।

और यह तालमेल बनाने की बहुत लाभकारी नीति हो सकती है। जब आप किसी की गतिविधियों का प्रतिबिंबन यानी नक़ल करते हैं, तो इससे आप दोनों के बीच ज़्यादा गहरा जुड़ाव और समझ बन जाती है, हालाँकि सामने वाले को यह पता भी नहीं चलता है कि आप प्रतिबिंबन कर रहे हैं। डेनियल एच. पिंक प्रतिबिंबन के महत्त्व पर ज़ोर देते हुए कहते हैं, 'इंसान स्वभाव से नक़लची होता है। आप सामने वाले की मुद्रा, हाव-भाव और शब्द चयन के बारे में जितने ज़्यादा चेतन होते हैं - और आप जितनी ज़्यादा सूक्ष्मता से उन्हें प्रतिबिंबित कर सकते हैं - आप उतनी ही ज़्यादा सटीकता से उसका दृष्टिकोण समझ जाएँगे।'

बॉडी लैंग्वेज के अलावा विचारों और भावनाओं जैसी चीज़ों का भी प्रतिबिंबन किया जा सकता है। कर्मचारी आम तौर पर अपने बॉस की भावनाओं को प्रतिबिंबित करते हैं। अगर बॉस को कंपनी की संभावनाओं पर विश्वास होता है, तो कर्मचारियों को भी होता है। यह विद्यार्थियों या बच्चों के मामले में भी सच है। घोड़ों के मामले में भी। घोड़े अपने सवार की भावनाओं को प्रतिबिंबित करते हैं, क्योंकि वे इंसान के चेहरे के भाव और दूसरे शारीरिक संकेत पकड़ लेते हैं। घोड़े तुरंत प्रतिक्रिया करते हैं। अगर कोई घोड़ा विचलित है, तो संभवतः आप भी विचलित होंगे। अगर आप डरे हुए हैं या नाराज़ हैं, तो घोड़ा भी अपने व्यवहार में इसे प्रतिबिंबित कर सकता है। संबंध देखा? जब आप अपनी पत्नी पर चिल्लाते हैं, तो वह भी पलटकर चिल्लाने लगती है। है ना? यह और कुछ नहीं, प्रतिबिंबन है। वह आपके सामने दर्पण रखती है और आप उसमें ख़ूबसूरत नजर नहीं आते हैं!

सूसन सी. यंग इस प्रतिबिंबन तकनीक का बख़ूबी इस्तेमाल करती हैं, 'प्रतिबिंबन करके और अपने ग्राहकों की तरह बोलकर व चलकर मैंने उन्हें सहजता तथा आसानी का जाना-पहचाना अहसास प्रदान किया, जिससे हमें मिलकर अच्छी तरह काम करने में मदद मिली। जब वे आगे झुके, तो मैं भी आगे की तरफ़ झुक गई। जब उन्होंने अपने हाथ सीने पर बाँधे, तो मैंने भी बाँध लिए। जब वे धीरे-धीरे बोलने लगे, तो मैं भी ऐसा ही करने लगी। ये सूक्ष्म कार्य ज़्यादा प्रभावी संवाद करने में हमारी मदद करते हैं।'

## आगे की तरफ़ ध्यान केंद्रित करें

जॉन कारमैक ने कहा है, 'एकाग्रचित्त, कड़ी मेहनत ही सफलता की असली कुंजी है। अपनी निगाह लक्ष्य पर रखें और इसे पूरा करने की दिशा में अगला क़दम उठाते रहें। अगर आपको पक्का नहीं है कि कोई चीज़ कैसे करना है, तो इसे दोनों तरीक़ों से कर दें और देखें कि कौन-सा तरीक़ा ज़्यादा कारगर होता है।'

घोड़े एकाग्रता के बारे में बहुत कुछ सीख सकते हैं और सिखा भी सकते हैं। आपने देखा होगा कि कई घोड़ों के हॉर्स ब्लाइंडर लगे रहते हैं, ताकि वे सीधे सामने देखें और पीछे या अगल-बग़ल में नहीं देख पाएँ। ये ब्लाइंडर इसलिए लगाए जाते हैं, ताकि वे अपने आस-पास के परिवेश की गतिविधियों से विचलित नहीं हों या दहशत में नहीं आएँ। उद्देश्य यह रहता है कि घोड़ा अपने काम पर पूरी तरह एकाग्रचित्त रहे।

अगर हम अपनी एकाग्रता को बढ़ाना चाहते हैं, तो हमें भी अपने लिए कुछ ब्लाइंडर ख़रीद लेने चाहिए। एक ब्लाइंडर इसलिए ताकि हम ज़्यादा बार वाट्सएप चेक नहीं करें। एक ब्लाइंडर इसलिए, ताकि हम हर 15 मिनट बाद फ़ेसबुक पर नहीं पहुँच जाएँ। एक ब्लाइंडर इसलिए, ताकि हम हर 5 मिनट बाद ईमेल चेक नहीं करें। पत्नियाँ ख़ास तौर पर अपने पतियों के लिए लव ब्लाइंडर ख़रीदना चाहेंगी, ताकि वे दूसरी सुंदर महिलाओं को नहीं ताड़ें, बल्कि पूरा ध्यान अपनी पत्नी पर ही केंद्रित करें। यह वाला ब्लाइंडर करोड़ों की तादाद में बिक सकता है। बनाकर तो देखो!

आपकी एकाग्रता अतीत पर नहीं होनी चाहिए; यह आगे की तरफ़ होनी चाहिए। आप बिना किसी भटकाव या दहशत के सामने वाले काम पर ध्यान केंद्रित करते हैं। आप अपने ग्राहक पर, अपने बिक्री लक्ष्य पर, अपने होम असाइनमेंट पर, अपने बजट पर ध्यान केंद्रित करते हैं! आगे की तरफ़ एकाग्रता सफलता सुनिश्चित करने का बेहतरीन तरीक़ा है, चाहे आप घोड़े हों या इंसान।

## रोचक तथ्य

- घोड़े पैदा होने के बाद कुछ ही घंटों में दौड़ सकते हैं। वे खड़े-खड़े भी सो सकते हैं।

- घोड़ों को मीठा स्वाद पसंद होता है और वे आम तौर पर कड़वी या खट्टी चीज़ें नहीं खाते हैं। घोड़ों को उल्टी नहीं होती। इसका मतलब है कि मीठा खाने से आपकी उल्टी की समस्या दूर हो सकती है।

- हल्दीघाटी में महाराणा प्रताप के बहादुर घोड़े चेतक का मंदिर है।

# सफलता के सबक़ : शेर

## अपने क्षेत्र पर हुकूमत करें

- अपने क्षेत्र में नंबर वन बनें
- साहसी और आत्मविश्वासी बनें
- प्रशिक्षण महत्त्वपूर्ण है
- ऐसे बोलें कि सब सुनें
- एकाग्रता रखें

शेर गर्व, साहस और शक्ति के प्रतीक हैं। इसीलिए कई देशों ने उन्हें अपने राष्ट्रीय प्रतीक के रूप में चुना है। हालाँकि शेर तेज़ गति से दौड़ने के लिए मशहूर नहीं हैं, लेकिन वे 81 कि.मी. प्रति घंटे की रफ़्तार से दौड़ सकते हैं। बहरहाल, कम स्टैमिना की वजह से ऐसा कुछ ही दूरी तक कर सकते हैं। (अगर आपका स्टैमिना कम है, तो चिंता नहीं करें; आप शेर की तरह हैं।) शेरों की रात की दृष्टि और सुनने की क्षमता उल्लेखनीय हैं। वे साहस और निडरता के लिए जाने जाते हैं।

अगर आप करियर और जीवन का बेहतर संतुलन देखना चाहते हों, तो शेरों की दिनचर्या को देख लें। लगता है शेरों ने टिमोथी फ़ेरिस की पुस्तक *4 अवर वर्कवीक* पढ़ ली है, इसलिए वे काम कम करते हैं और आराम ज़्यादा करते हैं (इससे आपको यह भी समझ में आता है कि आपका बॉस कम काम क्यों करता है; वह दरअसल शेरों के पदचिह्नों पर चल रहा है)। शेर हर दिन 16 से 20 घंटे तक आराम करते और सोते हैं। उनके शरीर में पसीने की स्वेद ग्रंथियाँ कम होती हैं, इसलिए वे दिन में आराम करके अपनी ऊर्जा को सुरक्षित रखते हैं और रात में ठंडक होने पर ज़्यादा सक्रिय होते हैं।

## अपने क्षेत्र में नंबर वन बनें

शेर को जंगल का राजा कहा जाता है। वह जंगल का सबसे दबंग जानवर होता है। वह निडर, शक्तिशाली और निर्भीक होता है। शेर के प्रतीक वाली सिंह राशि का संबंध भी नेतृत्व गुणों से माना जाता है। इसीलिए भारत में

गीदड़ क्लब के बजाय लॉयन्स क्लब है, जिसमें सभी क्षेत्रों के शीर्षस्थ लोग शामिल होते हैं। शेर राज करते हैं और अपने क्षेत्र में शिखर पर होते हैं।

हमारा क्षेत्र चाहे जो हो, हमें उसमें शेर बनने की कोशिश करनी चाहिए। नंबर वन बनें। कड़ी मेहनत करके, नई चीज़ें सीखकर, नेटवर्किंग करके, त्याग करके क़ीमत चुकाएँ और फिर शान से शिखर तक पहुँचें। जैसा यूनेराइन रमारू ने कहा है, 'कभी भी दूसरे लोगों की बातों में नहीं आएँ, जो आपको बताते हैं कि आप नंबर वन नहीं हैं, क्योंकि आप पैदा होने के लिए बहुत सारे शुक्राणुओं को हरा चुके हैं।' अगर आप वह करना सीख लेते हैं, जो कोई दूसरा नहीं कर सकता या उतनी अच्छी तरह नहीं कर सकता, जितनी अच्छी तरह आप कर सकते हैं, तो आप शर्तिया अपने करियर में शिखर पर पहुँच जाएँगे। पॉल कलानिधि नंबर वन बनने का रास्ता बताते हैं, 'नंबर वन बनना बहुत आसान है : उस व्यक्ति को खोजें, जो नंबर वन है और उससे एक पॉइंट ज़्यादा स्कोर कर लें।'

देखिए, शिखर पर हमेशा जगह रहती है और आप भी बुलंदी पर पहुँच सकते हैं, बशर्ते आप अपनी योग्यता के क्षेत्र में सिद्धहस्त बन जाएँ। लक्ष्य बनाएँ, योजनाएँ बनाएँ और लगन व मेहनत से योजनाओं पर अमल करें। सफल होने के लिए बस इतने की ही ज़रूरत होती है। और जैसा मात्शोना धलिवायो कहते हैं, 'नंबर वन से ज़्यादा बनने की कोशिश करें – आज तक का सबसे महान नंबर वन बनने की कोशिश करें।'

## साहसी और आत्मविश्वासी बनें

हमेशा साहसी और आत्मविश्वासी बनें; परिस्थितियों से कोई फ़र्क़ नहीं पड़ता। शेरों का झुंड जंगल के हर जानवर का शिकार करता है, क्योंकि वे शक्तिशाली होते हैं और आत्मविश्वासी भी। शेरों में कमाल का जज़्बा होता है। वे किसी जानवर से नहीं डरते हैं। यह निडरता, साहस और आत्मविश्वास उन्हें दूसरे जानवरों से अलग करता है। जैसा डॉ. माइल्स मुनरो ने कहा है, 'जब शेर ने एक हाथी देखा, तो उसे जोखिम नहीं, बल्कि लंच दिखा।' जंगल हो या आधुनिक सभ्यता, सब कुछ आत्मविश्वास, सकारात्मक नज़रिये और सकारात्मक सोच पर निर्भर करता है।

उद्यमियों को अक्सर साहसी निर्णय लेने होते हैं। जब जेफ़ बेज़ोस ने अपनी ऑनलाइन रिटेल वेबसाइट शुरू करने का निर्णय लिया, तो उन्होंने एक अच्छे वेतन वाली नौकरी छोड़ी, जो उस वक़्त बहुत बड़ा जोखिम था। उनकी उसी समय शादी हुई थी, इसलिए यह और भी ज़्यादा जोखिम भरा था। इतना ही नहीं, उन्हें पुस्तक व्यवसाय का कोई अनुभव नहीं था, ना ही संपर्क थे। लेकिन उन्होंने इन तमाम विपरीत परिस्थितियों के बावजूद साहसिक निर्णय लिया; शेर हमेशा ऐसा ही करते हैं। वे साहस के साथ वहाँ जाते हैं, जहाँ कोई दूसरा जाने की हिम्मत नहीं करता और इसीलिए वे प्रायः शिखर पर पहुँचने में कामयाब होते हैं। जैसा पब्लिलियस साइरस ने सदियों पहले कहा था, 'केवल साहसी ही शिखर तक पहुँचते हैं।'

## प्रशिक्षण महत्त्वपूर्ण है

जो शेर शिकार नहीं कर सकता, वह ज़्यादा समय तक ज़िंदा नहीं रह सकता। इसीलिए शेरनी अपने बच्चों को पालते समय उन्हें शिकार करने की कला सिखाती है, ताकि वे खुद के दम पर संसार में ज़िंदा रह सकें। वह अपने बच्चों को एक-दूसरे से लड़ने के लिए प्रोत्साहित करती है, ताकि वे शक्ति का महत्त्व समझें और ज़्यादा शक्तिशाली बनें (मनुष्य अपने बच्चों को लड़ने से रोकते हैं)। फिर वह उन्हें यह दिखाने ले जाती है कि वयस्क शेर किस तरह शिकार करते हैं, अपने शिकार को किन तकनीकों से पकड़ते हैं और कैसे खाते हैं। फिर वह अपने बच्चों के सामने एक घायल जानवर पटक देती है, ताकि वे उसकी गर्दन की नस काटना सीख सकें और जीवित जानवर पर अपनी योग्यताओं को आज़मा सकें। इतना अच्छा सैद्धांतिक और व्यावहारिक प्रशिक्षण मिलने के बाद इसमें कोई हैरानी नहीं होनी चाहिए कि शेर के बच्चे जल्दी ही कुशल शिकारी बन जाते हैं। और शेरनी अपने बच्चों को सब कुछ इसलिए सिखा पाती है, क्योंकि वह खुद इसमें पूरी तरह पारंगत होती है। देखिए, शेर अमूमन समूह में शिकार करते हैं और ९० प्रतिशत शिकार शेरनी ही करती है, जबकि शेर उसका अंगरक्षक होता है।

हमें अपने बच्चों और कर्मचारियों को भी इसी तरह प्रशिक्षित करना चाहिए। सैद्धांतिक प्रशिक्षण के साथ-साथ व्यावहारिक प्रशिक्षण भी दें। तकनीकें बताएँ। तकनीकें दिखाएँ। तकनीकों के अभ्यास का मौक़ा दें। सुधार

के तरीक़े बताएँ। आप इसे मार्गदर्शन या मॉडलिंग का तरीक़ा भी कह सकते हैं। अगली पीढ़ी के लीडरों को तैयार करना लीडर की ज़िम्मेदारी है। लीडर को अपने अधीनस्थों को अच्छे निर्णय लेने के लिए तैयार करना चाहिए। निर्णय लेना एक ऐसी योग्यता है, जिसमें समय लगता है और बहुत से अभ्यास की ज़रूरत होती है। माता-पिता को अपने बच्चों को सिखाना चाहिए कि वे ख़ुद के दम पर निर्णय कैसे लें। अभिभावकों की मुख्य भूमिका अपनी संतानों की उन योग्यताओं को बढ़ाना है, जिनकी ज़रूरत जीवन में सफल होने के लिए होती है। हमें यह ध्यान रखना चाहिए कि हम अपनी ही नहीं, बल्कि अगली पीढ़ी की सफलता के लिए भी ज़िम्मेदार हैं। चाहे हम मार्गदर्शन कर रहे हों या परवरिश, ई.एम. फ़ॉर्स्टर का यह उल्लेखनीय उद्धरण कभी नहीं भूलें, 'अगर आप लंबे समय तक किसी बच्चे को चम्मच से खिलाते रहते हैं, तो वह चम्मच के आकार के अलावा कुछ नहीं सीख पाता है।'

## ऐसा बोलें कि सब सुनें

जब शेर दहाड़ता है, तो हर कोई ध्यान देता है। और ऐसा क्यों नहीं हो? शेर की दहाड़ पाँच मील दूर तक सुनाई देती है। और यह सभी सुनने वालों को बहुत डरावनी लगती है। कई जानवर शेर से ज़्यादा बड़े या ज़्यादा ताक़तवर या ज़्यादा तेज़ होते हैं, लेकिन शेर को जो चीज़ सबसे ज़्यादा डरावना बनाती है, वह है उसकी आवाज़; इसकी आवाज़ इसका हस्ताक्षर है; इसकी आवाज़ इसकी प्रतिष्ठा है।

शेर जानता है कि इसकी दहाड़ की गूँज हर जगह इससे पहले पहुँचती है; इसीलिए यह साहस का प्रतीक है। इसी तरह आपको भी यह पता होना चाहिए कि आपकी प्रतिष्ठा या छवि भी हर जगह आपसे पहले पहुँचती है। अच्छी छवि बनाएँ, ताकि लोग आपके मुँह पर ही नहीं, बल्कि पीठ पीछे भी आपकी तारीफ़ करें। अगर आप सही छवि बनाएँगे, तो आपकी कामयाबी की संभावना बढ़ जाएगी। अपने विचार खुलकर अभिव्यक्त करें; अपनी आवाज़ बुलंद बनाएँ; प्रभावी संवाद करें। और अपनी प्रतिष्ठा को ब्रांड की तरह बनाने पर मेहनत करें, ताकि लोगों को यह पता चल सके कि आप नंबर वन हैं। जैसा एलिज़ाबेथ आर्डन कहती हैं, 'दोहराव से प्रतिष्ठा बनती है और प्रतिष्ठा से ग्राहक बनते हैं।'

## एकाग्रता रखें

जब कोई शेर शिकार करता है, तो यह अपने शिकार पर पूरा ध्यान केंद्रित रखता है। शेर अपने लक्ष्य को नहीं भूलता है। यह आत्मविश्वासी तो होता है, लेकिन अति आत्मविश्वासी नहीं होता। यह जानता है कि यदि इसके शिकार को शेर की योजनाओं की भनक लग गई, तो यह बहुत तेज़ी से भाग सकता है और शेर को चकमा दे सकता है। इसलिए यह दबे पाँव शिकार करता है और शिकार करते समय दहाड़ता नहीं है। शेर यह बात जानता है कि झुंड में हमला करते समय आक्रमण ही सर्वश्रेष्ठ नीति है, लेकिन अकेले में हमला करते समय ख़ामोश आक्रमण की नीति बेहतर है। जंगल में जब हमला तेज़ी से और ख़ामोशी से अचानक किया जाता है, तो शिकार पल भर के लिए किंकर्तव्यविमूढ़ हो जाता है। शेर उसी एक पल का फ़ायदा उठाकर शिकार को ढेर कर देता है। शेर काफ़ी बड़ा और भारी जानवर होता है, लेकिन यह ख़ामोशी और तेज़ गति का अच्छा इस्तेमाल करता है। इसे इस तथ्य से भी मदद मिलती है कि चलते समय इसकी एड़ियाँ ज़मीन को नहीं छूती हैं, इसलिए यह दबे पाँव चल सकता है।

हम भी इस मामले में शेर से सबक़ सीख सकते हैं। जब आप अपने लक्ष्य हासिल करना चाहते हैं, तो ज़्यादा बड़ी बातें नहीं करें, ज़्यादा आवाज़ें नहीं करें, अपना ध्यान भटकने नहीं दें। हर किसी को यह नहीं बताएँ कि आप क्या करने वाले हैं; पहले काम को कर दें और बाद में कहानी बताएँ कि आपने वह काम कैसे किया। जैसा हॉवर्ड बरमन ने कहा है, 'एकाग्रता बोलने पर नहीं होनी चाहिए। शब्द पाई के सौ मिलते हैं। एकाग्रता कर्म पर होनी चाहिए।' बस अपने लक्ष्य पर ध्यान केंद्रित करें। कभी अपने लक्ष्य को नहीं भूलें। कभी अपनी निगाह लक्ष्य पर से नहीं हटाएँ। एक चीज़ पर एकाग्रता रखें और सिर्फ़ एक ही चीज़ पर रखें - आपका लक्ष्य।

आपकी एकाग्रता अर्जुन की तरह होनी चाहिए। एक बार गुरु द्रोणाचार्य ने अपने शिष्यों की परीक्षा ली और उनसे चिड़िया की आँख पर निशाना लगाने को कहा। हर विद्यार्थी बारी-बारी से आया और गुरुजी ने उससे पूछा कि उसे क्या दिख रहा है। हर एक का जवाब एक जैसा था। उन्हें आसमान दिख रहा था, उन्हें पेड़, शाखाएँ, पत्तियाँ आदि दिख रहे थे। गुरुजी ने उनसे कहा कि उन्हें निशाना लगाने की कोई ज़रूरत नहीं है। अंत

में उन्होंने अर्जुन को बुलाया, जो उनका प्रिय शिष्य था। जब उन्होंने अर्जुन से भी वही सवाल पूछा, 'तुम्हें क्या दिख रहा है?' तो अर्जुन ने जवाब दिया, 'चिड़िया की आँख!' यही एकाग्रता है। दूसरे लोगों का ध्यान अपने लक्ष्य पर केंद्रित नहीं था, इसीलिए उन्हें आसमान, पेड़, शाखाएँ और पत्तियाँ दिख रही थीं, लेकिन अर्जुन को अपने लक्ष्य के सिवा कुछ नहीं दिख रहा था। इसीलिए अर्जुन ही उस परीक्षा में उत्तीर्ण होने वाले एकमात्र विद्यार्थी थे; बाक़ी किसी को तो निशाना लगाने का मौक़ा भी नहीं दिया गया।

## रोचक तथ्य

- शेरनियाँ समूह में 90 प्रतिशत शिकार करती हैं। शेर शेरनियों की 'रक्षा' करते हैं और इस एवज में वे सबसे पहले शिकार को खाते हैं।

- सामूहिक आक्रमण करने के बावजूद शेरों की सफलता की दर लगभग 50 प्रतिशत होती है, क्योंकि शेर छोटे शिकारों के चक्कर में नहीं पड़ते हैं; वे बड़े शिकार पर हमला करते हैं। देखिए, अगर जंगल का राजा हर बार नहीं जीत पाता है, तो आप कभी-कभार असफल होने पर क्यों निराश होते हैं?

- गर्भाधानकाल में शेर दो दिन में 100 बार तक एक ही शेरनी से मैथुन करता है, ताकि शेरनी का गर्भधारण करना सुनिश्चित हो जाए।

(17)

# सफलता के सबक़ : ऑक्टोपस

## शीघ्र निर्णय लें!

- बुद्धि महत्त्वपूर्ण होती है
- तुरंत निर्णय लें
- समस्याएँ सुलझाने में निपुण बनें
- नवाचार अनिवार्य है
- अनुकूलन ही कुंजी है

*'निर्णायकता उच्च प्रदर्शन करने वाले पुरुषों और महिलाओं का गुण है। लगभग कोई भी निर्णय अनिर्णय से बेहतर होता है।'*

—ब्रायन ट्रेसी

'उपयुक्ततम के बचाव' वाले संसार में बुद्धि जान बचाने या सफल होने में काफ़ी बड़ी भूमिका निभाती है। यह व्यावसायिक संसार में कंपनियों या प्रतिस्पर्धी क्षेत्रों में व्यक्तियों की सफलता में भी बड़ी भूमिका निभाती है। शायद ऑक्टोपस की भारी बुद्धि की वजह से ही हम हर साल 8 अक्टूबर को विश्व ऑक्टोपस दिवस मनाते हैं।

## बुद्धि महत्त्वपूर्ण होती है

इस संसार में सबसे बुद्धिमान जानवर कौन-सा है? आप कहेंगे, मनुष्य! ऑक्टोपस कहेगा, 'मनुष्य, तुम पक्षपात कर रहे हो।' और वह कुछ हद तक सही भी हो सकता है। देखिए, ऑक्टोपस बेहद बुद्धिमान होते हैं और उन्हें सबसे बुद्धिमान इनवर्टीब्रेट या अकशेरुकी जीव माना जाता है।

हमारे पास सिर्फ़ एक ही मस्तिष्क होता है, लेकिन क्या आप जानते हैं कि ऑक्टोपस के पास कितने मस्तिष्क होते हैं? इसके शरीर में नौ मस्तिष्क होते हैं। वैसे इसका मतलब यह नहीं है कि ऑक्टोपस मनुष्य से नौ गुना ज़्यादा बुद्धिमान होता है, लेकिन इससे इसे डींगें मारने का अधिकार तो मिल ही जाता है। नौ मस्तिष्क होने की वजह से ऑक्टोपस को काफ़ी सुविधा भी रहती होगी, क्योंकि यह अकेला ही विचारमंथन सत्र या मीटिंग आयोजित कर सकता है और इस काम के लिए इसे किसी दूसरे को आमंत्रित करने की ज़रूरत नहीं रहती!

ऑक्टोपस कई ऐसी चीज़ें कर सकता है, जो हम नहीं कर सकते। कभी अपना रंग बदलने की कोशिश की है? ऑक्टोपस फ़ेयरनेस क्रीम या

लोशन के बिना ही यह काम कर सकते हैं! कभी अपना आकार बदलने की कोशिश की है? ऑक्टोपस डाइट प्लान या हाई हील सैंडल के बिना ही यह काम कर सकते हैं! कभी अपनी त्वचा से स्वाद लेने की कोशिश की है? जब तक आप हरी मिर्च ही नहीं मलें, तब तक आप इस कोशिश में कामयाब नहीं हो सकते! ऑक्टोपस अपनी त्वचा से स्वाद ले सकता है और यह ऐसी क्षमता है, जो उन लोगों के लिए काफ़ी उपयोगी हो सकती है, जो स्वादिष्ट खाने के चक्कर में मोटे हो रहे हैं।

अगर आप त्वचा से स्वाद ले सकते, तो बटर पनीर हाथ में लेकर ही उसका स्वाद ले लेते और आपको उसे मुँह में डालने की ज़रूरत नहीं रहती और कैलोरी बढ़ने का ख़तरा भी नहीं रहता। जाहिर है, आपके पास ऑक्टोपस जैसा ज़हर नहीं होता और अपने शरीर को तोड़-मरोड़कर ख़ाली नारियल के खोल में भरने की क्षमता भी नहीं होती। मैं शर्त लगाता हूँ कि आप यह आख़िरी वाला करतब कभी भी नहीं कर सकते। कम से कम, जब तक आप ज़िंदा हैं; मरने के बाद आपकी राख़ ज़रूर एक लोटे में समा सकती है।

आश्चर्य की बात यह है कि ऑक्टोपस का जीन समूह लगभग इंसान जितना ही बड़ा होता है। ऑक्टोपस में 33,000 प्रोटीन-कोडिंग जीन्स होते हैं, जबकि मनुष्य में केवल 25,000 ही होते हैं। ऑक्टोपस में सभी इनवर्टीब्रेट्स और कई वर्टीब्रेट्स की तुलना में मस्तिष्क-शरीर का ज़्यादा ऊँचा मास रेशो भी होता है। उनके मस्तिष्क और बाँहों में 50 करोड़ न्यूरॉन्स होते हैं, जिनसे वे काफ़ी तेज़ी से सीख सकते हैं और समस्याएँ सुलझा सकते हैं।

ऑक्टोपस हमें यह भी सिखा सकते हैं कि हमें अपनी बुद्धि का ज़्यादा बार और ज़्यादा सुनियोजित इस्तेमाल करना चाहिए। बात यह नहीं है कि हममें बुद्धि की कमी है; बात तो यह है कि हम इसका ज़्यादा इस्तेमाल नहीं करते हैं। ऑक्टोपस की तरह ही हमें भी अपने निर्णय लेने की प्रक्रिया को तीव्र करना चाहिए। हमें अपनी समस्या सुलझाने की योग्यताओं को भी बढ़ाना चाहिए। देखिए, बाक़ी सारे जानवर अपनी बुद्धि से अपनी समस्याओं को दूर करते हैं। सिर्फ़ मनुष्य ही शायद एकमात्र जानवर है, जो अपनी बुद्धि का इस्तेमाल करके अपनी ही राह में बाधाएँ खड़ी करता है। वह ना सिर्फ़ दूसरों के लिए समस्याएँ खड़ी करता है, बल्कि खुद के लिए भी खड़ी करता

है। और पोगो हमारी समस्याओं की जड़ को एकदम सही तरीक़े से पहचान लेता है, 'हमें दुश्मन मिल गया है और वह हम खुद हैं।'

## तुरंत निर्णय लें

हम सभी हर दिन निर्णय लेते हैं और हमारे निर्णय ही हमारी सफलता या असफलता को तय करते हैं। कई बार हम महत्त्वपूर्ण निर्णय लेते समय हिचकिचाते हैं और काफ़ी लंबा सोच-विचार करते हैं। हम इस बात से घबराते हैं कि कहीं हमारा निर्णय ग़लत नहीं हो जाए और इस चक्कर में हम कोई निर्णय ही नहीं ले पाते। यह ढील ढाल या अनिर्णय शेक्सपियर के हैमलेट की तरह हमें भी डुबा देता है। ऑक्टोपस पलक झपकते निर्णय ले सकते हैं और कारण स्पष्ट है : उनके पास नौ मस्तिष्क होते हैं। उनकी हर बाँह के साथ एक मस्तिष्क जुड़ा होता है, इसलिए हर बाँह अपने दम पर त्वरित निर्णय ले सकती है। उनकी बाँहों में दो-तिहाई न्यूरॉन होते हैं, इसलिए वे मुख्य मस्तिष्क को शामिल किए बिना गति संबंधी निर्णय ले सकते हैं। उनकी बाँहें सीधे उनके मस्तिष्क से संवाद नहीं करती हैं, बल्कि अपने साथ जुड़े गौण मस्तिष्क का इस्तेमाल करती है, जिससे वे अपने वातावरण या परिवेश पर तीव्र प्रतिक्रिया कर सकती हैं। और तीव्रता जानवरों के संसार में बहुत मायने रखती है। जैसा अली बैबेकन ने कहा है, 'छोटी मछली को बड़ी मछली नहीं, बल्कि तेज़ मछली खाती है।'

इसलिए तुरंत निर्णय लेना सीखें। जैसा जेम्स ई. फ़ॉस्ट ने लिखा है, 'हमारे कुछ महत्त्वपूर्ण विकल्पों की एक समय सीमा होती है। यदि हम निर्णय लेने में देर करते हैं, तो अवसर हमेशा के लिए चला जाता है। कई बार तो अपनी शंकाओं की वजह से हम ऐसा विकल्प नहीं चुन पाते, जिसमें परिवर्तन शामिल होता है। इस तरह हम अवसर चूक सकते हैं।' तो कभी भी अपने अवसर की बस नहीं छोड़ें; रात काफ़ी हो चुकी है और अवसर की यह बस शायद वह आख़िरी बस हो, जो आपको आपकी मंज़िल तक पहुँचा सकती है।

## समस्याएँ सुलझाने में निपुण बनें

समस्याएँ किसके पास नहीं हैं? ऑक्टोपस हों या इंसान, हम सभी उनके बोझ तले दबे रहते हैं। मनुष्य की ही तरह ऑक्टोपस भी समस्याओं को सुलझाने में निपुण होते हैं; शायद वे हमसे थोड़े बेहतर होते हैं। वे अपनी जटिल समस्याओं के सरल समाधान खोज सकते हैं। वे पज़ल्स भी सुलझा सकते हैं। एक बार न्यू इंग्लैंड के एक्वेरियम ने कई ऑक्टोपसों को एक रोचक चुनौती दी। उन्हें तीन प्लेक्सिग्लास के बॉक्स खोलने थे, जो एक के भीतर एक रखे गए थे और हर एक में एक अलग ताला लगा था। लक्ष्य सबसे अंदर के बॉक्स में रखे एक केंकड़े तक पहुँचना था। हर ऑक्टोपस ने यह करने का तरीक़ा खोज लिया। ऑक्टोपस जार भी खोल सकते हैं - और कई बार तो उसे दोबारा बंद भी कर सकते हैं। वे भुलभुलैया में राह खोजने में माहिर होते हैं। समाधानों तथा दिशाओं की उनकी अल्पकालीन स्मृति बेहतरीन होती है। जैसा जॉर्ज लुइस ने कहा है, 'सृजनात्मकता लगभग किसी भी समस्या को सुलझा सकती है। सृजनात्मक कार्य और मौलिकता से आदत को हराकर आप हर चीज़ से उबर सकते हैं।'

हमारी सारी समस्याएँ सुलझाई जा सकती हैं। यदि कोई समस्या ख़ास तौर पर बड़ी है, तो इसे टुकड़ों में तोड़ लें और एक बार में एक हिस्सा हल करें, जैसे जिगसॉ पज़ल को करते हैं। समस्या पर लंबे समय तक विचार करें, क्योंकि जैसा मशहूर विचारक वॉल्टेयर ने कहा है, 'कोई भी समस्या सतत सोच-विचार के हमले को नहीं झेल सकती।'

हैरॉल्ड वैलेस रॉस ने कहा है, 'काम करते समय सोचें, क्योंकि अंतिम विश्लेषण में आपकी कंपनी के लिए आपका मूल्य केवल समस्याएँ सुलझाने में ही नहीं, बल्कि उन्हें पहले से भाँपने में भी निहित है।' आपकी आमदनी भी आपकी समस्या सुलझाने की योग्यता पर निर्भर करती है। अगर आपके पास कोई समस्या नहीं है, तो इसका मतलब है कि आप खेल से बाहर हो चुके हैं और पेंशन के सिवा कुछ नहीं कमा रहे हैं। लोग आपको उनकी समस्याएँ सुलझाने के लिए पैसे देते हैं... आपकी समस्याएँ सुलझाने के लिए नहीं देते। मेरे सेल्समैन मित्रों को इस आख़िरी वाक्य पर ज़रूर ध्यान देना चाहिए। यह उनके लिए इतना महत्त्वपूर्ण है कि मैं इसे दोबारा बताना चाहूँगा। लोग

आपको उनकी समस्याएँ सुलझाने के लिए पैसे देते हैं... आपकी समस्याएँ सुलझाने के लिए नहीं देते।

आप जितनी बड़ी समस्याएँ सुलझाएँगे, पुरस्कार भी उतने ही बड़े मिलेंगे। और ग्राहकों को यह बहुत पसंद आएगा और वे इसे याद रखेंगे और दूसरों को भी बताएँगे कि आप कितने जानकार आदमी हैं और आप कितनी बड़ी समस्याओं को चुटकियों में सुलझा सकते हैं। मुफ़्त मौखिक प्रचार छपे हुए विज्ञापनों से हज़ार गुना ज़्यादा असरदार होता है। इसलिए अपने क्षेत्र में समस्या सुलझाने की योग्यता बढ़ाएँ; नए तरीक़े सीखें, नई जानकारी खोजें, अपने ज्ञान को अद्यतन करें और ख़ुद को प्रोत्साहित करते रहें (और हाँ, साथ में एम हॉरमोन लेने की याद भी रखें, जिसका ज़िक्र हमने चींटी वाले अध्याय में किया था)।


## नवाचार अनिवार्य है

टॉम फ्रेस्टन ने नवाचार की परिभाषा देते हुए कहा है, 'नवाचार का मतलब है पहले से मौजूद चीज़ों को किसी नए तरीक़े से एक साथ रखना।' ऑक्टोपस चतुर नवाचारी होते हैं। वे उपलब्ध संसाधनों का इस्तेमाल करने के नए-नए तरीक़े खोजने में जुटे रहते हैं। अगर उन्हें कोई नई चीज़ मिलती है, तो वे यह सोचने लगते हैं, 'मैं इसका उपयोग करके कैसे लाभ ले सकता हूँ?'

शुरुआती इंसानों की तरह ही ऑक्टोपसों ने औज़ार बनाने और उनका उपयोग करने की योग्यताएँ दिखाई हैं। वे ख़ाली नारियल के खोल का इस्तेमाल करने में माहिर होते हैं। इंडोनेशिया में पर्यटक नावों से बहुत सारे नारियल के खोल फेंकते हैं और वहाँ रहने वाले ऑक्टोपस उनका अनूठा इस्तेमाल करते हैं। वे दोनों आधे हिस्सों को जोड़कर अपने लिए एक गोलाकार जिरहबख़्तर बना लेते हैं। वे दूसरे शिकारियों से ख़ुद को सुरक्षित रखने के लिए जारों का इस्तेमाल भी करते हैं। हम पहले ही बता चुके हैं कि वे ख़ुद को संतरे जितनी छोटी जगह में भर सकते हैं (अगर आख़िरी वाक्य आपने चुपचाप पढ़ लिया है, तो इसका मतलब है कि आप ध्यान से नहीं पढ़ रहे हैं; मैंने अब तक यह बताया ही नहीं है कि ऑक्टोपस ख़ुद को संतरे जितनी छोटी जगह में भर सकते हैं)।

जब भी ऑक्टोपस कोई चीज़ देखता है, यह तुरंत इसकी उपयोगिता के बारे में सोचने लग जाता है। यह हमेशा यह प्रश्न पूछता रहता है, 'इसमें मेरे लिए क्या है?' और यह प्रश्न इसके अवसरवादी नवाचार को प्रेरित कर देता है। विलियम पोलार्ड के शब्द बहुत सच हैं, 'सीखना और नवाचार साथ-साथ चलते हैं। सफलता का घमंड यह सोचना है कि आपने बीते हुए कल में जो किया था, वह आने वाले कल के लिए भी पर्याप्त होगा।' वर्तमान युग परिवर्तन का युग है और परिवर्तन इतनी तेज़ी से हो रहे हैं कि नवाचार और अनुकूलन सतत सफलता की कुंजियाँ बन चुकी हैं।

## अनुकूलन ही कुंजी है

चार्ल्स डार्विन ने कहा था, 'प्रजाति का सबसे शक्तिशाली जीव ज़िंदा नहीं बचता, ना ही सबसे बुद्धिमान बचता है। बचता वही है, जो परिवर्तन के प्रति सबसे ज़्यादा अनुकूलनशील होता है।' ऑक्टोपस बहुत अनुकूलनशील प्राणी है और यह निश्चित रूप से परिवर्तन पर सबसे तीव्र प्रतिक्रिया करता है। यह बियर की ख़ाली बोतल में ख़ुद को भरकर अस्थायी निवास बना सकता है। यह रंग बदल सकता है और ख़तरे से बचने के लिए स्याही का बादल छोड़ सकता है, ताकि हमलावर का ध्यान भटक जाए और यह चुपके से बचकर निकल जाए। ऑक्टोपस की त्वचा में लाखों कोशिकाएँ होती हैं, जो परिवेश पर प्रतिक्रिया करती हैं और तुरंत आकार व रंग बदलकर अपने परिवेश के हूबहू समान हो जाती हैं (अगर आपको गिरगिट की याद आ गई हो, तो बधाई! आप पुस्तक को ध्यान से पढ़ रहे हैं और सोच-विचार भी कर रहे हैं)। जैसा जॉन वुडन ने कहा है, 'अनुकूलनशीलता किसी भी समय किसी भी स्थिति से तालमेल बैठाने की योग्यता है।'

हम ऑक्टोपस की अनुकूलनशीलता से काफ़ी कुछ सीख सकते हैं। ऑक्टोपस में छल-कपट की योग्यताएँ बाक़ी जीवों से ज़्यादा होती हैं। रोबोट विशेषज्ञ तथा कृत्रिम बुद्धि के इंजीनियर ऑक्टोपस की लचीली और बुद्धि संपन्न बाँहों का अध्ययन कर रहे हैं और उनके अंग संचालन के रहस्य जानने की कोशिश कर रहे हैं। वे सही दिशा में जा रहे हैं, क्योंकि ऑक्टोपस मनुष्य को बहुत कुछ सिखा सकता है। ऑक्टोपस अपने तीन हृदयों, नौ

मस्तिष्कों और आठ बाँहों का इस्तेमाल करके मल्टी-टास्किंग कर सकता है, जो आप और मैं नहीं कर सकते।

ऑक्टोपस की चतुराई के बारे में कई कहानियाँ हैं, जो हमें बताती हैं कि शायद हमें बुद्धि के क्षेत्र में अपनी टक्कर का जीव मिल गया है। 100 साल पुराना एक क़िस्सा काफ़ी मशहूर है। यह अजीबोग़रीब वाक़या ब्राइटन एक्वेरियम, इंग्लैंड में हुआ। वहाँ एक टैंक में ऑक्टोपस रहता था। रात को यह अपने टैंक से बाहर निकलता था, जब कोई नहीं देख रहा होता था, चुपचाप अगले टैंक तक जाता था, जुगाड़ करके उसके अंदर जाता था, एक लम्पफ़िश खा लेता था और फिर अपने ख़ुद के टैंक में वापस लौट आता था, तथा वहाँ अगली सुबह इस तरह बैठा रहता था, मानो कुछ हुआ ही नहीं हो। जब एक्वेरियम की कई मछलियाँ इस तरह अचानक रातोंरात ग़ायब हो गईं, तब कहीं जाकर अधिकारियों को समझ में आया कि क्या हो रहा था और ज़िम्मेदार कौन था। देखिए, मैंने आपको शुरुआत ही में बता दिया था कि ऑक्टोपस बुद्धिमान होते हैं; और यह शायद अपनी बुद्धि को और ज़्यादा बढ़ाने के लिए मछली खा रहा था। शायद यह जानता है कि मछली में ओमेगा-3 और प्रोटीन के साथ-साथ एक-दो और महत्त्वपूर्ण तत्व होते हैं, जिनके बारे में हम इंसान अब तक नहीं जान पाए हैं।

## रोचक तथ्य

- ऑक्टोपस के शरीर में हड्डी नहीं होती।

- ऑक्टोपस के नौ मस्तिष्क होते हैं - एक केंद्रीय मस्तिष्क और आठ बाँहों में से प्रत्येक बाँह के मूल में एक-एक मस्तिष्क।

- ऑक्टोपस के तीन हृदय होते हैं, दो ख़ून को गिलों तक पहुँचाने के लिए और तीसरा इसके अंगों तक रक्तसंचार करने के लिए।

# 18

# सफलता के सबक़ : शुतुरमुर्ग

## अपना सिर रेत में दफ़न नहीं करें!

- अपना सिर रेत में दफ़न नहीं करें
- अपनी गोपनीय शक्ति का उपयोग करें
- अपनी संपत्तियों के बारे में जागरूक बनें
- आप कम दिमाग़ के बावजूद ज़िंदा रह सकते हैं
- अपनी समस्याओं के अनूठे समाधान खोजें

'हम सब शुतुरमुर्ग हैं और पूरा संसार रेत है।'

—जिम बुचर

शुतुरमुर्ग संसार का सबसे बड़ा पक्षी है। इसकी ऊँचाई 9 फुट तक हो सकती है और इसका वज़न 150 किलो से ज़्यादा हो सकता है। इसकी आयु 30-40 वर्ष होती है। यह उड़ भले नहीं सकता हो, लेकिन होता फुर्तीला है। यह चीते को छोड़कर ज़मीन पर रहने वाले किसी भी जानवर से ज़्यादा तेज़ दौड़ सकता है। इसलिए यह निश्चित रूप से हमें सफलता के कुछ महत्त्वपूर्ण सबक़ सिखा सकता है।

## अपना सिर रेत में दफ़न नहीं करें

शुतुरमुर्ग काफ़ी ऊँचे होते हैं और उनकी आँखें बहुत तेज़ होती हैं, इसलिए वे बड़ी आसानी से हिंसक पशुओं को दूर से ही देख सकते हैं (हालाँकि ज़िराफ़ उन्हें ज़्यादा दूर से देख सकता है, क्योंकि ज़िराफ़ शुतुरमुर्ग से काफ़ी लंबा होता है)। लेकिन अगर शुतुरमुर्ग किसी हिंसक पशु को दूर से नहीं देख पाता और वह ज़्यादा ही क़रीब आ जाता है, तो शुतुरमुर्ग एक अजीब हरकत करता है। यह हिंसक पशु को चकमा देने के लिए ज़मीन से चिपक जाता है और अपनी गर्दन भी ज़मीन से सटा देता है, मानो यह वहाँ मौजूद ही नहीं हो। इसके रंगीन पंख रेतीली ज़मीन से मेल खाते हैं। जब शुतुरमुर्ग ऐसा करता है, तो दूर से ऐसा नज़र आता है, जैसे यह रेत में अपना सिर दफ़न कर रहा हो। इसी कारण यह मान्यता शुरू हुई कि मुश्किल परिस्थितियों में शुतुरमुर्ग अपना सिर रेत में दफ़न कर लेता है। हालाँकि मान्यता सही नहीं है, लेकिन यह कुछ इंसानों के लिए एकदम सटीक उपमा है, इसलिए इसका इस्तेमाल चला आ रहा है।

देखिए, आपके रेत में सिर छिपाने से समस्या दूर नहीं जाएगी, बल्कि आपके ज़्यादा क़रीब आ जाएगी। इसके अलावा, आप अपना सिर रेत में

जितनी ज़्यादा देर तक दफ़न करेंगे, समस्या उतनी ही ज़्यादा बड़ी होती जाएगी और इसे नियंत्रित करना उतना ही ज़्यादा मुश्किल होगा। वैसे ज़मीन से खुद को सटाना भी कोई अच्छा विकल्प नहीं है। रेत में सिर छिपाते समय शुतुरमुर्ग अपनी शक्तियों को नज़रअंदाज़ कर देता है, क्योंकि यह ख़तरे से दूर भागने के लिए अपनी बेहतरीन गति का इस्तेमाल कर सकता है और जैसा हम बता चुके हैं, यह लगभग हर जानवर से ज़्यादा तेज़ दौड़ सकता है।

कुछ इंसान भी शुतुरमुर्ग की तरह वास्तविकता को नज़रअंदाज़ कर देते हैं और अपनी शक्तियों का इस्तेमाल नहीं करते हैं। दरअसल वे समस्याओं का सामना ही नहीं करना चाहते और पलायन की प्रवृत्ति रखते हैं। वे मुश्किल या अप्रिय कामों से दूर भागते हैं, वे जोखिम भरी गतिविधियों से दूर भागते हैं और वे टालमटोल करते हैं तथा बहाने बनाते हैं। जैसा मार्गरेट हेफ़रनैन ने कहा है, 'हम बौद्धिक दृष्टि से जानते हैं कि समस्या का सामना करना ही इसे सुलझाने का एकमात्र तरीक़ा है। लेकिन समाधान चाहे जो हो, उससे यथास्थिति बदल जाएगी। एक तरफ़ संघर्ष तथा परिवर्तन है और दूसरी तरफ निष्क्रियता। जब हमें इन दोनों में से किसी विकल्प को चुनना होता है, तो शुतुरमुर्ग बनने वाला विकल्प बहुत आकर्षक दिख सकता है।'

## अपनी गोपनीय शक्ति का उपयोग करें

हममें से हर एक को कमज़ोरियाँ दी गई हैं और हममें से हर एक को शक्तियाँ दी गई हैं। किसी के पास भी हर चीज़ नहीं होती, लेकिन हर एक के पास कोई न कोई चीज़ ज़रूर होती है। और शुतुरमुर्ग इसका अच्छा उदाहरण है। यह कहने को तो पक्षी है, लेकिन यह उड़ नहीं सकता। ना उड़ पाना शुतुरमुर्ग की कमज़ोरी है। दूसरी तरफ़, इसे एक गोपनीय शक्ति भी दी गई है : इसके पैर। ये इतने ज़्यादा भारी और बड़े होते हैं कि उड़ नहीं सकते, लेकिन ये बहुत अच्छी तरह दौड़ सकते हैं! शुतुरमुर्ग के मज़बूत पैर गति के लिए बनाए गए हैं और लंबे समय तक 30 मील प्रति घंटे की रफ़्तार से दौड़ सकते हैं; दहशत में वे कुछ दूर तक 43 मील प्रति घंटे की रफ़्तार से भी दौड़ सकते हैं! उनकी गति उनका सबसे बड़ा ब्रह्मास्त्र है, जिसके सहारे वे हर मुश्किल से बच सकते हैं।

कुछ स्थितियाँ ऐसी होती हैं, जब आप लड़ सकते हैं, लेकिन कुछ स्थितियाँ ऐसी भी होती हैं, जब दूर जाने में ज़्यादा समझदारी होती है (जैसा चीते वाले अध्याय में बताया गया है)। देखिए, भागकर दूर जाना रेत में सिर छिपाने या रेत पर गर्दन रखकर ख़ुद को असुरक्षित बनाने से तो कहीं बेहतर है। सामान्य स्थिति में लीडर समस्याओं से दूर नहीं भागते हैं और उनका डटकर मुक़ाबला करते हैं। लेकिन कई बार वे इस नतीजे पर पहुँच सकते हैं कि किसी काम को छोड़ना ही समस्या का सर्वश्रेष्ठ समाधान है। जैक वेल्च शुतुरमुर्ग नहीं थे, लेकिन उन्होंने जीई के कई डिवीज़न बंद कर दिए, जो बाज़ार में हिस्सेदारी के संदर्भ में पहले या दूसरे स्थान पर नहीं थे। जैसा डोनाल्ड ट्रम्प ने कहा है, 'विजेता होने का हिस्सा यह जानना है कि कब आपने पर्याप्त संघर्ष कर लिया है। कई बार आपको लड़ना छोड़कर दूर जाना होता है और कोई ज़्यादा उत्पादक चीज़ करनी होती है।'

## अपनी संपत्तियों के बारे में जागरूक बनें

शत्रुओं से मुक़ाबला करने के लिए शुतुरमुर्ग को कई वरदान मिले हैं, लेकिन यह ख़तरे या दहशत के मौक़े पर उन्हें भूल जाता है। इसे लंबे, मज़बूत पैर दिए गए हैं, जो काफ़ी तेज़ी से दौड़ सकते हैं। दूसरे पक्षियों की तीन-चार अँगुलियाँ होती हैं, शुतुरमुर्ग की केवल दो होती हैं, जिससे यह कहीं ज़्यादा तेज़ गति पकड़ सकता है। जैसा पहले ही बताया जा चुका है, यह 43 मील प्रति घंटे तक की गति से दौड़ सकता है और 30 मील प्रति घंटे की गति से तो काफ़ी दूर तक दौड़ सकता है। इसके एक क़दम की लंबाई 16 फुट तक होती है। इससे हम यह निष्कर्ष निकाल सकते हैं कि जोखिम होने पर शुतुरमुर्ग आम तौर पर हिंसक पशुओं से ज़्यादा तेज़ दौड़कर बच सकता है।

यदि दौड़कर दूर भागने का विकल्प किसी कारण मौजूद नहीं हो, तो यह अपने शक्तिशाली पैरों से सामने वाले पर प्रभावी प्रहार भी कर सकता है। इसके प्रत्येक पंजे पर 10 से.मी. का नख होता है, जिससे इसकी नीचे मारी गई लात संभावित हिंसक पशुओं को काफ़ी गंभीर नुक़सान पहुँचा सकती है। यह आत्म-रक्षा में काफ़ी प्रभावी हो सकता है। यदि कोई शेर, चीता, तेंदुआ या लकड़बग्घा किसी शुतुरमुर्ग को घेर ले, तो यह इतनी शक्तिशाली लात मार सकता है कि शत्रु की जान भी जा सकती है! और विडंबना देखें,

इतने शक्तिशाली पक्षी के बारे में यह मान्यता व्याप्त है कि यह ख़तरा देखकर अपना सिर रेत में दफ़न कर लेता है!

लेकिन शुतुरमुर्ग ख़तरे के समय अपनी सारी शक्तियों को भूल जाता है। दहशत भरी स्थितियों में तार्किक मानसिकता क़ायम रखना आसान नहीं होता! (और यह भी नहीं भूलें कि शुतुरमुर्ग का मस्तिष्क छोटा होता है।) और यह स्वाभाविक है। जब आप डरे होते हैं, तो आपके पास दो विकल्प होते हैं : लड़ो या दौड़ो। लेकिन दहशत में आप आसानी से तीसरा विकल्प चुन सकते हैं : निष्क्रिय समर्पण। कभी समर्पण की मुद्रा में नहीं आएँ। अपने जीवन की ख़ातिर लड़ें, क्योंकि यह लड़ने लायक है। अपनी जिजीविषा को मज़बूत बनाएँ और आत्मरक्षा के सहज बोध को भी। जैसा वाल्टर एनेनबर्ग कहते हैं, 'ईश्वर आपको समर्पण के प्रलोभनों से लड़ने की शक्ति दे।'

## आप कम दिमाग़ के बावजूद ज़िंदा रह सकते हैं

हाँ मित्रों, शुतुरमुर्ग हमें सिखाते हैं कि कम दिमाग़ यानी छोटे मस्तिष्क के बावजूद अच्छी तरह ज़िंदा रहा जा सकता है और वह भी हिंसक जानवरों के बीच। वैसे आपके आस-पास भी आपको ऐसे लोग दिख सकते हैं, जो कम दिमाग़ के बावजूद चमत्कारिक रूप से ज़िंदा हैं। शुतुरमुर्ग या उस जैसे लोग यह साबित करते हैं कि भले ही आपमें भारी बुद्धि नहीं हो, लेकिन इसके बावजूद आप जीवन के संघर्ष में ज़िंदा रह सकते हैं। शुतुरमुर्ग की प्रजाति आज भी जीवित है, इसी से यह पता चलता है कि ज़िंदा रहने के लिए बड़े मस्तिष्क या भारी-भरकम दिमाग़ की ज़रूरत नहीं होती। हालाँकि शुतुरमुर्ग सबसे बड़ा पक्षी होता है, लेकिन इसका मस्तिष्क बड़ा नहीं होता। इसका मस्तिष्क अखरोट जितना बड़ा होता है। दरअसल शुतुरमुर्ग का दिमाग़ इसकी आँखों से भी ज़्यादा छोटा होता है। लगता है कि ईश्वर के सामने पैकिंग की समस्या रही होगी! इसकी बड़ी आँखों को लगाने के लिए पर्याप्त जगह नहीं बची होगी, इसलिए उन्होंने इसके मस्तिष्क के आकार को छोटा कर दिया।

सवाल यह है कि कम दिमाग़ होने के बावजूद शुतुरमुर्ग कैसे जीवित रहने में सफल होते हैं। जवाब आसान है। वे दूसरों का सहयोग लेते हैं। शुतुरमुर्ग टीमवर्क और नेटवर्किंग की वजह से सफल होते हैं। वे समूह में

रहते हैं और हिरण तथा जेब्रा जैसे चरने वाले जानवरों से गठबंधन कर लेते हैं। यह गठबंधन दोनों ही पक्षों के लिए लाभकारी होता है, क्योंकि इससे उन्हें हिंसक पशुओं से बचने में मदद मिलती है। शुतुरमुर्ग जेब्रा से ज़्यादा अच्छी तरह और दूर तक देख सकता है, इसलिए यह उन्हें हिंसक पशुओं के आने की चेतावनी दे देता है, जबकि जेब्रा शुतुरमुर्ग से ज़्यादा अच्छी तरह ख़तरे को सुन या सूँघ सकता है। चरने वाले जानवर कीड़ों और चूहों को हिलाते भी हैं, जिन्हें शुतुरमुर्ग खाते हैं। सबक़ यह है कि आपका मस्तिष्क चाहे छोटा हो या बड़ा, टीम या नेटवर्क बनाने से आपको लाभ होता है। ऐसे गठबंधन करें, जिनसे दोनों पक्षों को फ़ायदा हो, क्योंकि तभी गठबंधन लंबे समय तक चल सकता है। टीमवर्क हमारी कमज़ोरियों की भरपाई कर सकता है और हमारी सफलता की दर को बहुत ज़्यादा बढ़ा सकता है। जैसा सैली क्रॉचेक ने कहा है, 'नेटवर्किंग को व्यवसाय में सफलता का नंबर वन अलिखित नियम कहा जाता है। आप किसे जानते हैं, इसका सचमुच इस बात पर असर पड़ता है कि आप क्या जानते हैं।'

## अपनी समस्याओं के अनूठे समाधान खोजें

मैं जो बताने जा रहा हूँ, उससे आप हैरान रह जाएँगे। शर्त लगा लें! शुतुरमुर्ग के पेट में 1 किलो पत्थर रहते हैं। हाँ, पत्थर! ज़रा कल्पना करें कि आपके पेट में अगर 1 किलो पत्थर हों, तो आपको कैसा लगेगा? देखिए, शुतुरमुर्ग के दाँत नहीं होते, इसलिए यह भोजन को उस तरह नहीं पीस सकता, जिस तरह दूसरे स्तनपायी जानवर करते हैं। इसके पास गाल ब्लैडर भी नहीं होता। यानी शुतुरमुर्ग के सामने एक गंभीर समस्या रहती है। लेकिन इसने अपनी समस्या का अनूठा समाधान खोज लिया है : यह पत्थर निगल लेता है। निश्चित रूप से यह अजीब समाधान है, लेकिन यह कारगर होता है। वयस्क शुतुरमुर्ग के पेट में आमाशय से ठीक पहले एक विशेष थैली होती है, जिसमें 1 किलो पत्थर होते हैं। ये पत्थर भोजन को पीस देते हैं और पाचन में मदद करते हैं। चूँकि शुतुरमुर्गों में भोजन पीसने की यह अनूठी कला होती है, इसलिए वे ऐसी चीज़ें भी पचा सकते हैं, जिन्हें दूसरे जानवर नहीं पचा पाते।

आपकी समस्याएँ क्या हैं? क्या आप यहाँ शुतुरमुर्ग बनकर अनूठे समाधानों की तलाश कर सकते हैं। इस संसार की हर समस्या का कोई न कोई समाधान होता है और अक्सर समाधान का बीज समस्या के अंदर ही छिपा होता है। आपको तो बस बीज तक पहुँचने के लिए अपनी समस्याओं को ज़्यादा अच्छी तरह से टटोलना भर है। जैसा टॉनी कार्डेनाज़ ने कहा है, 'इंजीनियर के रूप में आप सीखते हैं कि हर समस्या का एक समाधान होता है। इसमें आपको थोड़ा समय लग सकता है, लेकिन अंततः आप इसे खोज सकते हैं।'

जब दर्दनिवारक दवाओं के क्षेत्र में पैरासिटामॉल और आइब्यूप्रोफ़ेन लोकप्रिय हो गईं, तो एस्पिरिन का एकाधिकार ख़त्म हो गया। एस्पिरिन बनाने वाली बेयर कंपनी निराश हो सकती थी, लेकिन नहीं हुई। इसने आक्रामक पैंतरा अपनाते हुए गहन शोध कराया, जिसमें यह पाया गया कि एस्पिरिन ख़ून के थक्के रोकने में मदद करती है और हार्ट अटैक से बचाती है। इसके बाद जल्दी ही एस्पिरिन ने तूफ़ानी वापसी की... नए खंड में, जहाँ मुनाफ़े का मार्जिन ज़्यादा था। तो आपने देखा, हर समस्या का एक समाधान होता है, भले ही ऐसा लग रहा हो कि कोई समाधान नहीं है।

## रोचक तथ्य

- शुतुरमुर्ग कम से कम 50 देशों में पाले जाते हैं। शुतुरमुर्ग फ़ार्म पर पलने वाले शुतुरमुर्ग इंसानों से प्रेम कर सकते हैं। ज़्यादातर पक्षियों के विपरीत शुतुरमुर्ग नरों का लिंग होता है और वह भी 8 इंच लंबा, जो इसके मस्तिष्क से ज़्यादा बड़ा होता है। नर शुतुरमुर्ग शेर की तरह दहाड़ भी सकता है!

- 2,000 साल पहले रोमन सम्राट हेलियोगैबेलस ने एक जश्न में 600 शुतुरमुर्गों का भेजा परोसा था।

- शुतुरमुर्ग के अंडे को उबालने में 2 घंटे लगते हैं और इसका आकार मुर्गी के 24 अंडों के बराबर होता है। शुतुरमुर्ग के एक अंडे में 2,000 कैलोरियाँ होती हैं, जो वयस्क महिला की दिन भर की अनुशंसित खुराक है।

# 19

# सफलता के सबक़ : उल्लू

## जब दूसरे सोएँ, तब काम करें!

- जब दूसरे सोएँ, तब काम करें
- जब कम प्रतिस्पर्धा हो, तब शिकार करें
- उपयोगिता घटक का लाभ लें
- अपनी अवलोकन शक्ति बढ़ाएँ
- ख़ामोशी और तेज़ी से काम करें

—रोमी मैडली क्रॉफ़्ट

उल्लू निशाचर पक्षी हैं, जो रात को सक्रिय रहते हैं। पारंपरिक रूप से उल्लुओं को सबसे समझदार पक्षी माना जाता है। उनकी बड़ी आँखें बुद्धि का आभास देती हैं, इसलिए कहानियों में उन्हें अक्सर बुद्धिमान और ज्ञानी बताया जाता है। और ऐसा क्यों नहीं हो? उल्लू बहुत चौकस, बहुत ख़ामोश, बहुत दूरदर्शी, बहुत फुर्तीले और बहुत प्रभावी होते हैं। और ये सारे गुण उनकी बुद्धि का सबूत हैं। प्रतीकवाद में उल्लू व्यक्तित्व को समझदार, अंतर्मुखी, सहज बोध वाला, विचारक और चौकस माना जाता है (हा हा हा, और मेरी पत्नी मुझे सीधे-सीधे मूर्ख कहने के बजाय गोल आँखों की वजह से उल्लू कहती है; वह नहीं जानती कि उल्लू बुद्धिमानी का प्रतीक है)।

## जब दूसरे सोएँ, तब काम करें

हमारी पुरानी पीढ़ियाँ 'जल्दी सोओ और जल्दी उठो' के सूत्रवाक्य पर चलती थीं और उन्हें उल्लू निश्चित रूप से विद्रोही लगे होंगे। लेकिन आधुनिक कंप्यूटर-मोबाइल पीढ़ी उल्लुओं के ज़्यादा निकट है और खुद भी रात देर तक जागना पसंद करती है। जो इंसान रात को देर तक जागना पसंद करते हैं, उन्हें प्यार से उल्लू कहा जाता है। और उनकी संख्या हर दिन बढ़ती जा रही है। मुझे भी शामिल कर लें!

उल्लू तब काम करते हैं, जब उनके ज़्यादातर शिकार और शिकारी सोते रहते हैं। इंसान यहाँ पर उल्लुओं से सीख सकता है, हालाँकि सच कहूँ, तो मेरे ख़याल से उल्लू जैसी जीवनशैली इंसानों के लिए क़तई स्वस्थ नहीं

है; देखिए, इंसान का जैविक विकास उल्लू जैसी निशाचर कर्मठता का समर्थन नहीं करता है, क्योंकि इंसान को रात में जागने के लिए नहीं बनाया गया है। बहरहाल, जहाँ तक कामकाज का संबंध है, निशाचर होने से आपकी कार्यकुशलता, गति और एकाग्रता निश्चित रूप से बढ़ सकती है। रात को देर तक काम करने के कई लाभ होते हैं। रात को आप ज़्यादा ध्यान केंद्रित कर सकते हैं, आप ज़्यादा काम कर सकते हैं और आप ज़्यादा तेज़ी से काम कर सकते हैं। आप इतिहास उठाकर देख लें, आपको ज़्यादातर सृजनात्मक लोग उल्लू की तरह जागते मिलेंगे। इसका कारण सीधा-सा है : रात को व्यवधान और बाधाएँ कम होती हैं। देखिए, कोई भी रात को 2 बजे आपके घर नहीं आएगा या आपको फ़ोन नहीं करेगा। और जैसा हम जानते हैं, हमारे सबसे महत्त्वपूर्ण काम बाधाओं और व्यवधानों की वजह से ही पूरे नहीं हो पाते। रात को हमें लंबा कालखंड मिल जाता है, जिसमें हम हाथ के प्रोजेक्ट पर पूरा ध्यान केंद्रित कर सकते हैं और उसे अच्छी तरह निबटा सकते हैं। जैसा क्रिस्टीना एग्विलेरा ने कहा है, 'मैं कुछ हद तक रात को जागने वाली उल्लू हूँ, क्योंकि तब मैं सबसे ज़्यादा सृजनात्मक और जीवंत महसूस करती हूँ।'

## जब कम प्रतिस्पर्धा हो, तब शिकार करें

चील और बाज जैसे बाक़ी शिकारी पक्षी दिन में शिकार करते हैं, जबकि उल्लू रात को शिकार करते हैं। रात को उल्लू का कोई प्रतिस्पर्धी नहीं होता। तब सारे आसमान और ज़मीन पर उल्लू का ही क़ब्ज़ा रहता है। उल्लू अपनी टाइमिंग बदलकर अपने माहौल पर क़ब्ज़ा कर लेता है। उल्लू तब काम करते हैं, जब दूसरे शिकारी पक्षी सोते हैं। (यही हमने चीते के मामले में भी देखा था, जिसके प्रतिस्पर्धी रात को शिकार करते हैं, जबकि यह दिन में शिकार करता है।) उल्लू शाम के धुँधलके और अँधेरे में चूहों तथा छोटे जानवरों का शिकार करते हैं। इसे चतुर नीति कहा जा सकता है। इस तरह से उल्लू और बाक़ी शिकारी पक्षी एक ही इलाक़े में काम कर सकते हैं, लेकिन उनके बीच कोई प्रतिस्पर्धा नहीं होती। इससे मुझे वह समय याद आ जाता है, जब कंप्यूटर सर्वरों पर टाइम-शेयरिंग होती थी और देर रात तक जागने वाले इंसानी उल्लुओं को प्रोग्रामिंग तथा कोडिंग के अवसर ज़्यादा

मिलते थे; शायद इसी वजह से कंप्यूटर के क्षेत्र में काम करने वाले लोग निशाचर बन गए हैं।

हम उल्लुओं से बहुत कुछ सीख सकते हैं। हम इस तरह के प्रश्न पूछ सकते हैं : हम ऐसा क्या अलग कर सकते हैं, जिससे सफलता की हमारी संभावना बढ़ जाए? हम अपनी प्रतिस्पर्धा कैसे कम कर सकते हैं? हम एक निश्चित खंड या क्षेत्र या स्थान या निश्चित अवधि में एकाधिकार कैसे हासिल कर सकते हैं? जैरोड किन्ट्ज़ के शब्द याद रखें, 'प्रतिस्पर्धा स्वस्थ होती है। ख़ास तौर पर जब प्रतिस्पर्धा के दौरान आपके सभी प्रतिस्पर्धी अस्वस्थ हों और बीमार हों और अनुपस्थित हों।'

## उपयोगिता घटक का लाभ लें

किसान उल्लुओं से प्रेम करते हैं और उन्हें आकर्षित करने की कोशिश करते हैं, क्योंकि उल्लू अनचाहे चूहों और विनाशकारी कीटों को खा जाते हैं। एक अकेला उल्लू परिवार चार महीने के प्रजनन चक्र के दौरान 3,000 चूहे खा सकता है। कई किसान तो इस उम्मीद में उल्लुओं के घोंसले वाले बॉक्स लगवाते हैं, ताकि उल्लू उनके खेतों में से चूहे तथा अन्य विनाशकारी कीड़े साफ़ कर दें। कीट नियंत्रण का यह प्राकृतिक रूप ज़हरीले कीटनाशकों से ज़्यादा सुरक्षित और सस्ता पड़ता है।

आपका काम भी दूसरों के लिए उपयोगी होना चाहिए, क्योंकि तभी वे आपका स्वागत करेंगे और आपको आकर्षित करने की कोशिश करेंगे। यदि नियोक्ताओं को आप उपयोगी लगेंगे, तभी वे आपके सामने अच्छे वेतन तथा पद की पेशकश रखेंगे। यदि ग्राहकों को आप उपयोगी लगेंगे, तो वे अच्छे ऑर्डर और मुफ़्त प्रचार और रैफ़रल्स देंगे। इसलिए अपने उपयोगिता घटक को बढ़ाने की कोशिश करें। यदि आप दूसरों का जीवन आसान बनाते हैं, तो वे आपका जीवन आसान बना देंगे। जैसा रॉबर्ट ग्रीन इंगरसॉल ने कहा है, 'सारी शिक्षा का उद्देश्य मनुष्य की उपयोगिता को बढ़ाना होना चाहिए – ख़ुद के प्रति भी और दूसरों के प्रति भी।' इसलिए ख़ुद को शिक्षित करें और ख़ुद को उपयोगी बनाएँ!

## अपनी अवलोकन शक्ति बढ़ाएँ

उल्लुओं की अवलोकन शक्ति कमाल की होती है। उल्लू एकमात्र पक्षी है, जो अपनी गर्दन दोनों दिशाओं में 270 डिग्री तक घुमा सकता है। इसीलिए यह अपने माहौल के बारे में पूरी तरह जागरूक होता है और हमेशा देखता-सुनता रहता है। उल्लू रात को बहुत ज़्यादा अच्छी तरह देख सकता है। इसकी सुनने की शक्ति बहुत उत्कृष्ट होती है। इसी वजह से यह झाड़ियों में छिपे छोटे जीवों को खोज सकता है, जो इस ग़लतफ़हमी में रहते हैं कि वे सुरक्षित हैं और उन्हें कोई देख-सुन नहीं सकता। वे यह नहीं जानते कि उल्लू छोटी से छोटी गतिविधि या आवाज़ को भी पकड़ सकता है, क्योंकि यह हमेशा अवसरों की ताक में रहता है। कई उल्लू प्रजातियों के दोनों तरफ़ के कान थोड़े ऊपर-नीचे होते हैं। इसका मतलब है कि दोनों कान उल्लू के सिर पर अलग-अलग ऊँचाइयों पर होते हैं, जिससे उसे ध्वनि के स्रोत का सटीकता से पता चल जाता है।

यदि उल्लू की आँख पर पट्टी बाँध दी जाए, तब भी यह शिकार को पकड़ सकता है, लेकिन अगर इसका एक कान बंद कर दिया जाए, तो यह शिकार पकड़ने में कामयाब नहीं हो पाता। इसका मतलब है कि देखने के बजाय सुनने से इसे ज़्यादा फ़ायदा होता है, हालाँकि उल्लू की दूर की दृष्टि बहुत अच्छी होती है। यहाँ हमें उल्लू से सबक़ सीखना चाहिए : सुनना सीखें, अवलोकन करना सीखें और अवसरों की ताक में रहना सीखें। जैसा हार्वे मैके ने कहा है, 'आप तब सीखते हैं, जब आप सुनते हैं। आप तब कमाते हैं, जब आप सुनते हैं – सिर्फ़ पैसा ही नहीं, बल्कि सम्मान भी।' उल्लू ज़्यादा बोलने के लिए मशहूर नहीं हैं; वे अपने सुनने की शक्ति के कारण सफल होते हैं। हम उल्लू से सटीकता से सुनना सीख सकते हैं। सिर्फ़ सुनना ही नहीं, बल्कि सटीक अर्थ को पकड़ना, संभावनाओं के बारे में सोचना, सफलता का अवसर खोजना आदि। रॉबर्ट बैडेन-पॉवेल ने सारांश में कहा है, 'अगर आप सुनने और अवलोकन करने को अपना पेशा बना लेते हैं, तो आपको इतना ज़्यादा मिलेगा, जितना बात करके कभी नहीं मिलेगा।'

## ख़ामोशी और तेज़ी से काम करें

जब कोई उल्लू देखकर या सुनकर अपने शिकार का पता-ठिकाना मालूम कर लेता है, तो यह सक्रिय हो जाता है। यह अपने शिकार को किसी तरह की कोई चेतावनी नहीं देता है। यह अपने संभावित शिकार को अपने आने की भनक तक नहीं लगने देता। यह बस चुपचाप उड़ता हुआ नीचे आता है और उसका शिकार कर लेता है। उल्लुओं की शिकार की रणनीति काफ़ी हद तक छिपकर और अचानक वार करने पर निर्भर करती है। (काफ़ी हद तक चीते की तरह!)

उल्लू के पंख रात के अँधेरे में नज़र नहीं आते हैं, इसलिए शिकार उन्हें आते हुए नहीं देख पाते हैं। ज़्यादातर पक्षियों के विपरीत उल्लू उड़ते समय कोई आवाज़ नहीं करते हैं। उनके पंख विशेष प्रकार के होते हैं, जो बिना आवाज़ किए उड़ सकते हैं।

अवलोकन करें। लक्ष्य तय करें। सक्रिय हो जाएँ। उल्लू इसी क्रम में काम करता है और हमें भी ऐसा ही करना चाहिए। सिर्फ़ अवलोकन ही सफलता दिलाने के लिए काफ़ी नहीं है। सिर्फ़ लक्ष्य तय करना ही काफ़ी नहीं है। आपको लक्ष्य हासिल करने के लिए सक्रिय भी होना चाहिए : तेज़ी से और ख़ामोशी से। लाखों लोग हैं, जिनके दिमाग़ में लाखों डॉलर के विचार भरे पड़े हैं, लेकिन वे डॉलरों में नहीं बदल पाए हैं। इसलिए अगर आपको भारी अवसर जैसी कोई चीज़ नज़र आए, तो तुरंत सक्रिय हो जाएँ। नोलन बुशनेल की सलाह पर चलें, 'नहाने वाले हर इंसान के मन में एक विचार आता है। जो व्यक्ति शॉवर से बाहर निकलता है, शरीर को सुखाता है और उसके बारे में कुछ करता है, वही कामयाब होता है।' अगर आप अपने विचार पर काम नहीं करते हैं, तो आप सफल कैसे हो सकते हैं? और यही नहीं, जिस विचार को आपने नज़रअंदाज़ किया था, उस पर काम करके अगर कोई दूसरा सफल हो जाता है, तो आपको बाद में बहुत अफ़सोस होगा। मैरी एबनर-एस्केनबाख़ की बात से प्रेरित हों, 'योग्यता का केवल एक ही प्रमाण है – कर्म।'

## रोचक तथ्य

- उल्लुओं के समूह को पार्लियामेंट (संसद) कहते हैं।

- उल्लू हैरी पॉटर के संसार में जादूगरों के बीच संचार का मुख्य साधन थे। हैरी पॉटर की उल्लू का नाम हेडविग था। हैरी पॉटर की दीवानगी के दौर में सैकड़ों लोगों ने पालतू उल्लू ख़रीदे थे।

- भारत में उल्लू को लक्ष्मी देवी का वाहन माना जाता है। उल्लू को अलौकिक शक्तियों का स्वामी माना जाता है, इसलिए अपनी आर्थिक स्थिति सही करने के लिए कई लोग इसकी बलि चढ़ाते हैं और इसके शरीर के अंग ताबीज़ में भी पहनते हैं।

# 20

# सफलता के सिद्धांत : तोता

## सफल लोगों की नक़ल करें!

- नक़ल सफलता की कुंजी है
- अच्छा परिवेश चुनें
- जब परिस्थितियाँ बदलें, तो उनके अनुरूप ढलें और सीखें
- अपनी अवलोकन क्षमता बढ़ाएँ
- सीखने से समस्याएँ सुलझाने की योग्यताएँ बढ़ती हैं

*'किसी खेल को सीखने का सबसे अच्छा और सबसे तेज़ तरीक़ा
यह है कि आप किसी चैंपियन को देखें और उसकी नक़ल करें।'*
—जीन क्लॉड किली

प्यारे तोते, तुम पिंजरे में रहने के लिए पैदा नहीं हुए थे। तुम तो आसमान से बातें करने के लिए स्वतंत्र पैदा हुए थे, लेकिन तुम जाल के नीचे बिछे मुफ़्त लंच के लालच में आ गए और तुमने अपनी स्वतंत्रता खो दी (वैसे यह काफ़ी कुछ उस युवक जैसा है, जो नौकरी में मिलने वाले वेतन के प्रलोभन में आकर अपनी स्वतंत्रता खो देता है तथा जीवन भर दूसरों की मर्ज़ी के हिसाब से काम करता है)। हम इंसानों को भी प्रलोभनों से सावधान रहना चाहिए और उसी तरह जीना चाहिए, जिस तरह जीने के लिए हमें यहाँ भेजा गया है : अपनी अनूठी प्रतिभा, गुणों और व्यक्तित्व को अभिव्यक्त करना तथा अपना अनूठा योगदान देना। हममें से ज़्यादातर लोग तोते की तरह शारीरिक क़ैद में तो नहीं रहते, लेकिन हम मानसिक पिंजरे की क़ैद में ज़रूर रहते हैं। हमारा प्रयास यह होना चाहिए कि हम अपने ख़ुद के बनाए मानसिक पिंजरे से स्वतंत्र हों, जिसे हमने अपनी अयोग्यता, नहीं-कर-सकता, अक्षमता, नकारात्मक नज़रिये, टालमटोल आदि सलाख़ों से बनाया है। तोता हमें मानसिक पिंजरों से आज़ाद होने के अलावा भी बहुत-सी चीज़ें सिखा सकता है।

## नक़ल सफलता की कुंजी है

तोते आवाज़ों की नक़ल करने में निपुण होते हैं। इतने निपुण कि भारत में लोग अपने पालतू तोते के हुनर अपने पड़ोसियों के सामने उत्साह से दिखाते हैं। काफ़ी कुछ उसी तरह, जिस तरह वे अपने बच्चों के हुनर की नुमाइश करते हैं (बेटा, अंकल को टू का टेबल सुनाओ आदि)। आम तौर पर लोग पशु-पक्षियों की सुंदरता या उपयोगिता के कारण उन्हें पालतू बनाते

हैं, लेकिन तोतों को उनकी नक़ल करने की योग्यता के कारण पालतू बनाया जाता है : शब्दों को याद करने और दोहराने की योग्यता। तोते उत्कृष्ट नक़लची होते हैं। वे अपने मालिक की आवाज़ों, शब्दों, यहाँ तक कि पूरे वाक्यों तक की भी नक़ल कर सकते हैं। वे फ़ोन की घंटी, वैक्यूम क्लीनर, बहते पानी, दरवाज़े की घंटी आदि की भी नक़ल कर सकते हैं। ध्यान रहे, वे वही आवाज़ें दोहरा सकते हैं, जो उन्होंने सुनी हों। यहीं से 'रट्टू तोता' की कहावत शुरू हुई थी। लेकिन ऐसा नहीं है कि तोतों को शब्दों का मतलब पता नहीं होता। अलेक्स नाम का तोता सौ से ज़्यादा शब्द बोल सकता था और उनका मतलब भी समझता था। अगली बार किसी को 'रट्टू तोता' बोलते समय अलेक्स को याद कर लें।

चाहे अप्रेंटिसशिप हो या नेटवर्क मार्केटिंग, अनुकरण या नक़ल ही सफलता की कुंजी है (ज़्यादा विस्तृत विवरण के लिए बर्क हेजेस की *कॉपीकैट मार्केटिंग* पुस्तक पढ़ें!)। बचपन से ही हम चेतन या अवचेतन रूप से अपने माता-पिता, शिक्षकों और मित्रों की नक़ल करके बहुत कुछ सीखते हैं, क्योंकि हम उन्हें अपना रोल मॉडल या मार्गदर्शक बना लेते हैं। अगर हम अच्छे रोल मॉडल और साथी चुनते हैं, तो हम भी अंततः अच्छे बन जाएँगे। दूसरी तरफ़, अगर हम ख़राब रोल मॉडल और साथी चुनते हैं, तो अंततः हम भी उनकी बुरी आदतें सीख लेंगे और हमें भी वही बुरे परिणाम मिलेंगे, जो उन्हें मिल रहे हैं। सब कुछ परिणामों पर निर्भर करता है, इसलिए रोल मॉडल बनाते समय समझदारी से काम लें। उसी व्यक्ति को अपना रोल मॉडल बनाएँ, जिसे वही परिणाम मिल रहे हैं, जो आप पाना चाहते हैं। उस व्यक्ति से सुखद दांपत्य जीवन के रहस्य नहीं पूछें, जिसके तीन तलाक़ हुए हों। इसके बजाय उससे पूछें और सीखें, जो पचास साल के दांपत्य जीवन के बाद भी अपनी पत्नी के साथ प्रेम से रह रहा हो। तो फिर देर किस बात की है, कोई अच्छा मार्गदर्शक खोजें और उससे अपने क्षेत्र की बारीकियाँ सीखें। जैसा केसी ज़कारियस ने कहा है, 'रोल मॉडल आपके लिए लक्ष्य तय करते हैं और आपको उतना ही अच्छा बनाने की कोशिश करते हैं, जितने वे खुद हैं। रोल मॉडल महत्त्वपूर्ण होते हैं।'

## अच्छा परिवेश चुनें

कोठे में रहने वाला तोता और मंदिर में रहने वाला तोता अलग-अलग शब्दों की नक़ल करेंगे। एक गंदी बातें सीखेगा और बोलेगा। दूसरा मंत्र सीखेगा और बोलेगा। तोते अपने माहौल में सुने गए शब्दों की ही नक़ल कर सकते हैं। लेकिन आप इंसान हैं, इसलिए आप अपने माहौल से दूर जाकर भी अपने मॉडल चुन सकते हैं। इसका मतलब है कि हमें बुद्धिमान तोता बनकर यह चुनना चाहिए कि हम किसकी नक़ल करेंगे। सफल लोगों की ही नक़ल करें, क्योंकि ऐसा करके आप भी सफल बन जाएँगे। जैक कैनफ़ील्ड की बात याद रखें, 'बुरी आदतों को बदलने के लिए हमें सफल रोल मॉडलों की आदतों का अध्ययन करना चाहिए।'

अगर आप आम का बीज बोते हैं, तो आम का पेड़ उगेगा, लेकिन अगर आप बबूल का बीज बोते हैं, तो बबूल का पेड़ उगेगा। समस्या मिट्टी में नहीं है, समस्या आपके बीजों के चुनाव में है और आपका किया गया हर काम बीज होता है, जो आगे चलकर आपको परिणामों की फ़सल देता है। अगर आप अच्छे बीज बोते हैं, तभी आपको अच्छे पेड़ मिलेंगे। आधुनिक कंप्यूटर युग की भाषा में कहें, तो अगर इनपुट अच्छा है, तो आउटपुट अच्छा होगा और अगर इनपुट ख़राब है, तो आउटपुट भी ख़राब होगा। अगर आप किसी गधे की तसवीर की फ़ोटोकॉपी कर रहे हैं, तो यह उम्मीद नहीं करें कि फ़ोटोकॉपी में आपको घोड़े की तसवीर मिलेगी। अगर आप फ़ोटोकॉपी में घोड़े की तसवीर चाहते हैं, तो आपको घोड़े की तसवीर की फ़ोटोकॉपी करनी होगी। इसलिए अपने परिवेश को सावधानी से चुनें; सफल लोगों के आस-पास रहने का लक्ष्य बनाएँ और केवल उन्हीं लोगों की नक़ल करें, जो आपके चुने हुए क्षेत्र में सफल हों। जैसा ब्रायन ट्रेसी कहते हैं, 'अगर आप वह करते हैं, जो दूसरे सफल लोगों ने किया है, तो आपको भी वही परिणाम मिलेंगे। अगर आप ऐसा नहीं करते हैं, तो आपको वैसे परिणाम नहीं मिलेंगे।'

## जब परिस्थितियाँ बदलें, तो उनके अनुरूप ढलें और सीखें

तोते परिस्थितियों के अनुरूप ढलने और नई उपयोगी चीज़ें सीखने में माहिर होते हैं। हमें तोतों से यह आदत सीखनी चाहिए। अगर परिस्थितियाँ बदलती

हैं, तो हमें आहें नहीं भरना चाहिए, शिकायतें नहीं करनी चाहिए और हाथ नहीं मलना चाहिए, बल्कि नई चीज़ें सीखने का संकल्प लेना चाहिए, जो नई परिस्थितियों में हमारी मदद करें। देखिए, तोते जब जंगल में रहते हैं, तो वे इंसान की भाषा नहीं बोल सकते, लेकिन जब इंसान उन्हें पिंजरे में क़ैद कर लेता है, तो वे स्थिति का जायज़ा लेते हैं और इंसान की भाषा सीखने लगते हैं। तोतों में हमारी तरह वोकल कॉर्ड नहीं होते हैं, इसलिए हमारी आवाज़ की नक़ल करना उनके लिए मुश्किल होता है, लेकिन फिर भी वे इसे सीख लेते हैं। क़ैद करने के बाद तोते की परिस्थितियाँ बदल जाती हैं, इसलिए वह नई चीज़ें सीखकर प्रतिक्रिया करता है और अपने मालिकों को ख़ुश करता है। अगर आप नौकरी करते हैं, तो आप जानते हैं कि मालिक को ख़ुश करना बेहद महत्त्वपूर्ण होता है। जैसा फ्रैंकलिन पी. जोन्स ने कहा है, 'ज़्यादातर लोग कड़ी मेहनत पसंद करते हैं। ख़ास तौर पर जब वे उसके लिए पैसे दे रहे हों।'

हमें भी तोते की मिसाल पर चलना चाहिए और परिस्थितियाँ बदलने पर उनके अनुरूप ढलने में जुट जाना चाहिए। हमें सफलता के लिए आवश्यक नए साधन सीखने चाहिए और यह काम बाक़ी लोगों से ज़्यादा तेज़ी से करना चाहिए। परिवर्तन से अनुकूलन करना बेहद महत्त्वपूर्ण हो सकता है, क्योंकि जैसा लियॉन सी. मेगिन्सन ने कहा है, 'सबसे शक्तिशाली या सबसे बुद्धिमान जीवित नहीं रहेगा; जीवित वही रहेगा, जो परिवर्तन का सबसे अच्छा प्रबंधन करेगा।'

## अपनी अवलोकन क्षमता बढ़ाएँ

तोते की दृष्टि बेहतरीन होती है। इसकी आँख इसकी खोपड़ी में ऊपर और बाहर होती है, जिससे यह अपना सिर घुमाए बिना भी अपने सिर के ऊपर, अगल-बगल में और अपनी चोंच के नीचे एक साथ देख सकता है। इंसान की दृष्टि सीमित होती है, लेकिन हम अपनी अवलोकन की योग्यता को बढ़ाकर इसकी भरपाई कर सकते हैं।

अपने परिवेश और माहौल पर ज़्यादा ध्यान दें। सबसे पहले तो यह विचार करें कि आप कैसे लोगों के साथ रह रहे हैं? वे सकारात्मक हैं या

नकारात्मक? उनकी वजह से आप बेहतर बन रहे हैं या बदतर? वे आपको आगे बढ़ा रहे हैं या पीछे रख रहे हैं? वे आपको प्रेरित कर रहे हैं या हतोत्साहित कर रहे हैं? इन प्रश्नों का जवाब देकर अपनी अवलोकन क्षमता बढ़ाएँ और फिर सही व्यक्तियों के आस-पास रहने का विकल्प चुनें, ताकि आप वैसे बन सकें, जैसे आप बनना चाहते हैं। जिम रॉन की बात याद रखें, 'आप उन पाँच लोगों का औसत होते हैं, जिनके साथ आप सबसे ज़्यादा समय बिताते हैं।'

अवसरों की तलाश करें, ख़ास तौर पर छिपे हुए अवसरों की। आस-पास कौन से अवसर उपलब्ध हैं? छिपे हुए अवसर स्पष्ट अवसरों के मुक़ाबले ज़्यादा लाभदायक होते हैं, इसलिए छिपे हुए अवसरों के संदर्भ में सोचें। संभावनाओं के संदर्भ में सोचें। जैसा रॉबर्ट कियोसाकी ने कहा है, 'अवसर आपके चारों तरफ़ होते हैं, आपको तो बस उन्हें देखने की योग्यता सीखनी होती है।' इंसान को विश्लेषण करने और निष्कर्ष निकालने की मानसिक शक्तियाँ मिली हैं। अपनी शक्तियों का अच्छा उपयोग करें। आपकी निकट दृष्टि और दूर दृष्टि दोनों ही अच्छी होनी चाहिए। लेकिन एक बात याद रखें, आप चाहे कितना भी अच्छा चश्मा लगा लें, आपकी आँखें कभी तोते जितनी अच्छी नहीं हो पाएँगी!

## सीखने से समस्या सुलझाने की योग्यताएँ बढ़ती हैं

तोता एकमात्र पक्षी है, जो अपने पंजों से खा सकता है। यह अपने पंजों से भोजन उठाकर अपने मुँह तक ले जा सकता है। यह औज़ारों का इस्तेमाल भी कर सकता है और समस्याएँ सुलझा सकता है। तोते की चोंच केरेटिन से बनी होती है, इसलिए यह हमारे नाख़ूनों की तरह ज़िंदगी भर बढ़ती रहती है। यह तोते के लिए समस्या हो सकती है, लेकिन वह दिन में पचास बार चोंच घिसकर इस समस्या को सुलझा लेता है।

तोतों ने समस्या सुलझाने की इतनी ज़्यादा क्षमता दिखाई है कि कुछ वैज्ञानिक तो यहाँ तक मानते हैं कि उनमें चार साल के बच्चे की तर्कशक्ति होती है। रोचक बात यह है कि जो तोते ज़्यादा ध्वनियों की नक़ल कर सकते हैं, वे समस्या सुलझाने में भी ज़्यादा माहिर होते हैं। यानी समस्या सुलझाने

और सीखने के बीच गहरा संबंध होता है। आप जितना ज़्यादा सीखते हैं, आप उतनी ही ज़्यादा समस्याएँ सुलझा सकते हैं। और आप जितनी ज़्यादा समस्याएँ सुलझा सकते हैं, आप उतना ही ज़्यादा कमा सकते हैं! तोतों से सीखें! अगर आप सीखने पर ध्यान केंद्रित करते हैं, तो आपकी समस्या सुलझाने और आमदनी कमाने की योग्यताएँ अपने आप बढ़ जाएँगी। जैसा जिम रॉन ने कहा है, 'किसी भी समस्या को सुलझाने के लिए खुद से ये तीन सवाल पूछें : पहला, मैं क्या कर सकता हूँ? दूसरा, मैं क्या पढ़ सकता हूँ? और तीसरा, मैं किससे पूछ सकता हूँ?'

## रोचक तथ्य

- अरस्तू के पास पालतू तोता था और स्टीवन स्पीलबर्ग के पास भी।

- संसार के सबसे बड़े तोते काकापो का वज़न 9 पौंड तक होता है, लेकिन यह उड़ नहीं सकता। यह संसार का एकमात्र तोता है, जो रात को सक्रिय रहता है।

- पोन्चो नामक तोते ने कई हॉलीवुड फ़िल्मों में काम किया है और इसकी उम्र 89 साल बताई जाती है।

# 21

# सफलता के सबक़ : सी स्पॉन्ज

## विपरीत परिस्थितियों में जीतें!

- कमियों के बावजूद सफल हों
- परिवेश के अनुकूल बनें
- प्रबल रक्षा सीखें
- ऑल-राउंडर बनें
- आपका विकास आपके हाथ में है

'जीवन की कला अपने परिवेश से सतत तालमेल करते रहने में निहित है।'

—काकुजो ओकाकुरा

हो सकता है आपने सी स्पॉन्ज को छुआ हो, हालाँकि उस वक़्त शायद आपको इस बात का अहसास नहीं हुआ हो। यक़ीन मानें, आपका किचन स्पॉन्ज दरअसल सी स्पॉन्ज भी हो सकता है! आपके किचन के स्पॉन्ज और सी स्पॉन्ज दोनों की बनावट ऐसी इसलिए होती है, क्योंकि स्पॉन्ज के शरीर में छिद्र होते हैं, जिनसे पानी, गैस और भोजन अंदर-बाहर होते हैं।

स्पॉन्ज सभी जानवरों के आम पूर्वज के समय से ही वंशावली से अलग हो गए थे, इसलिए वे बाक़ी जानवरों के सहोदर समूह में आते हैं। शायद इसीलिए सम्मान की वजह से उन्हें बहुत कम जानवर खाते हैं (मज़ाक़ कर रहा हूँ! जानवरों के संसार में केवल शक्ति को ही सम्मान दिया जाता है) और इसीलिए वे सदियों तक जीवित रहने में सफल होते हैं।

## कमियों के बावजूद सफल हों

आप चिराग़ लेकर ढूँढ़ लें, तो भी आपको सी स्पॉन्ज से कमज़ोर प्राणी पूरे संसार में नहीं मिल सकता। यह सबसे कमज़ोर प्राणियों में से एक है। प्रकृति ने इसे शक्तियों के नाम पर बहुत कम दिया है और कमियाँ ढेर सारी बख्शी हैं। लेकिन फिर भी यह अन्याय की शिकायत नहीं करता, हालाँकि इसकी शिकायत वाजिब है। सी स्पॉन्ज का सिर, मुँह, आँखें, हड्डियाँ, फेफड़े, मस्तिष्क या हृदय नहीं होता। ओह! और तो और, इसके मांसपेशियाँ, नर्व्ज़ या अंग भी नहीं होते! लेकिन इसके बावजूद यह बहुत लंबे समय तक जीवित रहने में कामयाब होता है! आपको मानना पड़ेगा कि यह काफ़ी बड़ी उपलब्धि है, क्योंकि 'उपयुक्ततम का बचाव' पूरी प्रकृति में व्याप्त है और सी स्पॉन्ज

का लंबा जीवन इस बात का प्रमाण है कि यह काफ़ी सफल जीव है।

इतनी सारी कमियों के बावजूद सी स्पॉन्ज इतने लंबे समय तक ज़िंदा कैसे रहते हैं? वे अनुकूलन करते हैं। वे अपने पास मौजूद संसाधनों का अधिकतम उपयोग करते हैं। वे समुद्र की धाराओं में तैरने वाले बैक्टीरिया, प्लैंकटन (प्लवक) और जैविक कणों को पकड़ते हैं, साफ़ करते हैं तथा पचाते हैं। सी स्पॉन्ज जो भी पोषक पदार्थ सोखता है, वे सभी इसके शरीर की सतह पर बने हज़ारों छोटे-छोटे छिद्रों से होकर गुज़रते हैं। तो आपने देखा, बचाव के इतने कम साधनों के बावजूद सी स्पॉन्ज मुश्किल परिस्थितियों में भी ज़िंदा रहने में कामयाब होता है। अब यही मुनासिब रहेगा कि हम भी शिकायत करना छोड़ दें और अनुकूलन शुरू कर दें। स्टीफ़न हॉकिंग की समझदारी भरी सलाह पर ग़ौर करें, 'दूसरे अपंग लोगों को मेरी सलाह यह होगी, उन चीज़ों पर ध्यान केंद्रित करें, जिन्हें अच्छी तरह करने से आपकी अपंगता नहीं रोकती है और उन चीज़ों पर अफ़सोस नहीं करें, जिन्हें करने से यह आपको रोकती है। शारीरिक के साथ-साथ मानसिक रूप से भी अपाहिज नहीं बनें।'

## परिवेश के अनुकूल बनें

सी स्पॉन्ज की एक और बड़ी कमज़ोरी है : यह चल नहीं सकता। दरअसल यह स्थिर जीव की श्रेणी में आता है। यह मछली या दूसरे जीवों की तरह चल नहीं सकता। यह समुद्र की तलहटी में रहता है और खुद को पानी के नीचे की किसी ठोस जगह पर स्थायी रूप से टिका लेता है तथा आस-पास नहीं हिलता है। यह जलचर जीव है, लेकिन यह पौधे जैसा ज़्यादा दिखता है। सी स्पॉन्ज के छोटे छिद्रों के कई उपयोग होते हैं। इनका मुख्य उद्देश्य स्पॉन्ज के विकास को क़ायम रखना है। ये छिद्र पोषक पदार्थ इकट्ठे करते हैं और मल विसर्जन भी करते हैं।

यदि सी स्पॉन्ज अनुकूलन कर सकते हैं, तो हम भी कर सकते हैं। जैसा नॉर्म क्रॉसबी ने कहा था, 'कमज़ोरी तभी तक कमज़ोरी होती है, जब तक आप इसे कमज़ोरी मानते हैं।' दरअसल सी स्पॉन्ज तो इतना कमज़ोर होता है कि इसे जानवर ही नहीं होना चाहिए था और लंबे समय तक नहीं जीना चाहिए था, लेकिन यह फिर भी करता है। उस छोटे लाल इंजन की

तरह, जो मंज़िल की तरफ़ बढ़ते समय यह मंत्र दोहराता रहा, 'मैं सोचता हूँ कि मैं कर सकता हूँ, मैं सोचता हूँ कि मैं कर सकता हूँ।' और जब इंजन सफल हो गया, तो यह ख़ुद को इन शब्दों से बधाई देता रहा, 'मैं सोचता था कि मैं कर सकता हूँ, मैं सोचता था कि मैं कर सकता हूँ।' अगर चुनौतियाँ सामने आने पर हम भी यही आदत डाल लें, तो कितना अच्छा रहेगा? इससे मुझे मैरी के ऐश का एक मशहूर उद्धरण याद आता है, 'वायु विज्ञान की दृष्टि से भौंरे को उड़ने में सक्षम नहीं होना चाहिए, लेकिन भौंरा यह बात नहीं जानता है, इसलिए यह उड़ता रहता है।'

## प्रबल रक्षा सीखें

रक्षा का मतलब है ख़ुद को नुक़सान पहुँचाने वाले लोगों की कोशिशों को विफल करना। इसका मतलब है ख़ुद की या अपने इलाक़े की रक्षा करने का सक्रिय प्रयास करना। जानवरों के संसार में इसका मतलब है हिंसक जीवों से ख़ुद को बचाना। और यह सब करने के लिए आपको काफ़ी कठोर होना होता है। यक़ीन नहीं हो, तो फ़ुटबॉल के किसी सेंटर-बैक से पूछ लें, जिस पर रक्षा की ज़िम्मेदारी होती है। गहरे पानी में रहने वाले कुछ स्पॉन्ज 200 साल से ज़्यादा जीते हैं। इसका मतलब है कि वे सफलतापूर्वक हिंसक जानवरों से अपनी रक्षा कर सकते हैं। उनका इतने लंबे समय तक जीवित बचना ही उनकी प्रबल रक्षण तकनीक का सबसे शक्तिशाली प्रमाण है, क्योंकि प्रकृति उपयुक्ततम के जीवित रहने के सिद्धांत पर चलती है। जैसा रैल्फ़ वाल्डो इमर्सन ने कहा है, 'प्रकृति ने अपना मन बना लिया है कि जो ख़ुद की रक्षा नहीं कर सकता, यह उसकी रक्षा नहीं करेगी।'

सी स्पॉन्ज के पास बचाव के अच्छे तंत्र होते हैं। यह जीवित रहने के मामले में हमारा चरम शिक्षक हो सकता है, क्योंकि इसके पास बहुत कम संसाधन हाते हैं और समुद्र में जानवरों के बीच गलाकाट प्रतिस्पर्धा होती है। आपको भी अपने इलाक़े की रक्षा करना सीखना चाहिए, चाहे यह बिक्री में हो या ऑफ़िस में।

स्पॉन्ज अपना आकार बदलकर परिस्थितियों के प्रति अनुकूलन करते हैं। हिंसक जानवरों से बचने के लिए वे आम तौर पर रसायनों का इस्तेमाल

करते हैं। वैज्ञानिकों ने पता लगाया है कि इनमें से कुछ रसायन कैन्सर और एचआईवी जैसे रोगों के इलाज में काम आ सकते हैं। देखिए, यह कमज़ोर प्राणी भी हमें कुछ सबक़ सिखा सकता है, बशर्ते हम सीखना चाहें। और जब बात आत्म-रक्षा की आती है, तो ज़्यादातर जानवर, जिनमें मनुष्य भी शामिल है, ब्रूस ली के बताए सिद्धांत पर अमल करते हैं, 'आत्म-रक्षा का एक ही बुनियादी सिद्धांत है - आपको सबसे प्रभावशाली हथियार का इस्तेमाल करना चाहिए, जल्दी से जल्दी, सबसे कमज़ोर जगह पर।'

## ऑल-राउंडर बनें

क्रिकेट में ऑल-राउंडर बहुत लोकप्रिय होते हैं। भारत ने 1983 में जब अपना पहला विश्व कप जीता, तो इसमें टीम के ऑल-राउंडरों का बहुत बड़ा योगदान था (कपिल देव की 175 रनों की पारी का भी)। स्पॉन्ज भी ऑल-राउंडरों की श्रेणी में आते हैं। वास्तव में, वे यहाँ पर लगभग अनूठे हैं। उनका एक सरल तंत्र होता है, जहाँ हर कोशिका स्वायत्त होती है और यह स्पॉन्ज के शरीर के सभी कोशिकीय काम कर सकती है। इसका मतलब है कि इसकी कोशिकाएँ ऑल-राउंडर होती हैं। मनुष्यों में लिवर की कोशिका सिर्फ़ लिवर की कोशिका का ही काम कर सकती है। लेकिन स्पॉन्ज की हर कोशिका जानती है कि वह हर चीज़ कैसे करनी है, जो स्पॉन्ज करता है। इसका मतलब है कि अगर आप किसी स्पॉन्ज के तीन टुकड़े कर दें, तो आपके पास तीन स्पॉन्ज होंगे। कोशिकाएँ नई संरचना में जुड़कर एक नया स्पॉन्ज बना देंगी। सी स्पॉन्ज में नवीनीकरण की ज़बरदस्त शक्ति भी होती है। यह खोए हुए टुकड़ों को दोबारा उगाने की योग्यता रखता है। मोकोकोमा मोखोनोआना कहते हैं, 'विशेषज्ञ का मस्तिष्क अपनी विशेषज्ञता का ग़ुलाम होता है।' इसलिए विशेषज्ञ तो बनें, लेकिन ऑल-राउंडर बनने की भी कोशिश करें (यहाँ ऑल-राउंडर से हमारा मतलब यह है कि अपनी विशेषज्ञता के अलावा एक-दो अन्य क्षेत्रों में भी योग्य बन जाएँ)।

सी स्पॉन्ज चरम ऑल-राउंडर होते हैं। उन्हें प्रजनन के लिए भी किसी दूसरे सीस्पॉन्ज की ज़रूरत नहीं होती। वे उभयलिंगी होते हैं, यानी वे अलग-अलग समय पर अंडे और शुक्राणु कोशिकाएँ उत्पन्न करते हैं। इसे कहते हैं आत्म-निर्भरता! आप ऑल-राउंडर बनने के लिए क्या कर सकते हैं?

ज़ाहिर है, आपको अपना ध्यान केंद्रित करके एक निश्चित क्षेत्र खोजना चाहिए, जहाँ आप अपनी सबसे प्रबल योग्यता का लाभ लें और सबसे आकर्षक अवसर पर ध्यान केंद्रित करें। यानी आपको किसी एक क्षेत्र का विशेषज्ञ बन जाना चाहिए। लेकिन वैकल्पिक योग्यताएँ विकसित करना भी उपयोगी होता है, ख़ास तौर पर संकट के समय में, जब आपकी विशेषज्ञता का बाज़ार मंदा चल रहा हो। मिसाल के तौर पर, एपल की सफलता की कहानी को देख लें। जब इसकी कंप्यूटर बेचने की मूल योजना कारगर नहीं हो रही थी, तो स्टीव जॉब्स ने वैकल्पिक योजना (संगीत के क्षेत्र में उतरने की योजना) पर अमल किया और 2001 में आईपॉड डिजिटल म्यूज़िक प्लेयर उतारा, जो जल्द ही मार्केट लीडर बन गया। इसके बाद जॉब्स ने एक और वैकल्पिक योजना पर चलकर 2007 में आईफ़ोन उतार दिया। फिर अगली योजना के तहत 2010 में आईपैड उतारा गया। तो आपने देखा, ऑल-राउंडर होना सफलता के लिए कितना अच्छा हो सकता है! जेफ़ बेज़ोस को भी देख लें, जो मूलतः सिर्फ़ पुस्तकें बेचते थे, लेकिन बाद में उन्होंने पूरे ऑनलाइन रिटेल पर क़ब्ज़ा कर लिया। इसलिए जब भी अवसर देखें, उसे जकड़ लें। मैक्स लर्नर की सलाह पर चलें, 'मैं ना तो आशावादी हूँ, ना निराशावादी; मैं तो संभावनावादी हूँ।'

## आपका विकास आपके हाथ में है

स्व-रोज़गार में संलग्न सभी लोग और सेल्समैन इस शीर्षक से सहमत होंगे : आपका विकास आपके हाथ में है। अंततः आप ही अपने विकास के लिए उत्तरदायी हैं, क्योंकि आपके प्रयास आपके परिणामों को सीधे प्रभावित करते हैं... आपका व्यवहार भी। यदि आप अपने परिणामों को बढ़ाना चाहते हैं, तो आपको अपने प्रयासों को बढ़ाना होगा। आपको अपने प्रयासों के अनुरूप ही परिणाम मिलेंगे। विकास के मामले में सी स्पॉन्ज की एक अनूठी विशेषता होती है। इसके विकास की कोई सीमा नहीं होती। यह अगर चाहे, तो किसी बहुमंज़िली इमारत जितना बड़ा भी बन सकता है, हालाँकि सुविधा को देखते हुए यह ऐसा नहीं करता है। अगर यह इतना बड़ा हो गया, तो पोषण के लिए ज़्यादा भोजन कहाँ से लाएगा? इसलिए सैद्धांतिक दृष्टि से तो सी स्पॉन्ज का विकास असीमित होता है और कोई निश्चित बिंदु नहीं

होता, जहाँ इसका विकास रुक जाए, लेकिन व्यावहारिक कारणों से यह अपने विकास को ख़ुद रोक देता है।

और यहाँ यह हमें एक महत्त्वपूर्ण सबक़ सिखाता है। सी स्पॉन्ज की तरह ही हमारे विकास की भी कोई सीमा नहीं है। ज़ाहिर है, हमारे शारीरिक विकास की तो सीमा होती है, चाहे हम कितने ही ग्रोथ हॉरमोन ले लें। लेकिन मानसिक विकास के मामले में हमारी कोई सीमा नहीं है। तो फिर हम विकास करना क्यों छोड़ देते हैं? उसी कारण, जिस कारण सी स्पॉन्ज छोड़ देता है। सुविधा की वजह से। विकास आरामदेह नहीं होता, विकास में मेहनत लगती है, विकास में समय लगता है, इसलिए हम यथास्थिति बनाए रखना चाहते हैं और जैसे हैं वैसे ही रहना चाहते हैं। लेकिन दोस्त, अगर आप अपने विकास को नहीं चुन रहे हैं, तो आप एक तरह से अपने विनाश को चुन रहे हैं। कोई भी चीज़ एक जैसी नहीं रहती, जब तक कि आप इसे क़ायम रखने के लिए प्रयास नहीं करें (यह आपके वज़न के बारे में भी सही है और बाइसेप्स के बारे में भी)। इसलिए विकास को चुनें, जीवन को चुनें। जैसा जेम्स फ़्रीमैन क्लार्क ने कहा है, 'हम पूरे समय या तो प्रगति कर रहे हैं या अवनति कर रहे हैं। इस जीवन में स्थिर बने रहने जैसी कोई चीज़ नहीं होती।'

## रोचक तथ्य

- कृत्रिम स्पॉन्ज का निर्माण होने से पहले हमारे घरों के स्पॉन्ज दरअसल सी स्पॉन्ज ही होते थे।

- मध्य युग में सी स्पॉन्ज से विभिन्न रोगों का इलाज किया जाता था। सी स्पॉन्ज में काफ़ी आयोडीन होता है, इसलिए घावों पर इसके एंटीसेप्टिक और एंटीबैक्टीरियल प्रभाव होते हैं।

- सी स्पॉन्ज का बायोकेमिकल कंपाउंड स्पॉन्जिस्टेनिन 1 कैन्सरयुक्त ट्यूमरों को बढ़ने से रोकता है।

# 22

# सफलता के सबक़ : शार्क

## आदर्श शिकारी

- चलते रहें
- कभी अवसर नहीं चूकें
- ख़ुद को सफलता के लिए तैयार करें
- हमेशा आगे बढ़ते जाएँ
- कठोर बनें

'डायनासौर से भी पहले शार्क थीं और समुद्र में शार्क आज भी इस कारण मौजूद हैं, क्योंकि शार्क से बेहतर शार्क कोई हो नहीं सकता।'

—इलियट पेपर

शार्क समुद्र पर राज करती हैं और वे करोड़ों सालों से करती आ रही हैं। वे आदर्श शिकारी हैं। और क्यों ना हों? कुदरत ने उन्हें बहुत से अद्भुत उपहार दिए हैं। उनके पास छह उत्कृष्ट इंद्रियाँ होती हैं : सूँघना, सुनना, स्पर्श, स्वाद, दृष्टि और इलेक्ट्रोमेग्नेटिज़्म। शार्क के शरीर का आकार टॉरपीडो जैसा होता है और यह समुद्र में तैरने के लिए इतना आदर्श है कि अमेरिकी सेना ने शार्क के शरीर की नक़ल करके पनडुब्बी बनाई है।

## चलते रहें

शार्क का शरीर सुंदर होता है, शायद इसलिए क्योंकि यह बहुत व्यायाम करती है। हमारे लिए फटाफट सबक़! अगर आप भी अपने शरीर को सुंदर देखना चाहते हैं, तो बहुत व्यायाम करें! देखिए, साँस लेने के लिए शार्क को हमेशा चलते रहना पड़ता है। वे अपने मुँह से पानी भरती हैं और पानी उनके गिलों के ऊपर से उस प्रक्रिया में निकलता है, जिसे 'रैम वेंटिलेशन' कहते हैं। यदि शार्क थोड़े समय के लिए भी नहीं चले, तो यह डूब जाएगी और मर जाएगी। आपमें से जो लोग सुंदर शरीर चाहते हैं, उन्हें दिन में 30-50 मील चलना चाहिए, जिस तरह शार्क चलती है। ठीक है, ठीक है, आप शार्क नहीं, मनुष्य हैं, इसलिए अगर आप इसका दस प्रतिशत भी चल लें, तो भी आपका काम चल जाएगा! बस 3-5 मील प्रति दिन चलें।

शार्क हमें सिखाती हैं कि अगर हम अपने सपने पूरे करना चाहते हैं, तो हमें सक्रिय होना चाहिए, मेहनत करनी चाहिए और प्रोएक्टिव बनना

चाहिए। अगर हम सीखते नहीं हैं और विकास नहीं करते हैं, तो हम लीक में फँस जाते हैं और साधारण जीवन जीने के लिए अभिशप्त हो जाते हैं। प्रौद्योगिकी तेज़ी से बदल रही है और अगर हम अपनी योग्यताओं या ज्ञान को अद्यतन नहीं करते हैं, तो हम पिछड़ जाएँगे और लुप्त हो जाएँगे। कुदरत में उपयुक्ततम के बचाव का नियम काम करता है और यह मानव संसार में भी काम करता है। यदि आपको बचे रहना है और सफल होना है, तो आपको ख़ुद को फ़िट रखना होगा। शार्क ख़ुद को फ़िट रखने के लिए लगातार चलती है, क्या आप भी ऐसा ही करते हैं? ख़्लो करदेशियन के शब्द याद रखें, 'मेरी फ़िटनेस की यात्रा आजीवन यात्रा है।'

## कभी अवसर नहीं चूकें

शार्क की गंध की इंद्रिय इतनी ज़बरदस्त होती है कि यह पानी में चौथाई मील दूर से ख़ून को सूँघ लेती है। गंध शार्क के लिए इतनी महत्त्वपूर्ण होती है कि इसका दो-तिहाई मस्तिष्क इसकी गंध की इंद्रिय के प्रति ही समर्पित होता है। यह विद्युत प्रवाह को भी भाँप सकती है, जिससे इसे अपने शिकार का ठिकाना पता चलता है। और जैसे ही इसे कोई अवसर दिखाई देता है, यह उसे कच्चा निगल जाती है। आप अवसर की तलाश कैसे करते हैं? अवसरों को सूँघने की आपकी क्षमता कितनी शक्तिशाली है? क्या आप अवसर को चौथाई मील दूर से भाँप लेते हैं, जैसा शार्क करती है? क्या आप हमेशा उनकी ताक में रहते हैं? क्या आप निरंतर उनकी तलाश करते हैं या फिर आप बस उनके सामने आने का इंतज़ार करते हैं? अपनी अनुभूति और चिंतन-मनन को ज़्यादा प्रखर करें और अपनी अवसर खोजने की योग्यता को बढ़ाएँ। और जब भी कोई अवसर दिखे, तो उसे शार्क जितनी तेज़ी से पकड़ लें। जैसा फ़्रांसिस बेकन कहते हैं, 'समझदार आदमी को जितने अवसर मिलते हैं, उनसे ज़्यादा वह ख़ुद बनाता है।'

शायद मनुष्य शार्क का अनुकरण सबसे ज़्यादा शेयर बाज़ार में करते हैं, जहाँ डे ट्रेडर अवसर की भनक लगते ही तुरंत कूद पड़ते हैं। जैसा डेनियल ल्यूबट्ज़्की ने कहा है, 'वॉल स्ट्रीट की शार्क वहाँ जाएगी, जहाँ इसे ख़ून की खुशबू आएगी और आप इसे नहीं बदल सकते।'

## ख़ुद को सफलता के लिए तैयार करें

शार्क सफलता के लिए अच्छी तरह तैयार होती है। इसके जबड़ों को मौत के जबड़े कहा जाता है। इसके पैने दाँत समय-समय पर नए आते रहते हैं, इसलिए इसकी पकड़ हमेशा पैनी बनी रहती है, चाहे शार्क की उम्र कितनी भी हो जाए। शार्क की सुनने की योग्यता भी उत्कृष्ट होती है। यह 3,000 फुट दूर से किसी शिकार की आवाज़ सुन सकती है। इसके कान दरअसल इसके मस्तिष्क के भीतर स्थित होते हैं, जिस कारण यह इतना अच्छा सुन लेती है।

यदि आप सफल होना चाहते हैं, तो ख़ुद से कुछ प्रश्न पूछें। आप अपने प्रयास के चुने हुए क्षेत्र में सफलता पाने के लिए कितने और किस तरह से तैयार हैं? क्या आपकी योग्यताएँ उस काम से मेल खाती हैं, जो आप इस समय कर रहे हैं? क्या आप ज़्यादातर समय अपनी शक्ति के क्षेत्रों में काम कर रहे हैं? आप कौन-सी योग्यताएँ सीख सकते हैं, जिनसे आपकी सफलता की दर बढ़ जाएगी? क्या आप शार्क के दाँतों की तरह ही अपनी योग्यताओं का नवीनीकरण कर रहे हैं, ताकि आप सफल हो सकें, चाहे आपकी उम्र कितनी भी हो जाए। जैसा जॉन ड्यूई ने कहा है, 'हर जीवित प्राणी के लिए सतत नवीनीकरण ज़रूरी होता है और शिक्षा वह मुख्य प्रक्रिया है, जिसके द्वारा नवीनीकरण होता है।'

## हमेशा आगे बढ़ते जाएँ

शार्क हमें यह भी सिखाती है कि हमें हमेशा आगे बढ़ते रहना चाहिए। मछलियों के विपरीत शार्क केवल आगे की तरफ़ ही तैर सकती हैं। वे पीछे नहीं तैर सकतीं, क्योंकि उनके मीनपक्ष कठोर होते हैं और मांसपेशियों द्वारा नियंत्रित नहीं किए जा सकते। उनकी तरह हमें भी जीवन में आगे बढ़ने की कोशिश करनी चाहिए। बीती बातों पर अफ़सोस या क्रोध या कुंठा नहीं रखें! अतीत की असफलताओं से दुखी नहीं हों; उनसे सबक़ सीखें। पुरानी सफलताओं पर घमंड नहीं करें; भविष्य में प्रगति करने की सोचें। ब्रैड पैस्ली की चेतावनी पर ग़ौर करें, 'अगर आप बहुत ज़्यादा पीछे देखने की ग़लती करते हैं, तो इसका मतलब है कि आप अपने सामने की सड़क पर पर्याप्त केंद्रित नहीं हैं।' याद रखें, कोई भी पीछे देखकर टॉप गियर में कार नहीं

चला सकता। इसलिए अगर आप टॉप गियर में अपनी गाड़ी चलाना चाहते हैं, तो ज़्यादा बार पीछे नहीं देखें। हमें यहाँ और अभी पर ध्यान केंद्रित करने की ज़रूरत है। हम कहाँ खड़े हैं और हम कहाँ जा रहे हैं? हमारा लक्ष्य निरंतर प्रगति करना है, भले ही यह धीमी या कम हो, क्योंकि थोड़ा-थोड़ा करके भी बहुत हो जाता है। जैसा जिम रॉन ने कहा है, 'सफलता मनुष्य के व्यक्तिगत लक्ष्यों की दिशा में क्रमिक प्रगति है।'

यह नहीं सोचें कि शार्क आदर्श होती है और इसमें कोई कमी नहीं होती। दरअसल शार्क में एक महत्त्वपूर्ण कमी होती है : यह बोल नहीं सकती। शार्क के वोकल कॉर्ड नहीं होते, इसलिए यह कोई आवाज़ नहीं निकालती है। इसीलिए इसे 'ख़ामोश हत्यारा' कहा जाता है। लेकिन यह बॉडी लैंग्वेज के ज़रिये संप्रेषण करके इस कमी से उबरने की कोशिश करती है। इसी तरह हमें भी अपनी कमियों से उबरने की कोशिश करनी चाहिए, चाहे वे जो भी हों। और हम बॉडी लैंग्वेज से संप्रेषण करना भी सीख सकते हैं। आदमक़द आईने के सामने खड़े होकर एक मिनट तक बोलें और सारे समय ख़ुद को आईने में देखते रहें। इससे भी बेहतर, अपने जीवनसाथी या मित्र से कहें कि आपके बोलते समय वह आपका वीडियो बना ले। फिर उस वीडियो को चलाकर अपनी बॉडी लैंग्वेज का विश्लेषण करें। मैं यक़ीन दिलाता हूँ कि आपकी आँखें खुल जाएँगी (मेरी तो कुछ ज़्यादा ही खुल गई थीं और अब तक खुली हुई हैं)। यह छोटा-सा अभ्यास ही आपको बता देगा कि आपकी बॉडी लैंग्वेज प्रभावी है या नहीं।

## कठोर बनें

द रोड लेस ट्रैवल्ड पुस्तक की पहली पंक्ति है, 'जीवन मुश्किल है।' सच है, जीवन मुश्किल है और संसार कठोर है! इसलिए कठोर बनें! अपनी चमड़ी शार्क जितनी मोटी बना लें। जानवरों में सबसे मोटी चमड़ी शार्क की ही होती है। व्हेल शार्क तो बुलेटप्रूफ़ होती हैं, जिनकी छह इंच मोटी त्वचा होती है और उनका ब्लड सैंपल लेना वैज्ञानिकों के लिए बेहद मुश्किल होता है।

शार्क के प्रतिरक्षण तंत्र में स्क्वेलेमाइन नामक अनूठा एंटीवाइरल एजेंट होता है और यह वायरसों के विकसित होने से पहले ही उनसे लड़ता है।

शार्क की तरह ही ख़ुद को वायरसों से सुरक्षित रखना सीखें। आलोचना के वायरस से ख़ुद को सुरक्षित रखें, हताशा के वायरस से ख़ुद को सुरक्षित रखें और डर के वायरस से ख़ुद को सुरक्षित रखें। अपनी प्रगति पर पूरा ध्यान केंद्रित करें, अपने सपनों पर से नज़र नहीं हटाएँ और सारे समय सकारात्मक मानसिकता वाले लोगों के साथ रहने की कोशिश करें।

शार्क इतनी कठोर होती हैं कि टाइगर शार्क का सबसे बड़ा भ्रूण अपने साथी भ्रूणों को खा जाता है। यदि 12 भ्रूण हैं, तो सबसे बड़ा भ्रूण बाक़ी 11 को खा जाएगा। इसका मतलब है कि वे अपना जीवन कठोर नज़रिये और उपयुक्ततम के बचाव की मानसिकता से शुरू करते हैं। इसका यह भी मतलब है कि जो एक बच्चा पैदा होता है, वह पैदा होते वक़्त ज़्यादा बड़ा होगा और उसमें बाक़ी हिंसक जानवरों से सुरक्षित रहने की ज़्यादा योग्यता भी होगी।

हमें अपने भाई-बहनों को गर्भ में या पैदा होने के बाद खाना नहीं सीखना चाहिए। लेकिन हम निश्चित रूप से आलोचना के प्रति कठोर चमड़ी बना सकते हैं। जैसा जॉन वुडन ने कहा है, 'आप अपनी प्रशंसा या आलोचना को ख़ुद तक नहीं पहुँचने दें। इनमें से किसी में भी उलझना कमज़ोरी है।' इस क्षेत्र में शार्क की तरह बुलेटप्रूफ़ बन जाएँ। यदि आप किसी चीज़ में विश्वास करते हैं, तो उसमें अपना सब कुछ झोंक दें, चाहे आलोचक कुछ भी कहते रहें। यह उनका सपना नहीं है, ना ही उनका जीवन है। यदि जेफ़ बेज़ोस ने अपने आलोचकों की बात पर यक़ीन किया होता, तो आज ऐमेज़ॉन का नामोनिशान तक नहीं होता। एलीनोर रूज़वेल्ट की सलाह पर चलें, 'वही करें, जो आपको अपने दिल में सही महसूस होता हो - क्योंकि आपकी वैसे भी आलोचना होगी। अगर आप कुछ करते हैं, तो भी होगी और कुछ नहीं करते हैं, तो भी होगी।'

वैसे आलोचकों से दूरी बनाने में ज़्यादा समझदारी नज़र आती है। जैसा स्टीव गुडियर ने कहा है, 'आप किसके साथ समय बिताते हैं? आलोचकों के साथ या प्रोत्साहित करने वालों के साथ? ख़ुद को उन लोगों से घेर लें, जो आपमें विश्वास करते हैं। आपका जीवन इतना ज़्यादा महत्त्वपूर्ण है कि आपको इससे कम कुछ नहीं करना चाहिए।'

## रोचक तथ्य

- हर साल 14 जुलाई को शार्क जागरूकता दिवस मनाया जाता है। शार्क अपना आहार साबुत या बड़े टुकड़ों में निगलती हैं (उनके दाँत चबाने के लिए नहीं होते)।

- ज़्यादातर शार्कों को मनुष्यों का स्वाद पसंद नहीं आता, इसलिए अक्सर वे एक टुकड़ा काटती हैं और अरुचि से दूर चली जाती हैं। दूसरी तरफ़, मनुष्य हर साल लगभग 10 करोड़ शार्क की जान लेता है।

- शार्क में एक अनूठा कंपाउंड होता है, जो ट्यूमर बढ़ने से रोकता है। कैन्सर शोधकर्ता ट्यूमरों का प्रतिरोध करने तथा उन्हें नष्ट करने की इसकी अनूठी योग्यता पर शोध कर रहे हैं। शोधकर्ता शार्क के ख़ून में पाए जाने वाले विशेष थक्का-रोधी यौगिकों पर भी काम कर रहे हैं।

# 23

# सफलता के सबक़ : मकड़ी

## कभी हार नहीं मानें!

- कभी हार नहीं मानें!
- शुरू कर दें!
- दिखावे पर नहीं जाएँ
- हर दिन मेहनत करें
- मज़बूत संपत्तियाँ बनाएँ

'एक बार जब आप मकड़ियों को देखना शुरू कर देते हैं, तो आपके पास किसी दूसरी चीज़ के लिए समय ही नहीं रहता।'

—ई.बी. व्हाइट

14वीं शताब्दी में रॉबर्ट द ब्रूस नामक राजा था। जब अँग्रेज़ों की सेना ने उसे हरा दिया, तो वह एक गुफा में छिप गया। वह बहुत निराश और हताश था। गुफा में उसने एक छोटी मकड़ी को जाल बुनते देखा। कुछ समय बाद हवा से वह जाल टूट गया, लेकिन कुछ समय बाद राजा ने देखा कि वह मकड़ी एक और जाल बुन रही थी। जब हवा से जाल टूटने और बुनने की यह प्रक्रिया कुछ बार दोहराई गई, तो राजा सोचने पर मजबूर हो गया। जब कोई सोच-विचार करता है, तो उसके अच्छे परिणाम होते हैं। राजा ने सोचा कि उसे एक बार हारने पर निराश महसूस नहीं करना चाहिए, बल्कि मकड़ी से धैर्य, लगन और संकल्प के गुण सीखने चाहिए - और उन्हें अपने जीवन में उतारना चाहिए। मनोबल बढ़ने पर राजा ने दोबारा प्रयास किया और लंबे संघर्ष के बाद अपना खोया हुआ राज्य जीत लिया। तो इस तरह आपने देखा, मकड़ी छोटी-सी दिखती है, लेकिन यह हमें कुछ ऐसे सबक़ सिखा सकती है, जिनसे हमें लाभ हो सकता है।

## कभी हार नहीं मानें!

मकड़ियाँ सख्तजान सैनिक की तरह होती हैं। वे कभी हार नहीं मानतीं। देखिए, पीटर पार्कर भी कभी हार नहीं मानता - हमारा स्पाइडरमैन, जिसे एक रेडियोएक्टिव मकड़ी ने काट लिया था। जब आप अपने घर की सफ़ाई करती हैं और मकड़ियों के बनाए सारे जाले साफ़ कर देती हैं, तो मकड़ियाँ हार नहीं मानती हैं, बल्कि कुछ ही दिनों में उन्हें दोबारा बना लेती हैं। असफल होने पर वे कभी हताश नहीं होतीं; इस बात की संभावना ज़्यादा है कि आप पहले हार मान लेंगी। मकड़ियों से हम यह सीख सकते हैं कि

मुश्किल समय में हमें दिल नहीं हारना चाहिए। वैसे अगर आप किसी सुंदर लड़की के सामने दिल हार रहे हैं, तो आपको इजाज़त है; आख़िर आप इंसान हैं। मकड़ियाँ अपना दिल नहीं हारती हैं, हालाँकि कई बार वे अपना सिर ज़रूर हार जाती हैं, जैसा आपको बाद में बताया जाएगा।

मुश्किलों और चुनौतियों को खेल का हिस्सा मानें। मकड़ियाँ इस बात पर अफ़सोस नहीं करतीं कि आपने उनके बनाए जाले हटा दिए। उनका इस बारे में दार्शनिक अंदाज़ होता है : आप कई बार जीतते हैं, कई बार हारते हैं। लेकिन अगले दिन आप एक नई शुरुआत कर सकते हैं। हमें भी अपने विपरीत अनुभवों और अतीत की ग़लतियों से सीखना चाहिए तथा उनकी रोशनी में सफलता की ज़्यादा अच्छी रणनीति बनानी चाहिए। लेकिन चाहे जो हो जाए, हमें कभी हार नहीं मानना चाहिए। जैसा एलीशा ने कहा है, 'निराशा के ज़रिये ही मुझे यह सीखना होगा कि कभी हार को स्वीकार नहीं करना है, बल्कि एक बिलकुल नई योजना बनानी है और एक नया समाधान खोजना है।'

मकड़ी लगनशील होती है। जब इसका जाला नष्ट हो जाता है, तो यह इसे दोबारा बना देती है। शायद उसी जगह नहीं, शायद उतना बड़ा नहीं। यह अफ़सोस नहीं करती है कि जीवन कितना अन्यायपूर्ण है। इसके बजाय मकड़ी वह काम करती रहती है, जिसके लिए वह पैदा हुई थी : जाले बनाना, जो इसकी आजीविका और सृजनात्मकता का साधन है। मकड़ी को नए जाले बनाने की अपनी प्रतिभा पर भरोसा होता है। हर असफलता के साथ मकड़ी थोड़ी ज़्यादा समझदार बनती है, थोड़ा बेहतर बुनती है और थोड़ी बेहतर योजना बनाती है। और हमें भी ऐसा ही करना चाहिए। जैसा ब्रैड पैस्ली ने कहा है, 'कल 365-पृष्ठों की पुस्तक का पहला कोरा पन्ना है। अच्छा लिखें।'

## शुरू कर दें!

लुइस कैरोल ने कोई काम करने के बारे में यह अच्छी सलाह दी है, 'शुरुआत से शुरू करें और फिर तब तक चलते जाएँ, जब तक कि आप अंत तक नहीं पहुँच जाएँ; फिर रुक जाएँ।' मकड़ी इसी तरह काम करती है। अपना जाला बनाते समय यह शुरुआत में थोड़ा सोच-विचार तो करती है, लेकिन यह

सबसे अच्छे अवसर या आदर्श टाइमिंग या अचूक ठिकाने का बहुत ज़्यादा इंतज़ार नहीं करती है। यह तो केवल एक अच्छे ठिकाने की तलाश करती है, जहाँ इसका भोजन यानी कीड़े-मकोड़े रहते हों और फिर यह काम शुरू कर देती है। और यह उस काम में तब तक जुटी रहती है, जब तक कि वह पूरा नहीं हो जाता। मकड़ी कभी एक जाला अधूरा छोड़कर दूसरा नहीं बुनती है। यह एक काम को शुरू करती है और उसे पूरा करके ही दूसरे काम में जुटती है। जैसा बुद्ध ने कहा है, 'सत्य की राह में इंसान केवल दो ही ग़लतियाँ कर सकता है : पूरे रास्ते नहीं चलना और शुरू नहीं करना।' यह सफलता की राह के बारे में भी सच है।

इसलिए आप जीवन में जो भी हासिल करना चाहते हों, उसे आज ही शुरू कर दें - आदर्श दिन का इंतज़ार नहीं करें; यह कभी नहीं आएगा। अचूक अवसर का इंतज़ार नहीं करें; वे आजकल नहीं आते हैं। आदर्श परिस्थितियों का इंतज़ार नहीं करें; क्रिकेट मैच को छोड़कर संसार में कहीं आदर्श परिस्थितियाँ नहीं होती हैं। सही पल का इंतज़ार भी नहीं करें, क्योंकि आपको कभी पता नहीं होता कि कौन-सा पल बिलकुल सही है। जैसा स्टॉक मार्केट में कहा जाता है, शेयर बाज़ार में सही टाइमिंग के चक्कर में नहीं पड़ें, बस सिप (सिस्टैमेटिक इनवेस्टमेंट प्लान) शुरू कर दें और नियमित निवेश करें।

रॉबर्ट कियोसाकी एक दमदार सलाह देते हैं, 'अगर आप इस तरह के व्यक्ति हैं, जो हर चीज़ के "सही" होने का इंतज़ार कर रहा है, तो आपको लंबे समय तक इंतज़ार करना पड़ सकता है। यह तो वैसा ही है, जैसे आप यात्रा शुरू करने से पहले अगले पाँच मील तक की सभी ट्रैफ़िक लाइट्स के हरी होने का इंतज़ार करें।' इससे बेहतर यह रहेगा कि आप यात्रा शुरू कर दें और जब आप ट्रैफ़िक लाइट्स तक पहुँचेंगे, तो उनमें से कई आपको हरी मिलेंगी या कुछ पल बाद हरी हो जाएँगी। कंप्यूटर की शब्दावली में हम कह सकते हैं कि बूटिंग की समस्या हमारी असफलता या योग्यता के कम उपयोग का मुख्य कारण है। इसलिए आप जहाँ भी हों, वहाँ शुरू कर दें और चलते-चलते सीखते जाएँ। जैसा रे ब्रैडबरी ने कहा है, 'कूद जाओ और नीचे गिरते वक़्त आपको पता चल जाएगा कि अपने डैने कैसे खोलना है।'

## दिखावे पर नहीं जाएँ

मकड़ियों की आठ आँखें होती हैं। आप सोच रहे होंगे, वाह, तब तो इसकी आँखों की रोशनी ज़बरदस्त होगी! आप इस मामले में ग़लत हैं : इसकी आँखों की रोशनी दरअसल काफ़ी कमज़ोर होती है। संख्याएँ ग़लत कहानी बता सकती हैं, किसी भी सांख्यिकीविद् से पूछकर देख लें! आठ आँखें होने के बावजूद ज़्यादातर मकड़ियाँ अच्छी तरह नहीं देख सकतीं। इलेक्ट्रिक ईल की तरह ही मकड़ियाँ भी अपने शिकार को उनकी गतिविधि से भाँपती हैं। फिर वे अपने शिकार को सिल्क के कोकून में बंद कर लेती हैं और इसमें ज़हर भर देती हैं।

दिखावे से धोखा हो सकता है! जो चीज़ स्पष्ट लाभ जैसी दिखती है, हो सकता है कि वह वैसी नहीं हो। दिखावे और हक़ीक़त के बीच काफ़ी फ़र्क़ हो सकता है (इसकी पुष्टि करने के लिए किसी भी ब्यूटी पार्लर में चले जाएँ, वहाँ मेकअप के 'पहले' और 'बाद' की तसवीरें देखने पर आपको सबूत मिल जाएगा)। यह वित्त के संसार में ख़ास तौर पर सच होता है, जहाँ दौलतमंद नज़र आने वाले लोग दरअसल भारी क़र्ज़ में डूबे हो सकते हैं, जैसा अद्भुत पुस्तक द *मिलियनेअर नेक्स्ट डोर* में बताया गया है। सभी सेल्स पीपलों को अपने संभावित ग्राहकों की डिस्पोज़ेबल आय और ख़र्च की आदतों का अंदाज़ा होना चाहिए। कुछ ग्राहकों की डिस्पोज़ेबल आय ज़्यादा होती है और यह आपके लिए एक संकेत है। बहरहाल, दिखावे और हक़ीक़त के फ़र्क़ की जाँच करना नहीं भूलें। जैसा विल रॉजर्स ने कहा है, 'बहुत ज़्यादा लोग वह पैसा ख़र्च करते हैं, जो उन्होंने नहीं कमाया है, उन चीज़ों को ख़रीदने के लिए जिन्हें वे नहीं चाहते हैं, उन लोगों को प्रभावित करने के लिए जिन्हें वे पसंद नहीं करते हैं।' यदि आप कार बेचते हैं, तो इस उद्धरण में एक और संकेत है... (अगर आप संकेत को नहीं समझे हों, तो यह महँगी चीज़ों की शान झाड़कर दूसरों को प्रभावित करने की इच्छा के बारे में था)।

## हर दिन मेहनत करें

मकड़ी हर दिन जाला बनाती है – या जब भी पिछला जाला नष्ट हो जाता है या हटा दिया जाता है। यह जानती है कि निरंतर अभ्यास से ही योग्यता

आदर्श बनती है। यह एक और घटक का लाभ लेती है : आदत की शक्ति। हम जो भी काम लगातार करते हैं, उसकी आदत पड़ जाती है। यदि आप किसी ख़ास काम में हर दिन एक-दो घंटे लगाने की आदत डाल लेते हैं, तो आप उस क्षेत्र में दिन दूनी रात चौगुनी तरक़्क़ी करेंगे। यह मायने नहीं रखता है कि वह काम कौन-सा है। चाहे यह जिम में व्यायाम करना हो या प्रॉस्पेक्टिंग हो या टाइपिंग हो, आदत की शक्ति आपकी प्रगति को इतना तीव्र कर देगी कि सब देखने को मजबूर हो जाएँगे।

इसलिए किसी भी अच्छे सेल्समैन की तरह मकड़ी अपना लक्ष्य जानती है : एक दिन में एक जाला। यह अपना इनपुट जानती है : एक जाला 1-2 घंटे में बनता है। इसका मतलब है कि मकड़ी केवल 1-2 घंटे काम करके बाक़ी समय चैन से बैठ सकती है और अपने शिकारों को खा सकती है। मकड़ियाँ हमें निरंतरता और लगन का पाठ पढ़ाती हैं। लक्ष्य पर ध्यान केंद्रित करें और इस तक पहुँचने के लिए कड़ी मेहनत करें। हर दिन अभ्यास करें और अगर आप अपना आउटपुट बढ़ाना चाहते हैं, तो अपना इनपुट बढ़ाने की कोशिश करें। साधारण क्यों रहें, जबकि आप असाधारण बन सकते हैं... मकड़ी की तरह? जॉन सी. मैक्सवेल ने कहा है, 'आप अपने जीवन को कभी नहीं बदल पाएँगे, जब तक कि आप उस चीज़ को नहीं बदलते हैं, जिसे आप हर दिन करते हैं। आपकी सफलता का रहस्य आपकी दिनचर्या में मिलता है।'

## मज़बूत संपत्तियाँ बनाएँ

रॉबर्ट कियोसाकी ने संपत्ति की बड़ी आसान परिभाषा बताई है : 'संपत्तियाँ आपकी जेब में पैसे रखती हैं, चाहे आप काम करें या नहीं करें।' संपत्तियाँ आपको निष्क्रिय आमदनी देती रहती हैं। हम सभी मकड़ी से इस बारे में एक अच्छा सबक़ सीख सकते हैं : सतत कैशफ़्लो प्राप्त करने के लिए मज़बूत संपत्तियाँ कैसे बनाई जाएँ (ज़्यादा विस्तृत जानकारी के लिए रॉबर्ट कियोसाकी की पुस्तक *द कैशफ़्लो क्वाड्रैंट* या बर्क हेजेस की पुस्तक *पैरेबल ऑफ़ द पाइपलाइन* पढ़ें)।

याद रखें, मकड़ी एक घंटे में एक जाला बनाती है और अब यह आराम से बैठकर पुरस्कारों का इंतज़ार कर सकती है। यदि बाहरी शक्तियाँ

उस जाले को नहीं हटाएँ, तो मकड़ी को आगे काम करने की ज़रूरत नहीं है। रॉबर्ट कियोसाकी की शब्दावली में कहें, तो यह अवशिष्ट आमदनी पर 'जवानी में ही अमीर बन कर रिटायर हो सकती है।' उस एक जाले से इसे नियमित रूप से महीनों तक या जीवन भर भोजन मिल सकता है (यदि यह नष्ट नहीं हो), जिसे इसने केवल एक घंटे में बनाया था। इसीलिए हम इसे मज़बूत संपत्ति कहते हैं। हमारा लक्ष्य भी यह होना चाहिए कि हम मज़बूत संपत्तियाँ बनाएँ। वॉरेन बफ़े ने भी मज़बूत संपत्तियाँ बनाने के मकड़ी सिद्धांत का पालन किया था : अपने निवेश करियर की शुरुआत में उन्होंने भरपूर डिविडेंड देने वाली कंपनियों के ढेर सारे शेयर ख़रीदे और कौड़ियों के मोल ख़रीदे : एक लाभकारी मिश्रण।

## रोचक तथ्य

- काली विधवा मकड़ी को 'विधवा' इसलिए कहा जाता है, क्योंकि संसर्ग के बाद मादा मकड़ी नर साथी को खा जाती है। नहीं, नहीं, मादा संसर्ग के बाद ख़ून की प्यासी नहीं हो जाती है; नर ही आत्मघाती बन जाता है। नर अपना सिर मादा के जबड़ों में रख देता है और उससे अपना सिर खाने का आग्रह करता है।

- मकड़ी का रेशम उतने ही मोटे स्टील के धागे से पाँच गुना ज़्यादा मज़बूत होता है। मकड़ी के रेशम के धागों से बना जाला अगर पेंसिल जितना मोटा हो, तो यह उड़ते हुए बोइंग 747 जम्बो जेट को रोक सकता है। वैज्ञानिक अब तक मकड़ी के रेशम की शक्ति और लचीलेपन की नक़ल नहीं कर पाए हैं।

- सैकड़ों सालों से लोग ख़ून रोकने के लिए अपने घावों पर मकड़ी के जाले लगाते आ रहे हैं। अब वैज्ञानिक जान गए हैं कि मकड़ी के रेशम में विटामिन के होता है, जो ख़ून को रोकने में मदद करता है।

# 24

# सफलता के सबक़ : कछुआ

## निरंतर प्रयास की जीत होती है

- एक बार में एक क़दम चलें
- आत्मनिर्भर बनें
- लक्ष्य की दिशा से नहीं भटकें
- प्रगति के लिए जोखिम लेना ज़रूरी है
- दूसरों की आलोचना पर ध्यान नहीं दें

*'लगनशील बनें, क्योंकि हो सकता है कि चाबियों के गुच्छे की आख़िरी चाबी से ही सफलता का दरवाज़ा खुलता हो।'*

—जॉन मैसन

कछुए आदर्श अंतर्मुखी होते हैं; जोखिम दिखने पर वे अपने खोल के अंदर चले जाते हैं और तब तक बाहर नहीं निकलते, जब तक कि ख़तरा टल नहीं जाता। और वे अपनी धीमी गति के लिए भी मशहूर हैं। कछुए की लोकप्रियता तब शुरू हुई, जब ईसप ने अपनी मशहूर कहानी लिखी और कछुओं के प्रेमी तभी से उनके दीवाने बन गए। ग़ौर करें, इस पुस्तक में हमने टर्टल (जलीय कछुए) और टोरटॉइज़ (ज़मीनी कछुए) में कोई भेद नहीं किया है तथा दोनों के लिए कछुआ शब्द का ही इस्तेमाल किया है। मैं जानता हूँ कि वे पति-पत्नी जितने अलग-अलग होते हैं। (यह जॉन ग्रे की अंतरराष्ट्रीय बेस्टसेलर *मेन आर फ़्रॉम मार्स, विमेन आर फ़्रॉम वीनस* की ओर संकेत है।)

## एक बार में एक क़दम चलें

हम सभी ने कछुए और खरगोश की दौड़ वाली कहानी पढ़ी है, जिसमें अति आत्मविश्वास की वजह से तेज़ दौड़ने वाला खरगोश सो जाता है, जबकि धीमे-धीमे चलने वाला कछुआ लगन की वजह से जीत जाता है। इस कहानी के माध्यम से बच्चों को युगों-युगों से यह शिक्षा दी जाती है कि लगनशील व्यक्ति की जीत होती है। देखिए, अगर आपके माता-पिता ज़्यादातर माता-पिता जैसे रहे होंगे, तो उन्होंने आपमें लगन की आदत डालने के लिए यह कहानी बार-बार सुनाई होगी।

सही बात है, कछुआ हमें निरंतर प्रयास करने और छोटे-छोटे क़दम बढ़ाने की सीख देता है। जापान में शुरू हुई काइज़ेन नीति मूलतः कछुआ दर्शन पर आधारित है और यह इक्कीसवीं सदी में काफ़ी लोकप्रिय हुई है।

धीमे चलें। एक-एक क़दम चलें। ताबड़तोड़ या भारी-भरकम सुधार करने की कोशिश नहीं करें। एक-एक प्रतिशत तरक़्क़ी, सुधार या बेहतरी करते जाएँ। आपका क्षेत्र चाहे जो हो, आप एक बार में एक क़दम चलकर प्रगति कर सकते हैं। एक-एक पेज रोज़ लिखकर (जिसमें आपको ज़्यादा से ज़्यादा 30 मिनट लगेंगे) आप साल भर में 365 पेज का उपन्यास लिख सकते हैं। आप हर दिन एक प्रॉस्पेक्ट से मिलकर साल भर में 365 प्रॉस्पेक्ट से मिल सकते हैं। यानी बूँद-बूँद से घड़ा भर सकता है। आप एक-एक कौर करके हाथी को भी खा सकते हैं। और उपन्यासकार अनीता ब्रुकनर की बातों में नहीं आएँ, जिनसे ना जाने क्यों कछुए की प्रशंसा सहन नहीं हुई थी, 'असली जीवन में हमेशा खरगोश ही जीतता है। अपने आस-पास देखें। मेरा दावा है कि ईसप कछुआ बाज़ार के लिए लिख रहे थे... खरगोशों के पास पढ़ने का समय नहीं होता। वे खेल को जीतने में बहुत ज़्यादा व्यस्त रहते हैं।'

## आत्मनिर्भर बनें

कछुआ ज़मीन पर रहने वाले सभी जानवरों में सबसे लंबा जीता है। इसकी आयु 80 से 150 साल तक की होती है। लेकिन इसे बचपन से ही आत्मनिर्भर बनना पड़ता है। क्या आप जानते हैं कि मादा कछुआ तट के किनारे झाड़ियों में अंडे देकर और छुपाकर चली जाती है? जब अंडे फूटते हैं और बच्चे निकलते हैं, तो सुरक्षा या परवरिश देने के लिए माता-पिता उनके आस-पास नहीं होते। एक तरह से वे अनाथ पैदा होते हैं। वे सहज बोध से जानते हैं कि अगर उन्हें जीवित रहना है, तो पानी तक पहुँचना होगा। उन्हें पानी तक पहुँचने का मार्ग खुद तय करना होता है और वह भी बिना किसी मार्गदर्शन या सुरक्षा के। राह में कई ख़तरे होते हैं, जैसे पक्षी और ज़मीनी जानवर और इंसान भी, जिनसे बचकर इसे पानी तक जाना होता है। इस तरह कछुआ आत्मनिर्भरता और सहज बोध पर चलने का सबक़ जीवन में जल्दी ही सीख लेता है। हमें भी इससे सीख लेनी चाहिए और दूसरों पर कम निर्भर रहना चाहिए। इसका मतलब यह नहीं है कि आप अकेले या अपने दम पर ही सफल होने की सोचें। कोई भी अकेला सफल नहीं होता; सफल होने के लिए हमेशा दूसरों के सहयोग की ज़रूरत होती है। अगर हम सफल होना चाहते हैं, तो दूसरों का सहयोग तो लें, लेकिन उन पर निर्भर

नहीं रहें। याद रखें, आपकी सफलता आपके हाथ में है और यह किसी दूसरे की नहीं, बल्कि आपकी ज़िम्मेदारी है।

आपकी सफलता में जितनी रुचि या हित आपका है, उतना किसी दूसरे का नहीं है। और यह एक तरह से सही भी है। अगर हर व्यक्ति अपनी सफलता पर ध्यान केंद्रित कर ले, तो पूरा संसार सफल लोगों का संसार बन सकता है। हर कछुआ, चाहे वह छोटा हो या बड़ा, फ्रैंक टाइगर के इस कथन से अवश्य सहमत होगा, 'आपका भविष्य कई चीज़ों पर निर्भर करता है, लेकिन अधिकतर आप पर।'

## लक्ष्य की दिशा से नहीं भटकें

मान लें कछुआ किसी जगह जा रहा है (जो काफ़ी दुर्लभ है)! अगर आप उसे उठाकर उसका मुँह उलटी दिशा में कर दें, तो क्या होगा? यह आपकी मनचाही दिशा में नहीं जाएगा। फिर यह क्या करेगा? यह अपना मुँह अपने खोल के अंदर खींच लेगा, पलट जाएगा और उसी रास्ते पर जाने लगेगा, जिस पर यह आपके हस्तक्षेप करने से पहले जा रहा था। कछुओं को अपना लक्ष्य दृढ़ता से पता होता है और उनका लक्ष्य स्पष्ट होता है, इसलिए वे इसे बदलना पसंद नहीं करते! हमें यह आदत ज़रूर सीखनी चाहिए! और कछुआ चाल से नहीं, बल्कि तेज़ी से!

परिस्थितियाँ चाहे कैसी भी हों, प्रलोभन चाहे कितने भी हों, हमें भटकना नहीं चाहिए या अपनी दिशा नहीं बदलना चाहिए। अगर आपका लक्ष्य महत्त्वपूर्ण और मूल्यवान है, तो कुछ लोग चाहेंगे कि आप अपने लक्ष्य बदल लें और कुछ शक्तिशाली बाधाएँ अगले ही मोड़ पर आपका इंतज़ार कर रही होंगी, लेकिन आपको ख़ुद पर भरोसा रखना चाहिए, अपने सहज बोध पर भरोसा करना चाहिए और चलते रहना चाहिए। अगर कोई आपको भटकाने की कोशिश करे, तो कछुए की तरह भटकने से इंकार कर दें और पहला मौक़ा मिलते ही अपनी मूल दिशा में लौट आएँ। कई बार इंसान अपने लक्ष्य की दिशा में चलते समय अपने लक्ष्य या स्वप्न से नज़र हटा लेता है तथा प्रलोभनों का शिकार हो जाता है। लेकिन अगर हम कछुए से सबक़ सीख लेते हैं, तो हम अनवरत अपनी दिशा में चलते रहेंगे। ज़ाहिर है,

धीरे-धीरे, लेकिन लगातार। बौद्ध सूक्ति को याद रखें, 'यदि हम सही दिशा में हैं, तो हमें बस चलते रहना है।'

## प्रगति के लिए जोखिम लेना ज़रूरी है

विलियम जी.टी. शेड ने कहा है, 'जहाज़ बंदरगाह में सुरक्षित रहता है, लेकिन जहाज़ों को इसलिए नहीं बनाया जाता है।' बात सही है, कछुआ अपने खोल में काफ़ी सुरक्षित रहता है, लेकिन इसे इसके लिए नहीं बनाया गया है। वैसे कछुआ अपने खोल के अंदर भी पूरी तरह सुरक्षित नहीं रहता; बाज इसे उठाकर आसमान से नीचे गिरा सकता है, जिससे कछुए की जान जा सकती है। लेकिन अगर कछुए को आगे बढ़ना है, तो इसे अपनी गर्दन खोल से बाहर निकालनी पड़ती है, क्योंकि इसका खोल प्रगति करने के लिहाज़ से आदर्श नहीं होता, बल्कि इसकी गति धीमी कर देता है। यानी आगे बढ़ने के लिए कछुए को जोखिम लेना होता है। यह एक महत्त्वपूर्ण सबक़ है।

हमें भी यह बात ध्यान रखना चाहिए कि हमारे रक्षात्मक तंत्र हमारी गति धीमी कर सकते हैं। जीवन में प्रगति तभी होती है, जब आप जोखिम लेते हैं। जब तक हम जोखिम नहीं लेंगे, तब तक कोई प्रगति भी नहीं होगी। इसे इस तरह देखें, अगर आप शेयर बाज़ार में निवेश करने का जोखिम ही नहीं लेंगे, तब तक आप उससे कोई फ़ायदा भी नहीं उठा पाएँगे। यदि आप जीवन में भारी सफलता पाना चाहते हैं, तो जोखिम लिए बिना काम नहीं चलेगा। ख़तरे की आशंका पर कछुआ अपने मज़बूत खोल में दुबक जाता है। यह खोल इतना सख़्त होता है कि इस पर गोलियों का भी असर नहीं होता। हमें भी मज़बूत रक्षाकवच बनाना चाहिए, ताकि हम उसमें सुरक्षित रह सकें। मैं सोचता हूँ कि बैंक में एक करोड़ रुपये पर्याप्त मज़बूत रक्षा कवच है। इस बारे में आपका क्या ख़याल है? रिचर्ड एम. निक्सन ने कहा था, 'अगर आप जोखिम नहीं लेते हैं, तो आप कभी नहीं हारेंगे। लेकिन अगर आप जोखिम नहीं लेते हैं, तो आप कभी जीतेंगे भी नहीं।'

## दूसरों की आलोचना पर ध्यान नहीं दें

कछुओं की सुनने की शक्ति कमज़ोर होती है और वे ज़्यादा नहीं सुनते हैं। यह सफलता का एक महत्त्वपूर्ण सबक़ है। लोगों की आलोचना या हतोत्साहित करने वाली बातों पर हमें भी कछुए की तरह प्रतिक्रिया करनी चाहिए। उनकी टिप्पणियों को अपने खोल या मोटी खाल से रोक दें; उन्हें अंदर नहीं आने दें। अगर वे बिन माँगी सलाह देने के लिए स्वतंत्र हैं, तो आप भी उसे नज़रअंदाज़ करने के लिए स्वतंत्र हैं। इसके बजाय उत्साह बढ़ाने वाले सकारात्मक लोगों के साथ रहें। निराशावादी लोगों से दूर रहें। आलोचक आपके आत्मविश्वास को डगमगा सकते हैं, जबकि आशावादी लोग आपके आत्मविश्वास को बढ़ाते हैं तथा सफलता की राह पर आपको प्रोत्साहित करते हैं। जैसा किसी व्यक्ति ने कहा भी है, 'हम सब मौसम से सबक़ ले सकते हैं; यह आलोचना पर कोई ध्यान नहीं देता है।'

मैं यहाँ पर एक प्रेरक कहानी सुनाना चाहूँगा, हालाँकि यह कछुए के नहीं, मेंढक के बारे में है। एक बार मेंढकों के बीच एक प्रतियोगिता हुई, जिसमें उन्हें एक मीनार पर चढ़ना था। वहाँ जमा लोग हँसने लगे। उन्होंने कहा, 'ये मेंढक ऐसा नहीं कर सकते,' 'ये गिर जाएँगे,' 'किसने सुना है कि मेंढक इतनी ऊपर चढ़ सकते हैं?' एक-एक करके मेंढक गिरने लगे और अंत में केवल एक ही मेंढक बचा था, जो लगातार चढ़ता रहा। जब भीड़ ने देखा कि वह अकेला ही बचा है, तो यह दोगुने उत्साह से चिल्लाकर उसे रोकने की कोशिश करने लगी। उन्होंने कहा, 'इतनी ऊपर मत जाओ, अगर तुम इतनी ऊँचाई से गिर गए, तो तुम्हारी जान चली जाएगी।' उन्होंने कहा, 'मेंढक मीनारों पर नहीं चढ़ते हैं।' उन्होंने कहा, 'तालाब में ही रहो, जैसे तुम हमेशा रहे हो।' वे गला फाड़-फाड़ कर चिल्लाते रहे कि वह मेंढक एक निरर्थक और ख़तरनाक यात्रा कर रहा है। बहरहाल, मेंढक चढ़ता रहा, प्रगति करता रहा और अंततः मीनार के शिखर पर पहुँच गया। बाद में जब लोगों ने उससे पूछा कि उसने यह कैसे किया, तो वह कुछ नहीं बोला। देखिए, वह बहरा था, इसलिए वह भीड़ की आलोचना और हतोत्साहित करने वाली टिप्पणियों को नहीं सुन पाया था। उसने तो ग़लती से यह सोच लिया था कि वे उसका उत्साह बढ़ा रहे हैं। संदेश : अपने बारे में या अपनी यात्रा के बारे में दूसरों की नकारात्मक राय को नज़रअंदाज़ कर दें।

## रोचक तथ्य

- ईस्ट इंडिया कंपनी के जनरल रॉबर्ट क्लाइव के अद्वैत नामक कछुए की मृत्यु 255 साल की उम्र में हुई।

- सोवियत संघ ने 1968 में अंतरिक्ष यान जॉन्ड 5 को चाँद की परिक्रमा करने भेजा था, जिसमें मक्खियों, कीड़े-मकोड़ों, पौधों के साथ ही दो कछुओं को भी भेजा गया था। जब यह यान वापस लौटा, तो कछुओं के शरीर का वज़न 10 प्रतिशत कम हो गया था। यानी अगर आपको अपना वज़न कम करना हो, तो चंद्रमा के चक्कर लगाने से यह 10 प्रतिशत कम हो सकता है।

- कूर्म अवतार भगवान विष्णु का दूसरा अवतार था, जिसमें उन्होंने कछुए का रूप धारण किया था। जब असुर और देवता वासुकी नाग को मंदार पर्वत पर रस्सी की तरह लपेटकर समुद्र मंथन कर रहे थे, तो पर्वत डूबने लगा और इसे सहारा देने के लिए भगवान विष्णु ने कछुए का अवतार लिया, क्योंकि सिर्फ़ कछुए का खोल ही मंदार पर्वत का वज़न सहन कर सकता था।

# 25

# सफलता के सबक़ : मनुष्य

## मस्तिष्क ही शक्ति है!

- औज़ार ही सफलता का रहस्य हैं
- लीवरेजिंग से बहुत मदद मिलती है
- सीखना ही कुंजी है
- ज़्यादा जानने की जिज्ञासा रखें
- नियंत्रण में रहें

'मैं सोचता हूँ कि ईश्वर ने हमें एक मस्तिष्क दिया है और यह हमारे पास बचने के लिए एकमात्र चीज़ है। सभी जीवों के पास कोई न कोई लाभ, चालाकी, पंजे, छल, ज़हर, गति या कोई न कोई चीज़ होती है, जिससे उन्हें बचे रहने में मदद मिलती है। हमारे पास जो है, वह केवल मस्तिष्क है। इसलिए अपने मस्तिष्क का इस्तेमाल करना हमारा कर्तव्य है।'

—जॉर्ज ल्यूकास

होमो सेपियन्स का मतलब है बुद्धिमान आदमी। और बुद्धि ही पूरी पृथ्वी पर मानव जाति के नियंत्रण का कारण भी है। मनुष्य में बाक़ी जानवरों की तुलना में ज़्यादा शक्ति, योग्यताएँ या क़ाबिलियत भले ही नहीं हों, लेकिन इसके उच्च विकसित मस्तिष्क ने दूसरे क्षेत्रों की कमियों की भरपाई कर दी है। मनुष्य का विकास लाखों वर्षों में हुआ है और यह 'उपयुक्ततम के बचाव' का शानदार उदाहरण है। आज कोई दूसरा जानवर प्रकृति में मनुष्य की तरह ईश्वर-सदृश नहीं बना है, क्योंकि मनुष्य निर्विवाद रूप से प्रथम जानवर के रूप में शिखर पर पहुँच चुका है।

मनुष्य की प्रगति पाषाण युग में ही शुरू हो गई थी, लेकिन तब प्रगति धीमी थी। पाषाण युग लगभग पाँच लाख साल पहले शुरू हुआ और 6,000 ई.पू. में ख़त्म हुआ, जब कृषि का उदय हुआ, कुछ जानवरों को पालतू बनाया गया और ताँबे के खनिज से धातु को पिघलाना शुरू हुआ। पाषाण युग को प्रागैतिहासिक काल माना जाता है, क्योंकि तब मनुष्य ने लिखना शुरू नहीं किया था - जिसे दर्ज इतिहास का पारंपरिक प्रारंभ माना जाता है।

फिर नियोलिथिक यानी नवपाषाणयुग आया, जब कृषि क्रांति हुई। यह वह युग था, जब पौधों को पालतू बनाया गया और जानवरों को गंभीरता से पालतू बनाने की मुहिम शुरू हुई। इसमें शिकारी-संग्रहकर्ताओं के छोटे यायावर समूह ज़्यादा बड़ी, कृषि आधारित बस्तियों में रहने लगे और

शुरुआती सभ्यता का उदय हुआ। नवापाषाण क्रांति के नवाचारों से सभ्यताएँ और शहर उत्पन्न हुए। पहले भेड़ों, मवेशियों आदि को पालतू बनाया गया। फिर बैल, गधे और ऊँट जैसे सामान ढोने वाले जानवरों को लगभग 4,000 ई.पू. में पालतू बनाया गया, जब मनुष्य ने वस्तुओं के यातायात के लिए व्यापार मार्गों का इस्तेमाल किया। फिर उन्नीसवीं सदी में औद्योगिक क्रांति शुरू हुई, जिसने मनुष्य को संसार का राजा बना दिया। ज़ाहिर है, हम सभी कंप्यूटर क्रांति के बारे में जानते हैं, जो 20वीं सदी के अंत में शुरू हुई थी।

## औज़ार ही सफलता का रहस्य हैं

हमारे पूर्वजों ने आग को वश में किया और औज़ार बनाए। यह छोटी-सी बात लग सकती है, लेकिन इसके प्रभाव गहरे थे। प्रजाति के रूप में हम सभ्यता के सबसे महत्त्वपूर्ण औज़ार के बिना कभी रहे ही नहीं : पालतू आग। मनुष्य पैदाइशी औज़ार निर्माता और आग निर्माता रहा है। मनुष्य का इतिहास एक तरह से औज़ारों का इतिहास भी है। आर्कमिडीज़ के समय औज़ार आसान होते थे; आज मनुष्य काफ़ी आगे पहुँच चुका है; रॉकेट प्रौद्योगिकी में बहुत अधुनातन और जटिल मशीनों का इस्तेमाल होता है।

विज्ञान, ख़ास तौर पर भौतिकी, के सहारे मनुष्य ने मशीनों से संसार को जीत लिया। उसने हर चीज़ के लिए मशीनों का आविष्कार किया और यह प्रक्रिया आज भी जारी है। नई मशीनें इस समय भी खोजी व बनाई जा रही हैं और भविष्य में भी उनका आविष्कार यूँ ही चलता रहेगा, क्योंकि इंसान को मशीनों से प्यार है। वे बचाव और सफलता के उसके औज़ार हैं। देखिए, मनुष्य अपने औज़ारों से इतना ज़्यादा प्यार इसलिए करता है, क्योंकि वे वर्चस्व स्थापित करने के उसके गोपनीय हथियार हैं। जैसा अमित कालांतरी ने कहा है, 'हाथ पका सकते हैं, हाथ सृजन कर सकते हैं, हाथ मार सकते हैं। हमारे हाथों से बेहतर औज़ार दूसरा नहीं है।'

हमें भी सफल होने के लिए सही औज़ारों का इस्तेमाल करना चाहिए। औज़ार प्रक्रिया को ज़्यादा आसान बना देते हैं और यही उनकी उपयोगिता है। जैसा एंथनी टी. हिंक्स ने कहा है, 'यह सुनिश्चित करें कि आपके पास

हमेशा काम के लिए सही औज़ार हों। स्टीक को चाय की चम्मच और स्ट्रॉ से खाने की कोशिश करने का कोई मतलब नहीं है।'

## लीवरेजिंग से बहुत मदद मिलती है

लीवरेज मनुष्य का महानतम हथियार रहा है। मनुष्य की ज़्यादातर सफलता का श्रेय प्रकृति, दूसरे जानवरों, दूसरे लोगों, दूसरे लोगों के पैसे, दूसरे लोगों के समय आदि की बुद्धिमत्तापूर्ण लीवरेजिंग को दिया जा सकता है। मनुष्य आज जहाँ भी पहुँचा है, लीवरेजिंग की शक्ति के कारण ही पहुँचा है। सबसे पहले तो उसने अपने शरीर की लीवरेजिंग की। उसने अपने पिछले पैरों पर चलना सीखा, ताकि उसके अगले पैर ज़्यादा सृजनात्मक काम करने के लिए स्वतंत्र हो जाएँ (नहीं, नहीं, आपके मोबाइल की टचस्क्रीन पर टाइपिंग करना सृजनात्मक काम की श्रेणी में नहीं आता है)। फिर उसने औज़ारों की लीवरेजिंग शुरू कर दी। शुरुआती औज़ार लकड़ी के थे, फिर पत्थर के और अंततः धातुओं के। उसने आग को पालतू बनाया। और इसके बाद पूरा जानवर संसार मनुष्य के सामने असहाय हो गया। मनुष्य ने औज़ारों की मदद से जानवरों का शिकार किया और कैंपफ़ायर के आस-पास बैठकर उन्हें खाया। मनुष्य ने कृषि के माध्यम से पौधों को पालतू बनाकर अपने साम्राज्य का विस्तार किया। मनुष्य ने अपने लाभ के लिए जंगली जानवरों को पालतू बनाकर उनकी भी लीवरेजिंग की। गाय-बैल खेती में काम आते थे; घोड़े यात्रा में, कुत्ते शिकार में, बकरी, भेड़ और मुर्गा मांस पाने के लिए, जबकि गधे और ऊँट वज़न ढोने में। जैसा थॉमस लव पीकॉक ने व्यंग्य में कहा है, 'कोई भी चीज़ इससे ज़्यादा स्पष्ट नहीं हो सकती कि सभी जानवर पूरी तरह से मनुष्य के इस्तेमाल के लिए ही बनाए गए हैं।'

और अंततः मनुष्य ने दूसरे मनुष्यों के समय और योग्यताओं के बदले में उन्हें पैसे देकर अपने साथी इंसानों की लीवरेजिंग की। एक तरह से कहें, तो मनुष्य ने इस पृथ्वी पर वैसा ही व्यवहार किया है, जैसा माइक्रोसॉफ़्ट ने सॉफ़्टवेयर जगत में किया है। इसने खुद तो ज़्यादा आविष्कार किए नहीं हैं, बल्कि लीवरेजिंग की भारी शक्ति का इस्तेमाल किया है और दूसरों की योग्यताओं तथा नवाचारों का इस्तेमाल करके सफल हुआ है।

## सीखना ही कुंजी है

दरअसल मनुष्य की सभ्यता या इतिहास भाषाओं के आविष्कार से शुरू होता है, ख़ास तौर पर लिखित भाषाओं से। और फिर पुस्तकों से। मनुष्य में दूसरों के अनुभवों से सीखने की अनूठी योग्यता है और पुस्तकें इसे सुनिश्चित करती हैं। मनुष्य को ज़बर्दस्त मस्तिष्क का वरदान मिला है और इसने इसका ज़बर्दस्त इस्तेमाल भी किया।

मनुष्य ने प्रकृति को देखा और विभिन्न प्रयोग करके विभिन्न पौधों तथा फलों के चिकित्सकीय महत्त्व को समझा। मनुष्य ज्ञान का भूखा था, इसलिए वह पूरे संसार के रहस्य सीखने में जुटा रहा, जिनमें पौधों और जानवरों के संसार शामिल थे। आधुनिक विज्ञान की शुरुआत तक मनुष्य तुलनात्मक रूप से कम विनाशकारी था। लेकिन फिर मनुष्य ने सचमुच शक्तिशाली और अक्सर पर्यावरण की दृष्टि से विनाशकारी मशीनों का आविष्कार किया और इस तरह औद्योगिकीकरण की शुरुआत हुई, जिसने शहरों की संस्कृति को पूरे संसार में फैला दिया। और अब मनुष्य को धीरे-धीरे पता चल रहा है कि उसने इस ग्रह का सत्यानाश कर दिया है। जैसा इवो मौरेल्स कहते हैं, 'देर-सबेर, हमें यह पहचानना होगा कि पृथ्वी को भी प्रदूषण के बिना रहने का अधिकार है। मानव जाति को यह समझ लेना चाहिए कि मनुष्य धरती माता के बिना जीवित नहीं रह सकते, लेकिन यह ग्रह मनुष्यों के बिना जीवित रह सकता है।'

## ज़्यादा जानने की जिज्ञासा रखें

कई जानवरों में जिज्ञासा होती है, लेकिन उनमें से कोई भी मंगल या चाँद पर नहीं जाना चाहता। केवल मनुष्य ही इतना जिज्ञासु होता है और अपनी प्रौद्योगिकी की शक्ति की मदद से वह यह टटोलना चाहता है कि इस ग्रह से परे क्या है। वह इस ग्रह को पहले ही जीत चुका है और अब वह दूसरे ग्रहों को जीतना चाहता है तथा वहाँ पर अपनी बस्तियाँ बनाना चाहता है। जैसा स्टीफ़न हॉकिंग ने कहा है, 'सितारों की तरफ़ ऊपर देखो और अपने पैरों की तरफ़ नीचे मत देखो। आप जो देखते हो उसका मतलब समझने की कोशिश करें और इस बारे में हैरान हों कि सृष्टि क्यों विद्यमान है। जिज्ञासु बनें।'

जैसा डेविड सुज़ुकी ने कहा है, 'मानव मस्तिष्क का एक वृहद स्मृति भंडार है। इसने हमें जिज्ञासु और बहुत सृजनात्मक बना दिया है। ये वे विशेषताएँ हैं, जिन्होंने हमें लाभ पहुँचाया - जिज्ञासा, सृजनात्मकता और स्मृति। और फिर मस्तिष्क ने एक बहुत ख़ास चीज़ की। इसने एक विचार का आविष्कार किया, जिसे "भविष्य" कहा जाता है।'

## नियंत्रण में रहें

जानवरों को पालतू बनाने के बाद से ही मनुष्य ड्राइवर की सीट पर बैठा रहा है। लेकिन भौतिक प्रगति की भूख बढ़ने पर यह बेहद स्वार्थी हो गया। यह प्रकृति को नष्ट करने लगा, क्योंकि यह खुद को प्रकृति का हिस्सा मानने के बजाय उससे श्रेष्ठ मानता था। इंसान इस संदर्भ में बाक़ी जानवरों से अलग है। बाक़ी जानवर अपने रहने के लिए एक उपयुक्त परिवेश चुनते हैं; मनुष्य परिवेश को नियंत्रित करता है और इसे नष्ट कर सकता है। बाक़ी जानवर परिवेश से अनुकूलन करते हैं; मनुष्य अपने परिवेश को अपने अनुकूल बनाने की कोशिश करता है। बाक़ी जानवर प्रकृति की दी हुई प्रतिभाओं या उपहारों का इस्तेमाल करते हैं; मनुष्य अपने औज़ारों का इस्तेमाल करता है। बाक़ी जानवर प्रकृति का उपयोग करते हैं; मनुष्य ही अकेला है, जो इसे बरबाद करता है। मो उडाल ने कहा है, 'हम प्रकृति का जितना ज़्यादा शोषण करते हैं, हमारे विकल्प उतने ही ज़्यादा घट जाते हैं, जब तक कि हमारे पास केवल एक ही विकल्प नहीं बचता है : जीवित रहने के लिए लड़ना।' और जैसा ई.ओ. विल्सन ने कहा है, 'यदि सारी मानव जाति इस ग्रह से नदारद हो जाए, तो संसार दोबारा नवीनीकरण करके संतुलन की उसी समृद्ध अवस्था में पहुँच जाएगा, जो आज से दस हज़ार साल पहले मौजूद थी। यदि कीड़े-मकोड़े ग़ायब हो गए, तो पर्यावरण अराजकता में ढह जाएगा।'

कोई हैरानी नहीं कि मनुष्य पर्यावरण के लिए गंभीर ख़तरा बन चुका है और उसका विस्तारवादी अतिक्रमण पूरे प्राकृतिक जगत की मृत्यु का कारण बन सकता है। मनुष्य के लोभ और प्रकृति की पूर्ण अवज्ञा के कारण कई वनस्पतियाँ तथा जानवर लुप्त हो चुके हैं तथा कई अन्य लुप्त होने की कगार पर हैं। मनुष्य अपनी स्वार्थपूर्ण श्रेष्ठता में इतना खो चुका है कि वह यह समझ ही नहीं पाता है कि उसके हस्तक्षेप के कारण पूरा पर्यावरण संतुलन

ख़तरे में है और परमाणु हथियारों के आविष्कारों की वजह से पूरी मानव जाति तथा पूरे ग्रह का भविष्य संकट में है। जैसा अल्बर्ट श्वेट्ज़र ने कहा है, 'मनुष्य एक चतुर जानवर है, जो मूर्ख की तरह व्यवहार करता है।'

## रोचक तथ्य

- मानव मस्तिष्क शरीर के आकार के अनुपात में सभी वर्टीब्रेट्स में सबसे बड़ा होता है।

- पुरुषों का मस्तिष्क महिलाओं से ज़्यादा बड़ा होता है। औसत पुरुष के मस्तिष्क का आयतन 1,274 घन सेंटीमीटर होता है, जबकि औसत महिला के मस्तिष्क का आयतन 1,131 घन सेंटीमीटर होता है।

- मानव मस्तिष्क का वज़न लगभग 1.5 कि.ग्रा. होता है और यह मनुष्य के शरीर के वज़न का लगभग 2 प्रतिशत होता है। रूसी उपन्यासकार इवान तुर्गनेव का मस्तिष्क 2,021 ग्राम का था, जबकि फ्रांसीसी लेखक अनातोले फ्रांस के मस्तिष्क का वज़न केवल 1,017 ग्राम ही था।